乡村教育新篇章：乡镇初中单元学历案的理论与实践

孙　青◎著

云南人民出版社

图书在版编目（CIP）数据

乡村教育新篇章：乡镇初中单元学历案的理论与实
践／孙青著. -- 昆明：云南人民出版社，2025. 1.
ISBN 978-7-222-23591-5

Ⅰ. G633. 72

中国国家版本馆 CIP 数据核字第 20240KK568 号

组稿统筹：冯 琰
责任编辑：武 坤
责任校对：王曦云
封面设计：李 杰
责任印制：窦雪松

乡村教育新篇章：乡镇初中单元学历案的理论与实践

XIANGCUN JIAOYU XIN PIANZHANG：XIANGZHEN CHUZHONG DANYUAN XUELIAN DE LILUN YU SHIJIAN

孙 青 著

出 版 云南人民出版社
发 行 云南人民出版社
社 址 昆明市环城西路 609 号
邮 编 650034
网 址 www. ynpph. com. cn
E-mail ynrms@ sina. com
开 本 787mm×1092mm 1/16
印 张 13
字 数 300 千
版 次 2025 年 5 月第 1 版第 1 次印刷
印 刷 唐山唐文印刷有限公司
书 号 ISBN 978-7-222-23591-5
定 价 78.00 元

云南人民出版社微信公众号

如需购买图书、反馈意见，请与我社联系

总编室：0871-64109126 发行部：0871-64108507 审校部：0871-64164626 印制部：0871-64191534

前言

在现代教育中，追求创新和有效的教学方法是不变的目标，尤其是在资源相对有限的乡镇初中环境中。本书《乡村教育新篇章：乡镇初中单元学历案的理论与实践》旨在探讨如何通过单元学历案这种教学模式增强新课标的落实，增强学生的学习能力，为弥补城乡教育差距作出一些贡献。

单元学历案作为一种创新的教学策略，结合了理论与实践，注重学生的全面发展。本书的编写基于对当前乡镇初中教育现状的深入分析与理解，旨在为教育工作者提供一个实用的指南，帮助他们设计、开发和实施有效的教学案例，同时评估和反馈教学成果。

第一章详细介绍了单元学历案的概念由来、单元教学的理论背景以及单元学历案的组成元素，为读者提供了单元学历案设计的基本框架和理论基础。第二章通过文献回顾和国内外研究概述，展示了单元学历案在乡镇初中教育中的应用现状和相关研究进展。第三章至第五章则分别深入探讨了单元学历案的设计与开发、实施策略以及教学评估和反馈，提供了实际应用中的详细指导和案例分析。

最后，第六章着眼于单元学历案面临的挑战与未来的发展方向，旨在激发教师和教育政策制定者对未来教育趋势的深入思考，并提出创新的解决策略。

通过本书，我们希望能够启发并支持乡镇初中教师在教学实践中采用更加系统和科学的方法，提高教学效率，同时激发学生的学习兴趣和主动性，促进学生核心素养的全面发展。同时我们也希望通过本书能够提升乡村教育质量，在祖国广袤的乡村土地上落实党立德树人根本任务，最终实现乡村振兴。我们相信，即使在资源有限的环境中，每位教师也能通过精心设计的单元学历案，实现教育教学的优质化和个性化，开创乡村教育的新篇章。

孙 青

2024 年 6 月

目 录

第一章　单元学历案概述

单元学历案是在班级教学情景中，教师基于学生立场，围绕具体学习单元设计的教育方案。从期望学生能够学会的知识出发，逆向工程设计出帮助学生理解和掌握该知识的教学过程。此方案旨在支持学生自主或通过社会互动构建学习经验。单元学历案是教师为规范或引导学生学习而设计的文本，它提供了实现学习目标的支持结构。同时，单元学历案也是学校课程计划的一部分，是学习过程的认知地图，可被重复使用的学习记录。此外，它还是师生、学生之间以及教师之间互动的媒介，也是监测学业质量的重要工具。

第一节　单元学历案概念的由来

在教育领域中，单元学历案的概念逐渐成为现代教学设计的核心元素，其起源与发展是对传统教学方法的重要补充和完善。随着教育者对学生个体差异和具体需求的深入理解，以及对教育质量持续提升的追求，单元学历案应运而生，旨在通过结构化和系统化的教学设计，更好地促进学生的学习效果。

单元学历案强调以学生为中心的教学策略，它不仅仅关注教学内容的传递，更重视如何设计教学活动，以促进学生对知识的深入理解和应用能力的培养。这种方法通过分析特定学习单元中的教学目标，反向设计教学过程，确保每一个教学环节都能有效支撑学生达到预定的学习成效。

一、"教案"的由来

在教育的长河中，"教案"一词已成为教师日常教学活动中不可或缺的组成部分。教案的起源可追溯至教育体系开始系统化和标准化的时期，当教育者们意识到需要一种方法来确保教学内容的连贯性和效率时，教案的概念应运而生。这一概念的发展标志着从简单的知识传授向更为复杂的学习体验设计的转变。

教案的核心在于为教师提供一个详尽的指导方案，通过这个方案，教师可以系统地计划和执行每一课的教学活动，确保教学目标的达成。它不仅涵盖了课程内容的安排，还包括教学方法、学生活动、评估方式等多个方面，以支持学生的全面发展和深入学习。

（一）教学形式阶段说

教学方案是教学实践的重要预备，关键在于对教学程序的精心安排。最早系统地探讨学校教育中教学程序的，是19世纪初的赫尔巴特，他提出了"教学形式阶段"的学说[①]。

---

① 陈乐佳. 教学形式阶段理论的历史演变 [C] //纪念教育史研究创刊二十周年论文集（19）——外国教学与课程教材史研究. 2009.

在此之前，虽然有许多先进的教育思想和教学原则流传下来，但这些多停留在思想、观点或实践层面，缺乏理论的深入阐述，因此往往难以说服人，也难以在实践中产生广泛影响或得到传播。赫尔巴特的"教学形式阶段"学说引入了心理学的理论基础，为解决这些问题提供了新的视角和方法。

赫尔巴特提出的"教学形式阶段"概念是教育心理学的一大创新，包括清晰、联结、系统、方法四个阶段。这一理论的核心不是为了规定课堂教学的具体操作步骤，而是用于解释和指导观念形成的心理活动。具体来说，该理论阐述了一个人如何从对个别具体概念的认知，逐步过渡到对普遍概念的理解，并最终能够应用这些概念解决问题的心理发展过程。

随着时间的推移，赫尔巴特的初步理论框架经过其学派中的后继者们的进一步发展和完善，其中齐勒尔和赖因的贡献尤为显著。他们不仅继承了赫尔巴特的理论基础，还根据实际教学需求，对其进行了适应性的改良。赖因特别强调了"清晰"阶段的重要性，将其细分为预备和提示两个子阶段。在预备阶段，教师通过对话激发学生对已有知识的回忆，为接下来的学习内容做好心理准备；在提示阶段，教师则通过展示实物或案例，引导学生观察并理解新的概念或知识点。

接下来的"联系"阶段要求学生将新旧知识进行关联，通过比较和分析，加深对新知识的理解。"统合"阶段则是帮助学生将不同的知识点综合起来，形成一个完整的知识体系，并解释事物或现象背后的原因。"应用"阶段则是教学过程的最后一环，教师鼓励学生通过各种练习和实际操作，将所学知识应用于解决实际问题中，以此检验和巩固学习成果。

这种由赖因改良后的教学方法，即经典的"五段教学法"，不仅为教师提供了一套明确的教学步骤，也有效地促进了学生认知能力的发展和知识结构的构建。这种方法的实施有助于实现教学活动的目标导向和效果评估，成为现代教育中广泛采用的教学策略之一。

在19世纪末至20世纪初，随着"五段教学法"从德国传入苏联，该地区的教育家们不仅接受了这一方法论，还根据自己的教育需求和社会文化背景对其进行了深入的发展和本土化改造。这一时期，苏联的教育体系正处于快速发展和变革的阶段，教育家们特别强调教学的科学性和系统性，力图通过教育改革提高国民整体的教育水平。

在"教的立场"上，苏联的教育家们着重考虑如何更有效地传授知识，以及如何更好地激发学生的学习兴趣和主动性。他们引入了详尽的"课的类型与结构"，以科学化的教学流程和结构化的课堂管理来提高教学效率。例如，一个典型的"综合课"的结构设计非常明确，涵盖了课堂的各个环节，从组织教学的短暂准备，到作业的检查、新课题的引入、新教材的讲授、知识的巩固复习，以及作业的布置，每一环节都有严格的时间管理和具体的教学目标。

此外，这种教学方法的制定也考虑了课堂互动的重要性，鼓励教师与学生之间的交流和讨论，以及学生间的协作学习。通过明确的课堂结构和教学步骤，教师能够更有效地掌控教学进度和质量，同时也为学生提供了清晰的学习路径和目标。

这些教学方法和课堂管理的改革成果不仅标志着教学专业化和制度化的重要进展，也代表了教育实践中的一大里程碑。这一系列的改革为后来的教育工作者提供了宝贵的经验和模板，极大地丰富了全球教育理论的宝库，并为教师编写更规范、更具体的教案提供了重要的指导和灵感。这种方法的推广和应用，不仅提高了教学质量，还促进了教育的平等化和普及化，使得更多的学生能够接受高质量的教育。

（二）"以俄为师"

到了 20 世纪 50 年代，中国在"以俄为师"的政策导向下，苏联的教育理论和实践对中国中小学教育产生了深远的影响。特别是凯洛夫教育学，它在教育实践中的应用不仅改变了教学内容和方法，也极大地促进了教育体系的标准化和系统化。这种影响在《教育大辞典》中关于教案的条目中得到了清晰的体现。

该词条将教案定义为课时计划，它是教师在备课过程中以课时或课题为单位设计的教学方案。一个典型的教案通常包含以下内容：班级（或年级）、学科名称、课题、教学目的、教材要点、课的类型、教学方法、授课时间、教具和教学进程（步骤）、板书设计、习题及其答案等。这种全面而详尽的内容设计不仅帮助教师系统地组织教学活动，也确保了课堂教学的连贯性和有效性。

尽管随着时间的推移，教案的具体形式和内容在实际教学中经历了一些变化，例如，教学技术的更新换代使得电子教案和多媒体教学工具得到了广泛应用，这些变化都在一定程度上影响了教案的编写和使用。然而，从本质上看，教案的核心作用——作为教师设计和呈现教学方案的工具——没有改变。

这一时期的教案不仅是教学内容和策略的承载体，也成为评估教师教学设计能力的标准之一。通过精心设计的教案，教师能够更好地掌握教学节奏，优化课堂管理，同时，通过教案的具体实施，教师可以在教学过程中灵活调整教学策略，以适应学生的学习需求和反应，进一步提升教学的个性化和效果。总之，教案在提高教学质量和效率方面发挥了不可替代的作用，成为现代教育实践中的一个重要组成部分。如图 1-1 所示。

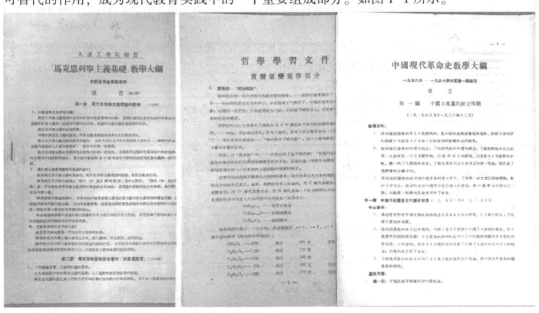

图 1-1　一份 20 世纪 50 年代大连理工大学的教案

（三）西方教育理论的引入

从 20 世纪 80 年代开始，中国教育界在广泛引入西方的教育理论后，经历了一次深刻的观念革新。这一时期，西方的教学理念如"以学生为中心""学习者中心"的教育模式逐渐被引入并得到了广泛的认同和应用。这些理念强调的是从传统的教师主导的教学模式，转变为更多关注学生的主动性、自主性和创造力的培养。

进入 21 世纪初，中国基础教育领域启动了一场规模深远且全面的新课程改革运动。这场运动不仅仅是课程内容的更新换代，更是教学方法和教育观念的全面刷新。新课程的推广，极大地激发了中小学教师对于教学方法的探索和创新，使得教师们更加注重培养学生的问题解决能力、批判性思维和创新能力。

在教学方案的实际变革中，各地教育部门和学校开展了诸多有价值的实验和探索。其中，学案和导学案的开发和应用成为最具代表性的实践之一。学案和导学案的设计旨在引导学生通过自主学习来掌握知识和技能，不仅提供了学习材料，还包括了学习目标、学习步骤、重要问题的指引以及评估方式等，这些都极大地促进了学生学习的主动性和自主性。具体单元学历案的格式如表 1-1 所示。

以初中某一学案为例，其格式通常包含以下几个部分：课程名称、学习目标、核心问题、学习材料、学习重点与难点、学习活动安排、自我评价方法等。

表 1-1　"物理"导学案

年级	9	科目	物理	周次		执笔人		课时学案序号		班级	
课题						备课组长审核		学校审核		姓名	
教师寄语	生命不止，学无止境。										
学习目标	1. 掌握热机的概念，了解内燃机是热机的一种。解释热机中能量的转化，列举热机的种类。 2. 了解汽油机、柴油机的构造。掌握汽油机各冲程的工作状态和能量转化。能表述汽油机各冲程的工作状态和能量转化。 3. 能区分汽油机和柴油机。										
学习重难点	汽油机的工作原理及能的转化过程；汽油机各冲程的工作状态和能量转化。										
学习过程											

一、导：情景再现，回顾学习

　播放热机工作视频，展示 flash 动画，回顾学习。

二、学：知识梳理，构建网络

　（一）概念

　1. 热机是将＿＿＿＿能转化为＿＿＿＿能的机械。常见的热机有＿＿＿＿机、＿＿＿＿机、＿＿＿＿机、＿＿＿＿机等。

2. 内燃机的工作原理：燃料（汽油或柴油）在气缸里面燃烧时生成_____的燃气，用来推动活塞_____，把_____能转化为_____能。

3. 汽油机的构造：由进气门、_____、火花塞、气缸、_____、连杆、曲轴等组成的。

4. 活塞在气缸内_____时，从气缸的一端运动到另一端的过程叫作一个_____。

5. 汽油机的一个工作循环是由_____、_____、_____、_____四个冲程组成的，在一个工作循环中，活塞往复运动_____次，曲轴转动_____周，对外做功_____次。

（二）实验探究

1. 吸气冲程： 活塞：向_____运动。 进气门：_____。 排气门：_____。	2. 压缩冲程： 活塞：向_____运动。 进气门：_____。 排气门：_____。 _____能转化为_____
3. 做功冲程： 活塞：向_____运动。 进气门：_____。 排气门：_____。 _____能转化为_____能。	4. 排气冲程： 活塞：向_____运动。 进气门：_____。 排气门：_____。

1. 实验探究：利用内能可以做功。

【做一做】在一个试管中装一些水，用橡胶塞塞紧；然后对试管加热使水沸腾，观察现象。分析实验中的能量是怎样转化的？

观察到的现象有：①_____；②管口附近出现_____。

【分析归纳】①酒精燃烧放出热量，酒精的_____能转化为水的_____能；

②水吸热沸腾，产生大量水蒸气，气体膨胀对瓶塞做功，气体的_____能转化为瓶塞的_____能；

③结论：利用内能可以_____。

2. 热机。

（1）热机：各种利用_____能做功的机械叫作热机。

（2）工作原理：热机利用内能做功，将内能转化为_____能。

（3）种类：蒸汽机、_____、汽轮机、喷气发动机等。

（4）常见热机——内燃机

①内燃机：燃料直接在发动机_____燃烧产生动力的热机。

②分类：_____机和_____机。

【例题1】如上图2所示实验，在橡胶塞受到水蒸气的压力而冲出的过程中，以下说法正确的是（　　）。

A. 试管口出现的"白雾"是气体。

B. 水蒸气对外做功，内能增加。

C. 水蒸气对外做功，温度升高。

D. 这个实验基本展示了蒸汽机的工作原理。

3. 汽油机

工作原理：利用汽油在气缸内燃烧产生高温高压的燃气来推动活塞做功。

汽油机的构造：由气缸、_____、_____、_____、活塞、曲轴、连杆组成。

工作过程：

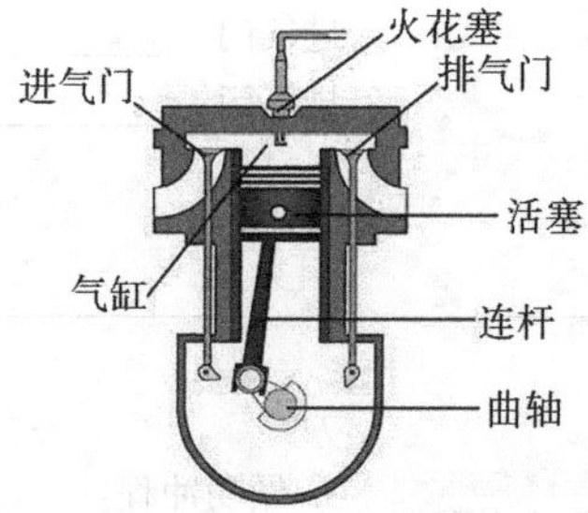

（1）冲程：汽油机在工作时，活塞从气缸的一端运动到另一端的过程，叫做一个_____。

（2）四个冲程：汽油机的一个工作循环由_____、_____、_____、_____四个冲程组成。多数汽油机是由这四个冲程的不断循环来保证连续工作的。

（3）汽油机的工作过程分析

从左至右分别为_____冲程、_____冲程、_____冲程和_____冲程。

（4）汽油机一个工作循环情况总结

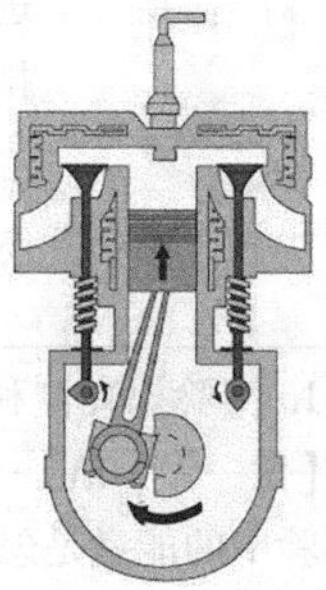

汽油机的一个工作循环是由吸气、压缩、做功、排气四个冲程组成的，在一个工作循环中，活塞往复运动_____次，曲轴转动_____周，对外做功_____次。

【例题2】内燃机有四个工作冲程，如图所示是内燃机的_____冲程，活塞上升时，气缸内气体的内能_____（选填"减少"或"增加"），_____能转化为_____能。

【例题3】内燃机的一个工作循环由_____、_____、_____、_____四个冲程组成。一台某型号单缸四冲程汽油机的飞轮速度是1200r/min，则汽油机每秒钟对外做功_____次。

内燃机完成一个工作循环，飞轮转2周，完成4个做功冲程，对外做功1次。

在一个工作循环中，只有第三个冲程燃气对外做功，其他三个辅冲程不但不做功，还要消耗机械能。

做功冲程为其他三个冲程提供能量，其他三个冲程为第三冲程做功提供基础。

依靠飞轮的惯性完成吸气、压缩、排气冲程。

三、练：典例练习，应用提高

（一）基础训练

1. 如图所示实验，试管口木塞冲出过程（   ）。

A. 试管口出现的白雾是水蒸气

B. 试管口出现白雾说明水蒸气内能增加

C. 能量转化情况与内燃机压缩冲程相同

D. 水蒸气对木塞做功，水蒸气的内能减少

2. 汽车上的热机工作时提供动力的是（   ）。

A. 吸气冲程　B. 压缩冲程　C. 做功冲程　D. 排气冲程

3. 关于四冲程汽油机的压缩冲程，下列说法不正确的是（   ）。

A. 气缸里面的气体质量不变

B. 气缸里面的气体压强增大

C. 气缸里面的气体温度升高

D. 气缸里面气体的内能转化为活塞的机械能

4. 下列过程中，将内能转化为机械能的是（   ）。

A. 流星在大气层中穿行

B. 用热水泡脚，脚感觉暖和

C. 汽油机的压缩冲程

D. 水沸腾时水蒸气顶起水壶盖

（二）应用提升

5. 一台四冲程的汽油机每分钟完成300个冲程，则1 min完成＿＿＿＿个工作循环，活塞来回＿＿＿＿次，做＿＿＿＿次功。

6. 某单缸四冲程汽油机的转速是600 r/min，则下列说法中正确的是（   ）。

A. 1 min内燃气对外做了600次功

B. 1 min内完成了10个工作循环

C. 燃气做功的时间间隔是0.2 s

D. 1 s内活塞共来回10次

7. 关于热机，下列说法是正确的（   ）。

A. 汽油机顶部有喷油嘴，柴油机顶部有火花塞

B. 柴油机在吸气冲程中，将柴油和空气的混合气吸入气缸

C. 汽油机在做功冲程中，进气门关闭排气门打开

D. 汽油机在做功冲程中，是把内能转化为机械能

8. 汽油机和柴油机相比较，下列叙述中错误的是（   ）。

A. 柴油机吸入气缸的是空气，汽油机吸入气缸中的工作物质是汽油和空气的混合物

B. 在压缩冲程中他们的压缩程度是一样的

C. 柴油机里推动活塞做功的燃气的压强比汽油机里的高

D. 在压缩冲程中，柴油机气缸的温度比汽油机的高

9. 下列说法错误的是（   ）。

A. 断裂的玻璃不能复原，是因为分子间有斥力

B. 沿海地区昼夜温差较小，主要原因是水的比热容较大

C. 切割机切铁片时火星四溅，这是用做功的方式改变了物体的内能

D. 柴油机在吸气冲程中，进气门打开排气门关闭，将空气吸入气缸

四、评：纠错反思，掌握重难	
（一）纠错反思小组讨论：学生可以互相交流自己在学习中遇到的错误，然后共同探讨并给出正确的答案。 （二）重难知识分享展示：根据课堂学习内容，选择其中的重要和困难的知识点进行分享展示。	
学后 反思	

这些学案和导学案的设计和使用，虽然在学术理论上的探讨相对较少，但通过实践中的应用效果和学生的学习成果，我们可以洞察到它们的深层价值。通过这种方式，学生不仅学会了知识，更重要的是学会了如何学习，如何通过批判性思维和创新思维来解决问题。这种教学实践的推广和深化，标志着中国教育的一个重要进步，即从知识传授向能力培养转变，更加符合现代社会对人才的综合素质要求。

学案和导学案作为一种现代教学工具，在提升学习效率和质量方面无疑具有一定的实践价值。它们通过精细化的练习和关注考试与教学的一致性，在一定程度上提高了学生的纸笔考试成绩。然而，从理论的深度和广度来看，无论是学案还是导学案，都未能提供一个全面的理论基础来支持其教学实践。

具体到实际操作中，学案和导学案在执行过程中确实存在一些问题和局限性。首先，这些教学工具往往过于强调对知识点的深入挖掘和练习，导致"学习"活动往往被简化为"做题"。这种做法可能会让学生在短期内掌握解题技巧，但长期来看，可能忽视了学生对知识的深层理解和思维能力的培养。其次，尽管学案和导学案试图关注学生的学习，但对于学习过程的"完整性"和"建构性"缺乏足够的重视。这导致学生可能无法在更广阔的知识领域中建立起系统的知识框架。

此外，名为"学案"或"导学案"的这些教学工具，实际上往往还是以教师的教学为中心，而非学生的自主学习。例如，教案中常见的"考点分析""学法指导"和"作业布置"等环节，更多的是教师在指导学生如何应对考试，而非真正引导学生探索和构建知识。这种教学方式可能无意中维持了传统的教师主导立场，忽略了学生自主学习的重要性。

面对这些问题，我们有必要重新思考和探索教学方案的变革可能性，从理论和实践两个层面进行深入的研究。在理论层面，需要更多的研究来探索如何有效结合学生的学习动机、认知发展和教学内容，以及如何在保证学术严谨性的同时，也能够激发学生的学习兴趣和创造力。在实践层面，教育者应考虑开发更为灵活和以学生为中心的教学工具，这些工具应能够真正促进学生的主动学习和批判性思维，而不仅仅是机械地完成练习或应对考试。通过这样的努力，我们可能会找到更有效的方法来解决当前教学中"在学习"与"真学习"的挑战，进而推动教育实践向更加科学和人性化的方向发展。

二、教案与导学案的优势与缺陷

从以上论述中可以看到，教案和导学案在我国教育领域有着广泛的应用。教案与导学案详细地规划了课堂教学的内容、目标、方法、时间安排以及评估方式。随着教育的发展，教案的使用帮助教师有效地管理课堂，确保教学活动有序进行，同时也便于教育行政部门进行教学质量的监控和评估。在现代教育改革的推动下，教案与导学案开始注重不仅仅是知识的传递，更加强调能力的培养，如批判性思维、创新能力等。因此，教案的设计也开始融入更多以学生为中心的教学策略，如项目式学习、探究式学习等，以提高学生的主动学习能力和实际操作能力。

（一）教案的优势与缺陷

在教育实践中，教案作为一种传统而重要的教学工具，无疑在帮助教师高效管理课堂和教学过程中发挥了重要作用。然而，它的使用也伴随着一系列的优势和潜在缺陷，这些都值得教育工作者们深入考量。

1. 教案的优势

首先，教案的设计为教学活动提供了详尽的步骤和结构，极大地增强了课堂教学的系统性和连贯性。通过事先规划每一课的目标、内容、教学策略及评估方法，教师能够确保教学活动按照既定的路径进行，从而提高教学效率和学习成果的质量。

其次，教案使教师能够更有效地进行课程管理和时间分配。在教案的帮助下，教师可以合理安排每一个教学环节的时间，确保课程内容全面覆盖而不至于因时间管理不当而忽视某些重要部分。这种预设的框架让教师在教学过程中更有信心，也更能集中精力于教学本身。

此外，教案还支持教师对学生的表现和学习进度进行有效监控。通过明确的教学目标和评估标准，教师可以更容易地跟踪每个学生的学习状态，及时调整教学策略，以适应学生的个别差异和需求。

2. 教案的缺陷

然而，教案在带来诸多便利的同时，也存在一些不容忽视的缺陷。其中之一是可能限制教师的创造性和灵活性。由于教案通常需要在教学前详细规划，这可能导致教师在教学过程中难以适时调整教学内容或方法以适应学生的即时反馈和教室动态。

此外，过度依赖教案可能导致教学内容变得僵化。一旦教师严格按照教案执行，可能会忽略学生的实际需求和兴趣，使教学变得生硬而缺乏活力，从而影响学生的学习动机和效果。

最后，教案的使用过分强调教师主导的教学模式，可能会抑制学生的主动探索和参与。当教学活动过于依赖教师的指导而忽视学生主体性时，学生的自主学习能力及创新思维的培养可能会受到限制。

总之，虽然教案在现代教育中发挥着重要作用，但其使用应根据实际教学需求和学生情况灵活调整，以充分发挥其优势，同时避免或减少其潜在的不利影响。

（二）导学案的优势与缺陷

导学案作为现代教育中推广较广的一种学习工具，旨在激发和增强学生的自主学习能力。其设计理念主要基于促进学生主动参与和深入探索学习内容，但与此同时，导学案的使用也面临一些挑战和限制。

1. 导学案的优势

首先，导学案的设计强调学生自主学习，通过将学习的主动权交给学生，有效地培养了他们的自主性和责任感。这种学习方式鼓励学生根据自己的学习节奏和兴趣来探索知识，从而提高了学习的主动性和个性化学习的可能性。

其次，导学案通过学生自我探索的方式提高学习效率。学生在自主探索的过程中，更能够根据个人的需求去深入研究感兴趣的问题或主题，这种方式往往能够加深理解并促进知识的长期记忆。

再者，导学案有助于培养学生的批判性思维和解决问题的能力。在探索和学习的过程中，学生需要评估信息的可靠性、分析复杂问题并提出解决方案，这些活动自然而然地锻炼了他们的批判性思维。

2. 导学案的缺陷

然而，导学案的应用也不是没有缺点。首先，它对学生的自我管理能力要求较高，这可能不适合所有学生。尤其是对于那些自律能力较弱或学习方法未形成的学生，过多的自主学习任务可能会使他们感到困惑和压力。

其次，如果没有适当的指导，导学案可能导致学生在学习过程中迷失方向。自主学习虽然有诸多好处，但缺乏有效的指导和反馈，学生可能会偏离学习目标，甚至陷入信息的海洋而无法有效学习。

最后，制定有效的导学案需要教师具备高度的专业能力和深入的学科知识。教师需要设计出既能激发学生兴趣，又能确保学习深度和广度的学习活动，这对教师的专业素养提出了更高要求。

综上所述，导学案是一种能够极大促进学生自主学习和思维发展的教学工具，但其有效实施需要教师的精心设计和适时指导，同时也需要考虑到学生的个别差异，以确保每个学生都能在这种学习模式中获得成功。

（三）教案与导学案的综合应用

在现代教育实践中，教案和导学案各自拥有独特的优势，其综合应用可以极大地提高教学效果和学生学习效率。通过结合教案的系统性与导学案的探索性，教育者可以开发出更为有效的教学策略，满足不同学生的学习需求并应对教学中的各种挑战。

1. 结合教案的系统性与导学案的探索性

教案的系统性提供了教学的结构化框架，确保课程内容的完整性和教学活动的连贯性。而导学案的探索性则促进学生的主动学习和深入思考，激发学生的探究兴趣和创新能力。将这两者结合，教师可以设计出既有条理又富有激励性的课程，使得学生在遵循教学计划的同时，也能通过自主探索深化理解和应用所学知识。

2. 个性化教学：根据学生的具体需要调整教案和导学案

个性化教学是现代教育的一个重要趋势。通过对教案和导学案的灵活调整，教师可以更好地满足学生的个性化需求。例如，对于掌握快的学生，教师可以提供更多的导学案以挑战他们的思维和解决问题的能力；对于需要更多指导的学生，教师可以增强教案中的指导性内容，确保这部分学生能够跟上课程进度。这种灵活调整有助于最大化每个学生的学习潜能。

3. 创新教学方法：融合技术工具和协作学习

现代教育技术的发展为教案与导学案的综合应用提供了更多可能性。通过利用在线学习管理系统、互动软件和其他数字工具，教师可以更有效地组织教学内容和监控学生学习进度。同时，利用技术工具促进学生之间的协作学习，如通过在线讨论平台、虚拟实验室等方式，可以增加学生之间的互动，提高学习的动态性和互动性。

此外，融合技术工具和协作学习不仅可以提升教学与学习效果，还能帮助学生培养21世纪所需的关键技能，如团队协作、信息技术运用和创新思维等。通过这种教学策略的创新，教育者可以为学生提供一个更加丰富和动态的学习环境。

综上所述，教案与导学案的综合应用能够创建一个更加高效和个性化的教学环境。通过结合两者的优势，教育者可以不仅提高教学质量，还能更好地满足学生的多样化学习需求。

三、学界教学理念的转向

单元学历案的由来还和当前学界教学理念的转向相关。随着建构主义理论在西方教育理论的大肆拓展，中国教育界的教育理论指向也在不断从苏联的教育理论转向西方建构主义教育理论。一系列的教学方法由此应运而生。

（一）从教师导向到学生导向的转变

1. 教师导向的教学模式

教师导向的教学模式是传统教育系统的核心，其特点主要集中在教师作为主导者和知识的权威传递者。在这种模式下，课程结构、教学内容和学习节奏主要由教师决定，学生的角色通常被动接受知识。从历史背景来看，这种模式起源于工业化时代，当时教育的主要目的是为社会培养规范化和统一化的劳动力。

虽然教师导向模式在确保教学内容覆盖和标准化方面表现出一定的效果，但它也面临着显著的局限性。首先，这种模式往往忽视了学生个体之间的差异，可能导致部分学生的需求和潜能没有得到充分发展。此外，过于集中的教师控制和缺乏互动的课堂氛围可能抑制学生的创造性思维和批判性思维的培养。

2. 学生导向的教学模式

相对于教师导向，学生导向的教学模式强调以学生为中心，其核心原则包括增强学生的参与感、自主性和合作能力。学生导向的教学不仅关注知识的传授，更重视学生能力的培养，如解决问题、批判性思维以及自我学习能力。

学生导向的教学方法多样化，包括项目基础学习、探究式学习和合作学习等。这些方法使学生能够在更加开放和互动的环境中学习，教师在这一过程中扮演的是引导者和促进者的角色。这种模式的优势在于能够激发学生的学习兴趣，提高他们的参与度，同时帮助学生构建知识之间的联系，更好地理解和掌握学习内容。

然而，学生导向的教学模式也面临一些挑战。首先，它要求教师具有较高的专业素养和灵活应对各种教学情境的能力，这对教师的培训提出了更高要求。此外，这种模式需要更多的时间和资源来设计和实施，学校和教师可能需要对现有的教学计划和资源进行重大调整。

总之，从教师导向到学生导向的教学模式转变，标志着教育理念的重大进步，这种转变有助于更好地适应知识经济时代对创新和个性化能力的需求。尽管转变过程中存在挑战，但其长远的益处是显而易见的，特别是在培养学生适应未来社会的多元能力方面。

（二）从内容传递到技能培养的重心转移

1. 内容传递模式

在传统的教育模式中，内容传递占据了核心位置。这种教学方法侧重于向学生传授固定的知识体系，例如历史事实、科学公式和文学作品等。教师在这一模式中主要扮演知识的传递者角色，而学生则是被动的接受者。这种方式的主要效果是确保所有学生都能获得一定量的标准化和统一化知识。

然而，内容传递教学的不足之处也相当明显。首先，这种模式往往忽略了学生的个体差异，不能有效地满足不同学习需求和兴趣的学生。其次，它可能导致学生缺乏批判性思考和创新能力的培养，因为学生主要是在重复和记忆信息，而不是学习如何处理和应用这些信息。此外，随着知识更新速度的加快，仅依靠传统的内容传递已难以应对快速变化的现代社会。

2. 技能培养模式

转向技能培养模式，反映了现代教育对学生综合能力要求的提升。技能培养不仅包括基本的学术技能，如阅读、写作和数学运算，更重视如批判性思维、解决问题、团队合作和创新等21世纪技能的发展。在这种模式下，教学的重心从单纯的知识传递转变为能力的培养，帮助学生准备好面对未来职业和生活的挑战。

技能培养教学的策略包括多种形式，如基于项目的学习（PBL）、探究式学习和协作学习等。这些策略通过实践、探索和合作的方式，激发学生的积极参与和深入思考，从而提高他们解决实际问题的能力。例如，项目基础学习不仅要求学生运用所学知识解决复杂问题，还需要他们进行团队协作和公开展示成果，这样的过程有效地培养了学生的综合能力。

此外，技能培养也需要教师具备不同的教学方法和评估技巧。教师在这一模式中更多地扮演导师和引导者的角色，他们需要设计富有挑战性的任务，提供反馈，并支持学生在学习过程中自我调节和反思。

总之，从内容传递到技能培养的转移标志着教育重心的根本变化。这种变化不仅更符合当代社会对人才的需求，也更能激发学生的学习兴趣和创新潜力，为他们的终身学习和职业发展奠定坚实的基础。

（三）从单一评价到多元评估的发展

1. 单一评价模式

在传统教育系统中，单一评价模式长期占据主导地位，这种评价方式通常依赖于标准化测试或定期考试来衡量学生的学业成就。这种模式的核心优势在于其操作简便，易于量化和比较学生的学习成果。通过这种方式，教育机构可以迅速评估大量学生的表现，并据此做出教育决策或调整教学计划。

然而，单一评价系统的局限性和问题也日益凸显。首先，这种评价方式往往只关注学生在特定时间点的学术表现，而忽视了学习过程和学生的非认知技能发展，如团队合作、创新能力和批判性思考等。此外，过度依赖标准化测试可能导致"应试教育"的弊端，即学生和教师可能更多地关注考试成绩而非真正的学习和理解。这种情形下，学生的学习动机可能被扭曲，导致学习体验的质量下降。

2. 多元评估方法

为了克服单一评价模式的缺陷，多元评估方法应运而生，它强调通过多种工具和方法来全面评价学生的学习成果和能力发展。多元评估的概念主要包括项目评估、口头报告、同行评审、自我评估以及传统的笔试等多种形式，这些方法可以更全面地反映学生的学习情况和技能掌握程度。

多元评估方法的优点在于能够提供更加全面和真实的学生学习数据。例如，项目评估可以检验学生在实际操作中应用知识的能力，口头报告则能够考查学生的表达和沟通技能。通过这种方式，教师能够更准确地识别学生在学习过程中的优势和劣势，从而提供更个性化的指导和支持。

此外，多元评估还能够促进学生的全面发展。当学生意识到评价标准不仅仅局限于笔试成绩时，他们可能会更加积极地参与到课堂讨论、项目制作和其他学习活动中。这种评估方式不仅激发了学生的学习兴趣，还有助于培养他们的批判性思维和创造力，为他们未来的职业生涯和个人发展奠定坚实基础。

总之，从单一评价到多元评估的转变标志着教育评价方式的进步，这种转变不仅提高了评价的公平性和有效性，还极大地丰富了教育实践，使其更加符合现代教育的需求。

（四）从课堂学习到终身学习的扩展

1. 课堂学习的局限性

传统的课堂学习模式一直是教育体系的基石，主要集中在由教师主导的环境中传授学术知识。这种学习方式便于管理和评估，但它的范围和边界也带来了一些明显的局限性。首先，传统课堂学习通常在物理空间内进行，限定在特定的时间内，这种结构化的环境可能抑制了学习的灵活性和自发性。其次，课堂学习往往集中于理论知识的传授，而对于技能的实际应用、情感智力的培养及社交技能的发展关注不足。

此外，随着社会和技术的快速发展，传统课堂学习未能满足日益变化的职业要求和个人发展需求。学生在学校所学的知识和技能可能很快变得过时，而课堂学习往往无法提供足够的机会来适应这些变化，特别是在培养创新思维和解决复杂问题能力方面。

2. 终身学习的推广

鉴于传统课堂学习的局限，终身学习的概念逐渐成为现代教育的重要组成部分。终身学习强调在整个生命周期中持续学习和发展，不仅限于学校教育阶段。这种学习方式的重要性在于它能够帮助个体持续更新技能和知识，以适应快速变化的社会和经济环境。

在教育系统中推广终身学习需要从政策、教育机构和课程设计等多方面进行努力。首先，政策制定者需要认识到终身学习的重要性，并提供政策支持，如资金投入、制定灵活的学习法规等。其次，教育机构应当开发包含各个生命周期阶段的课程和资源，如成人教育课程、在线学习平台和职业培训项目。

此外，教育实践中还应注重培养学生的自主学习能力和批判性思维，这些能力是终身学习的基础。例如，可以通过项目式学习和问题解决的课程设置，激发学生的主动探索精神和解决问题的能力。同时，鼓励学生利用技术资源进行自我学习，增加他们对学习的控制感和自我驱动力。

综上所述，从课堂学习向终身学习的扩展不仅能够突破传统教育的局限性，还能更好地准备学生应对未来的挑战。这种转变需要教育者、政策制定者和社会各界的共同努力，以创造一个支持终身学习的教育环境。

四、单元学历案及其课堂教学形态

学历案的学术理论源自对教学专业和教学方案的深入重新认识，以及对中小学实践中学案与导学案的理性分析。鉴于实践中学案与导学案存在被误解、滥用甚至名不副实的问题，因此采用了"学历"一词，融合了医学中病历的概念，强调对"完整的学习经历或学习过程"的重视。

（一）单元学历案的核心教学理念

第一，单元学历案体现了"以学习者为中心"的教育理念。这一理念主要关注两个方面：一是关注个体学习者的遗传、经历、观点、背景、天赋、兴趣、能力和需求；二是关注学习者的学习过程——如何最有效地学习，以及学习是如何发生的。学历案在设计时充分尊重学生的个体特征和学习需求，体现在目标设定、学习方法指导、作业分层、学习反思等方面，同时考虑到学习的进度和速度。此外，学历案本质上是一种指向学习者最近发展区的可视化支架，强调学生的自主建构或社会建构，倡导多样化和多感官参与的学习方式，创建丰富的机会以引导学习者与方案进行持续的、高质量的互动。

第二，单元学历案的呈现方式坚持以学生为中心和专业方案的结合。专业与职业不同，职业关注的是谋生，付出劳动得到相应报酬，而专业实践服务于他人，根据服务对象的意图和需求行事，其格局、境界或精神远超一般职业。教学是一种专业实践，因此教学方案必须采用学生的视角，而非教师或内容的视角。学历案告诉学生"你需要做什么"，而不是"教师将做什么"，更不应仅限于告诉学生学什么内容、做什么题目。

第三，单元学历案是一种微课程设计方案。课程是教育专业化的产物，标志着教育从经验和思辨走向专业化，也是将模糊、笼统的教育内容具体化以便于分析、研究和叙述的必要手段。学历案展现了课程的基本元素和技术，完整地呈现了一个教育单元的目标、内容和实施（学习过程）、评价及其一致性。作为围绕主题、问题、项目、观念或技能设计的完整学习单元，学历案本质上是学校课程的细胞，即微课程。

第四，学历案体现了有效教学的核心技术——"教—学—评"一致性。如前所述，学历案是一种微课程，要求课程设计在目标统领下一致性地考虑教学、学习和评价的问题。学历案不仅展现了课程的基本要素，而且在叙述次序上与传统的教案、学案有所不同，特别强调评价任务的设计应紧随目标之后，并置于学习过程设计之前。美国教学专家威金斯（G. Wiggins）和麦克泰格（J. McTighe）将这种设计方法称为"逆向设计"[①]。这种设计的价值在于方便检测评价任务与目标的匹配性，并清晰地将评价任务嵌入后续的学习过程中，确保教学、学习和评价围绕目标展开。

---

① 周成海. 怎样才算"理解"了所学知识：三位国外学者的意见及启示 ［J］. 外国中小学教育, 2015, 000
(007)：24-29.

第五，单元学历案打破了传统的教材单元限制，可以知识连贯性为大单元进行设计。这种方法让教师能够根据学生的学习进度和理解能力，灵活调整教学内容和教学顺序，从而更好地满足学生的个性化学习需求。通过整合相关主题和知识点，教师可以创造更为丰富和深入的学习经验，使学生能够在更宽广的视角中理解和掌握知识。

（二）单元学历案的五种教学形态

1. 对话型

在对话型教学中，学生首先独立学习学历案中的内容，之后与同伴就遇到的问题进行深入交流。此阶段的交流帮助学生扩展思维和视角，准备好与教师进行更深层次的对话。教师与学生之间的对话旨在解答学生的疑问，引导他们通过批判性和创造性思维达到更高的理解层次。

2. 指导型

指导型教学强调教师的引导作用。教师首先根据学历案设计导学活动，随后学生可以个别或分小组进行学习。在这一过程中，教师不断提供过程指导，帮助学生解决学习中的难题，确保学生能按照学历案的要求有效前进。

3. 自主型

自主型教学鼓励学生根据学历案提供的步骤独立进行学习，过程中可能需要同伴的帮助或教师的指导。这种模式强调学生的自主性和责任感，学生需要自行管理学习进度和质量，教师的角色更多是作为顾问和支持者。

4. 合作型

合作型教学侧重于小组合作。学生们根据学历案的指示分工合作完成学习任务，之后全班进行交流与分享。这不仅促进了学生间的协作能力，也提高了他们的公共表达能力。教师在这一过程中进行点评或提炼，帮助学生从活动中汲取关键学习点。

5. 评价型

评价型教学着重于学习成果的评估。教师首先与学生分享评价的标准，然后学生根据这些标准完成学历案中的任务。学生在完成任务后进行自评或互评，这种评价方式有助于学生从主观和客观的角度反思自己的学习成果。

学历案的教学实践虽然可以被分类为不同的"型"，但重要的是不应由这些形态来限制学历案的活力和灵动性。教学虽有方法，但应遵循"教无定法"的原则，这意味着在遵守教学规律的前提下，教师应拥有更大的自由度来适应教学情境。以上课型仅为初学者或新手教师提供一个理论参考模型。经验丰富的教师会根据具体的教学情境、教学目标、学生情况、可用资源和个人特长来创新课堂教学形态，不断探索更优的教学方式。值得注意的是，模式对于理论化或概念化经验是必要的，但在实际执行时应避免过度模式化，以防教学形式变得僵化，失去应有的教学效果和灵活性。

第二节　单元教学的理论背景

单元教学，作为一种组织课程和教学活动的方法，将学习内容划分为一系列相互关联的主题或模块，每个单元围绕一个核心概念或学习目标展开。这种方法不仅有助于系统化地传授知识，而且促进学生深入理解和掌握学习材料。在现代教育中，单元教学的重要性体现在它能够提供更加灵活和综合的教学结构，支持跨学科学习，增强学生的批判性思维和解决问题的能力。此外，单元教学通过集中探讨一系列相关联的主题，使学生能够在实际环境中应用所学知识，从而更好地准备他们面对现实世界的复杂问题。

一、行为主义单元教学理论

行为主义心理学，作为20世纪初期兴起的一个重要心理学流派，对教育领域产生了深远的影响，特别是在教学设计和学习评估方面。它的核心理念和实践原则已被广泛应用于单元教学的设计和实施中。

（一）行为主义理论的基本原则

行为主义理论，由早期心理学家如约翰·华生（John B. Watson）提出，并由后续学者如 B. F. 斯金纳进一步发展，提出了学习作为行为变化的基本原则[①]。这一理论核心在于通过刺激和响应的模式来解释和预测行为，其中强调可观察的行为变化是学习的直接证据。斯金纳特别强调了环境对行为的影响，他认为所有学习都是通过个体与其环境的动态互动形成的。

在教育领域，行为主义理论的应用体现在如何通过刺激来引导和修正学生的行为。通过使用强化机制——无论是正面强化如奖励，还是负面强化如惩罚——教育者可以有效地增加或减少学生的某些特定行为。这种方法认为，恰当的强化可以加深学生对正向行为的重复，从而巩固学习效果。

在单元教学的实施中，行为主义理论特别强调设定明确和具体的教学目标。这些目标通常是可量化的，能够明确指出期望学生达到的行为标准。教学过程被结构化为一系列具体步骤，每一步都旨在通过逐步引导学生达到这些预设目标。此外，频繁的练习和即时的反馈是行为主义在单元教学中另一关键应用，通过不断重复和强化，学生能够逐渐掌握所需的技能和知识。

这种教学方法在实际应用中尤其适用于需要精确技能和行为训练的场景，如语言学习、数学练习等领域。通过精心设计的刺激和响应机制，教育者能够有效地促进学生的学习进程，确保每个学习单元都能达到其教学目的。然而，批评者指出，这种方法可能忽视了学生的内在动机和高阶思维技能的发展，因为它主要关注于外在行为的改变而非内在认知过程的理解。尽管存在这些争议，行为主义理论仍然是现代教育实践中一种重要的教学方法，尤其在形成具体技能和行为习惯方面显示了其独特的有效性。

（二）行为主义理论对单元教学的结构和评估方法的影响

在单元教学的结构设计中，行为主义的影响表现在对教学活动的精细分解和序列化。

---

① PeggyA. Ertmer TimothyJ. Newby 盛群力. 行为主义、认知主义和建构主义（上）——从教学设计的视角比较其关键特征［J］. 电化教育研究, 2004.

每个教学单元都被设计成一系列小的、递进的学习任务，每个任务都有明确的、可测量的目标，这些目标是通过直接指令和反复练习达成的。例如，一个数学单元可能从简单的加法练习开始，逐步过渡到更复杂的问题解决任务。此方法的核心优势在于它提供了一个高度结构化和有序的学习环境，使学生能够在清晰定义的步骤和期望中逐步构建知识和技能。这种逐步递进的方法有助于巩固学生的学习基础，从而在他们准备好时引入更复杂的概念，确保学习的连贯性和深度。例如，继续以数学单元为例，教学活动可能首先聚焦于基础的算术操作，如加法和减法，每个部分都通过一系列有目的的练习来进行强化学习。随后，教师会引导学生应用这些基础技能去解决实际问题，如在购物情境中计算总金额或找零。这不仅使学生能够看到学习内容在现实生活中的应用，还加强了他们对数学知识的理解和记忆。

在这一过程中，频繁的评估和反馈是不可或缺的。行为主义理论强调，通过正面或负面的强化反馈来调整学生的行为。在每个学习阶段后，教师通过测验、口头问答或实际操作等形式，评估学生对学习内容的掌握情况。这种即时反馈机制不仅帮助学生及时了解自己的学习进度，还允许教师根据学生的表现调整教学策略，确保每位学生都能在理解和应用新知识方面取得进步。因此，行为主义在单元教学中的应用强调了目标明确、步骤细致和反馈及时的教学方法，这种方法在培养学生具体技能和有序思维方面显示了极大的效力，尤其适用于那些需要高度操作性和规范性的学科领域。

在评估方法方面，行为主义理论强调使用频繁的测试和测验来监控学生的学习进度，并提供及时的反馈。这种评估通常是定量的，其主要目的是直接衡量学生在特定任务或技能上的表现。例如，教师可能会在单元学习的各个阶段安排小测试，以评估学生对关键概念和技能的掌握程度。通过这种方式，教师可以及时调整教学策略，确保学生在学习过程中获得必要的支持。例如，如果测试结果显示一个班级中的多数学生在某个具体概念上存在理解难题，教师可以决定重讲这一部分内容，或者采用不同的教学方法来帮助学生克服困难。同样，如果某个学生在连续的评估中表现出色，教师则可以为这名学生提供更高级的材料或更具挑战性的任务，以促进其进一步发展。此外，行为主义理论也强调正面和负面强化在学习过程中的重要性。在评估中，通过赞赏和奖励可以强化学生的积极行为和正确的答案，而对错误的反应则可以通过建设性的批评和纠正来进行调整。这不仅帮助学生了解自己的表现和进步空间，也激励他们在未来的学习中尽力表现更好。进一步地，这种频繁和系统的评估方法有助于建立一个以结果为导向的学习环境，学生明白自己的学习目标和期望标准，从而能更有目的性地进行学习和自我调整。同时，即时反馈机制确保学生能够在遇到挑战时获得及时的支持，减少学习中的挫折感，并促进学习动机的持续增强。总之，行为主义理论在评估方法上的应用提供了一种有效的工具，使教育过程更加科学和精确。它通过定量评估、频繁测试和及时反馈的方法，优化教学活动，确保每位学生都能在教育环境中找到适合自己的学习路径，最大限度地发挥其学习潜能。

行为主义对单元教学的这些影响，特别是在确保教学活动目标明确、结构化以及对学生行为的系统评估方面，都极大地提高了教学的效率和效果。然而，这种方法也受到了过于侧重可见行为而忽视认知过程的批评。尽管如此，在设计需要明确行为结果的学习单元时，行为主义仍然是一个极具价值的参考框架。

二、认知主义单元教学理论

认知主义理论，自20世纪中叶起，已逐渐成为理解人类学习过程的核心心理学框架之一。它强调学习过程中的内部认知活动，如信息处理、记忆、理解和思考，对教学设计和实施产生了深远的影响。

（一）认知主义理论的核心观点

认知主义心理学家提出了一个全面的学习理解框架，认为学习不仅仅是对外部刺激的简单反应，而是一个涉及内在心理过程的复杂活动。这种观点强调学习是学习者通过主动探索和思考来构建和重构知识的动态过程。此理论的核心观点包括认知结构的发展、信息处理以及知识的整合与应用。

认知主义理论认为，每个学习者都有自己独特的认知结构，这是内部的知识和经验的组织形式，它决定了学习者如何接收和解释新信息。认知结构的发展是通过学习新概念和技能，不断调整和扩展这个结构来实现的。

在认知主义框架中，学习被视为一个信息处理过程。学习者接收输入信息，通过感知、注意、记忆和思考等过程处理这些信息。这一过程不仅仅是被动接收，更多的是主动查询和解码信息，使之转化为有用的知识。

学习者如何将新信息与已有的知识结构整合也是认知主义关注的重点。有效的学习发生在学习者能够将新的概念和技能与他们已经掌握的知识相链接时。这种链接有助于深化理解，也促进了长期记忆的形成。

认知主义理论特别强调将知识应用于解决实际问题的能力。学习的最终目标是能够运用所学知识来分析情况，提出解决方案，并实施有效的行动计划。

认知主义理论还强调学习者的主动参与和心智过程的重要性，认为有效的学习环境应该促进学习者深层次的认知加工。这意味着教育应提供丰富的、挑战性的情境，使学习者可以通过探索、实验和反思来构建知识。这种环境不仅支持知识的获取和应用，还鼓励学习者发展批判性思维和创造性解决问题的技能。

总之，认知主义通过深入探讨学习者的内在心理过程，提供了一个强有力的理论基础，用于指导教育实践中如何设计和实施更有效的学习活动和环境。这种以学习者为中心的方法，强调在教育过程中不仅传递知识，更重要的是培养学习者的整体认知能力。

（二）认知主义在塑造单元教学的内容组织和学习活动设计中的应用

在单元教学的内容组织上，认知主义理论强调建立意义连接和认知框架，以促进学生的深度学习。这种方法不仅要求教学内容之间有内在的逻辑关联，还需要教师有意识地设计课程，使学生能够自然地看到不同概念之间的联系。这种教学策略的目的是帮助学生形成完整的知识体系，而不是孤立地记忆信息。例如，在设计一个围绕"生态系统"主题的科学单元时，教师会系统地介绍与生态系统相关的各个方面，如食物链、能量流和生物多样性。通过深入探讨这些概念如何相互作用，学生不仅可以理解每个概念单独的意义，还能够把它们综合起来，形成对生态系统复杂性的全面认识。例如，教师可以通过案例研究，让学生探索如何人类活动影响生物多样性，进而影响整个食物链和能量流。进一步地，教师可以利用多媒体资源，如视频和互动模拟，来增强这些概念之间的联系。视觉和互动元素能够使抽象的概念具体化，帮助学生更直观地理解复杂的生态互动。此外，通过小组讨论和实地考察，学生可以在实际环境中观察生态系统的运作，这种实践活动不仅加深了理论知识的理解，还激发了学生的探究兴趣和批判性思维。这种深度的内容组织不仅涉及信息的传递，更重要的是培养学生将新知识与已有知识体系整合的能力，以及运用这些知识解决实际问题的能力。通过这样系统而深入的学习，学生能够在认知上建立强大的连接和框架，这将为他们未来的学习和生活提供坚实的基础。

在学习活动设计方面，认知主义的影响显著，它启发了多种教学策略的应用，特别是问题基础学习（PBL）、情境学习和认知导图等方法。这些策略都旨在通过模拟真实世界的情境，激发学生的主动学习态度，促使他们积极探索和解决问题，从而更深刻地理解和掌握学习内容。问题基础学习（PBL）是一种学生中心的教学方法，它通过提出具体的问题或挑战，鼓励学生通过研究和协作来寻找解决方案。在PBL的框架下，学生需要运用批判性思维、研究和团队协作技能，这些都是认知主义强调的关键能力。例如，在一个生物学单元中，教师可能会提出一个关于如何在城市环境中增加生物多样性的问题，学生则需要调查当前的生物多样性水平、研究影响因素，并设计可能的改善方案。情境学习则是通过置学生于类似真实世界的环境和情境中，使他们在实际的或模拟的环境中学习。这种方法让学生能够看到学习材料在实际应用中的直接相关性和用途，从而增强学习的意义和动机。例如，在教授市场营销的单元时，学生可能会参与一个模拟项目，设计营销策略来推广一个新产品，他们需要考虑市场研究、消费者行为和竞争对手分析等多个方面。认知导图是一种强调视觉化学习的工具，帮助学生组织和表示知识。通过创建认知导图，学生可以可视化地看到不同概念之间的连接，这有助于加深对复杂信息的理解和记忆。认知导图特别适合用于复杂的科目，如科学或社会科学，学生可以通过构建导图来整合和回顾他们的知识。此外，认知主义还强调了元认知策略的重要性，这包括教育学生如何规划、监控和评估自己的学习过程。这种策略的应用使学生能够成为更自主的学习者，他们学会了如何设定学习目标，检查自己的进度，并对学习方法进行必要的调整。例如，教师可以引导学生制定学习计划，定期检查学习目标的完成情况，并在学习过程结束时进行自我反思，评估哪些学习策略有效，哪些需要改进。通过这些多样化的策略，认知主义不仅改变了教学的内容和方法，还极大地提高了学习的自主性和效率，使学生能够在更加丰富和动态的环境中学习和成长。这些方法的综合运用可以显著提升教育活动的质量和学生的学习成果。

认知主义理论的应用使单元教学不仅关注知识的传递，更重视学习过程中认知能力的培养。通过设计促进深入思考和理解的学习活动，单元教学可以更有效地支持学生的全面发展，使他们不仅掌握必要的学术知识，还能够发展解决复杂问题所需的关键认知技能。

三、建构主义单元教学理论

建构主义理论提供了一种从根本上理解知识和学习的框架，强调知识是由学习者在特定文化和社会背景中，通过自身经验主动构建出来的。这种理论对教学方法和课程设计具有深远的影响，尤其是在单元教学的实施中，建构主义理论推动了更加动态和互动的学习环境的形成。

（一）建构主义的教学原则

在教育实践中，建构主义理论强调以下五个关键原则，这些原则指导了教学设计和学习活动的开展，确保学习过程是全面和有效的：

（1）学习者中心：此原则强调教学活动应围绕学习者的具体需要、经验和目标来展开，尊重每位学生的个人背景和视角。实践中，这意味着教师需调整教学方法，以适应不同学生的学习风格和能力，而非采用"一刀切"的教学策略。例如，一些学生可能更适合通过视觉材料学习，而另一些则可能偏好口头和听觉的指导。教师可以通过提供多样化的教学材料和活动，来满足这些多样的学习需求。

（2）知识构建：与传统的接受式学习不同，建构主义认为学习者应通过主动探索和实践来构建和重构知识。这要求教育者设计富有挑战性的探究活动，使学生能够通过实验、问题解决和项目工作等方式，自行发现和链接概念。例如，在科学课上，学生可能会通过实验来理解化学反应，而不是仅仅通过记忆反应方程式。

（3）社会互动：学习被视为一个社会化过程，这意味着学生应通过与同伴和教师的互动来深化知识的理解。团队项目、小组讨论和协作学习不仅可以促进信息的共享，还能激发新的见解和理解。通过这种方式，学生能够从不同的视角看待问题，并通过社会互动促进思维的碰撞和知识的深化。

（4）真实世界的问题解决：建构主义理论强调教学应与真实世界的情境相关联。这可以通过案例研究、现场考察、模拟活动或社区项目来实现，这些活动让学生在解决实际问题的过程中运用和测试他们的知识。例如，地理课程中的学生可能会参与到当地的环境保护项目中，亲身实践他们所学的生态和环境科学知识。

（5）反思性思考：鼓励学生反思自己的学习过程和结果是非常重要的。这种反思不仅帮助学生理解自己的认知过程，还有助于他们识别和改善学习策略，提升学习效率。教师可以通过日志写作、讨论会或反思报告等方式，引导学生系统地思考自己的学习经历，从而实现深度学习。

（二）支持单元教学中的学习者中心和探索性学习

在单元教学中，建构主义理论的应用促进了一种更加学习者中心和探索性的学习方法。单元教学模块通常围绕一个核心主题或问题设计，提供了丰富的情境和资源，使学生能够在探索中学习。例如，一个关于生态系统的单元可能会让学生调查本地的水体污染问题，学生需要自己收集数据、分析问题并提出解决方案。这种方式不仅使学习内容与现实生活紧密相关，还激励学生运用和测试他们的理解和技能。这种教学方法通过将学习置于真实世界的背景中，极大地增加了学习的相关性和吸引力。例如，在探讨水体污染的单元中，学生不仅学习科学知识，如水循环、污染物的生物化学效应，还必须了解法律、社区规划和公共健康等方面的知识。他们可能需要访问污染现场，与环保机构或地方政府官员交谈，甚至参与公众教育活动，这些活动都是他们学习和应用课堂知识的一部分。通过这样的探索和实践活动，学生不仅能够将课堂上学到的理论知识应用于解决实际问题，还能在过程中发展关键的 21 世纪技能，如批判性思维、问题解决、团队合作和沟通能力。例如，他们需要在小组内协作，共同分析数据和制定调查方案，这要求他们学会倾听、讨论、协调和表达自己的观点。此外，建构主义理论还鼓励学生在学习过程中进行反思，以加深对自己学习方法和成果的理解。教师可以指导学生定期写反思日记或进行口头反馈，让学生思考哪些学习策略有效，哪些需要改进，以及他们在实际应用中遇到的挑战和成功经验。这种反思过程不仅增强了学生的自我监控和自我调整能力，也有助于他们构建更深层次的知识理解和应用能力。

此外，建构主义支持的学习者中心教学鼓励学生基于自己的兴趣和前知进行学习，教师的角色转变为引导者和促进者，而非单纯的知识传递者。在课堂活动设计中，教师会利用问题引导学生思考，通过小组讨论、角色扮演或项目任务促进学生之间的社会互动，这些活动都有助于学生在真实的社会文化背景中构建知识，使学习过程更加深入和持久。在这种教学模式中，教师首先需要了解学生的背景知识、兴趣和学习风格，然后设计能够引发学生好奇心和探究欲的问题和挑战。例如，在历史课上，教师可能会提出一个开放式问题，如"如果你是第二次世界大战期间的一国领导人，你会如何改变战争的进程?"这种问题不仅激发学生的想象和批判性思维，还鼓励他们将历史事件与当前的政治情境联系起来，进行深层次的分析和讨论。通过小组讨论，学生可以交换不同的观点和策略，学习如何通过沟通和协作达成共识或理解多样性。这种社会互动不仅加深了对学科内容的理解，还培养了学生的沟通技能和团队协作能力。此外，角色扮演和模拟活动使学生有机会从不同角度体验历史事件或社会问题，这样的互动体验可以帮助学生更好地理解复杂的概念和历史情境。在项目任务中，学生被要求将所学知识应用于解决实际问题，如设计一个可持续发展的社区计划或开展一个小型科学研究项目。这类活动不仅要求学生运用他们的分析和创造能力，也需要他们进行计划、执行和评估，从而全面提升他们的项目管理和领导能力。通过这种方式，学生不仅学习到了课程内容，还发展了实际操作和决策制定的能力。总之，建构主义的学习者中心教学通过提供丰富多样的学习活动和环境，促使学生积极参与到学习过程中，不仅在知识层面获得增长，也在技能和个人发展层面得到显著提升。这种教学法有效地连接了课堂学习与真实世界的实践，为学生的终身学习和职业发展奠定了坚实基础。

四、人本主义学习理论

人本主义学习理论强调学习应以学生的经验、需求和感受为中心。这一理论认为，学习不仅是知识的积累，更是个体自我实现和成长的过程。人本主义理论由心理学家如卡尔·罗杰斯和亚伯拉罕·马斯洛等提出，他们认为教育应该促进个体的全面发展，包括情感、社交、认知和物理各方面。

(一) 人本主义学习理论的理论主张

人本主义学习理论主张教育应当关注个体内在的动机和自我指导的学习过程。理论认为每个人都有实现自我潜能的内在欲望，教育的目标应当是帮助学生探索自我、发展个性和实现个人潜力。在这一框架下，教师的角色转变为学习的促进者和支持者，而非传统意义上的权威。教育环境应鼓励学生自由表达、探索和批判性思考，使学习过程变得更加个性化和有意义。

（二）人本主义学习理论对单元教学的影响

在单元教学中，人本主义学习理论的应用极大地影响了教学设计和实施方式。首先，它促使教育者在设计教学单元时考虑学生的兴趣和需求，从而设计出更符合学生实际情况的课程内容和活动。例如，教师可能会设计项目基于学生的个人兴趣，如通过艺术或社会问题来探索科学和数学概念，使学习更具吸引力和相关性。

此外，人本主义理论还强调评价方法的多样化，鼓励使用形成性评价来反馈学习过程中的成长和进步，而非仅仅依赖总结性评价来测试知识掌握的结果。这种评价方式有助于了解学生的个人发展路径，支持他们的长期学习和成长。

最后，人本主义理论鼓励在课堂上建立一种支持和合作的学习环境。通过小组合作项目和同伴互助，学生不仅能学习到课程内容，还能在社交和情感层面得到发展，这种全人教育的方法有利于培养学生成为独立和自主的学习者。

综上所述，人本主义学习理论通过将学生的需求和个性放在教学的中心，为单元教学提供了一种更为深刻和全面的教育视角。这种以学生为本的教学模式不仅增强了学习的有效性，也促进了学生在学术和个人层面的综合发展。

第三节　单元学历案的组成元素

一、单元学历案的直接构成元素

单元学历案是由教师精心设计的，基于班级教学需求而定制的学习方案。它旨在帮助学生培养方案意识，管理自己的知识体系，并通过持续的反思和研究，提升自身的学习能力。

单元学历案不仅仅是一个课程计划，它是学生构建新知识和经验的认知地图，涵盖了学习内容、方法、进阶、练习和作业等各个方面。此外，它还包括明确的学习目标和背景信息，形成了一个全面的学习档案。妥善保存和使用这一档案，对学生的学习进程至关重要。

单元学历案也是一个重要的互动平台。在具体的学习过程中，它不仅促进了教师与学生之间、学生与学生之间以及教师之间的互动，而且加强了教学的协同性和互动性。

此外，单元学历案还是教学监测的依据。教师可以定期抽查单元学历案，以此了解学生的学习状态。通过单元学历案，教师可以准确把握学生的学习成果：哪些内容学生掌握了，哪些未掌握，存在的学习难点在哪里。这种深入的了解有助于教师进行针对性的教学调整。此外，分析学生未掌握知识的原因也同样重要，因为教授的内容并不总能被学生完全吸收或掌握。最终，每位教师也承担着监测学生学习进程和结果的责任，学生的每一次学习历程和成果都将记录在单元学历案中，这些记录可以用来评估每堂课甚至每个单元的目标达成情况，进而推断出班级整体的学业质量。

　　作为一种教学专业方案，每份单元学历案都主要包括明晰组织单元、确定单元主题/课时、确定单元目标、设计评价任务、分课时设计学习进阶过程、布置作业与检测、设计学后反思七个步骤。这种全面的设计使得单元学历案成为一个极具价值的教学工具，能够有效支持教师的教学活动和学生的学习进程。

　　首先，明晰组织单元意味着每个学历案开始时，教师需要绘制出整个单元的框架。这包括单元的时间范围、关键活动以及学习资源的配置。通过这种方式，教师能够有序地推进教学计划，确保各个部分都能得到适时的处理。在时间范围的设定上，教师必须考虑整个学期的课程节奏和关键的学术日程，如期中考试、学术展示或其他学校活动，从而合理规划每个单元的起止时间。这种时间管理确保教学内容的完整性与连贯性，同时留出充分的时间进行复习和评估，帮助学生消化和掌握知识。关于关键活动的规划，教师需要根据单元的教学目标来设定重要的教学活动，例如实地考察、专题讲座、小组讨论或实验操作等。这些活动不仅丰富了教学方式，也增加了学生的参与感和实践机会，使学习过程更加动态和互动。至于学习资源的配置，教师需要整合和优选教学材料，包括书籍、文章、视频、软件工具等，以支撑教学内容和活动。合理的资源配置可以极大地提高教学效率和学习效果，帮助学生从多角度和多媒体中获得知识，促进深层次的理解和思考。通过上述步骤，教师能够创建一个结构清晰、目标明确的教学单元，有效地指导学生通过预设的学习路径达到学习目标。这种有组织的教学安排不仅确保了教学质量，还能够适应不同学生的学习节奏和需求，最终达到优化教学成果的目的。

　　其次，确定单元主题/课时应紧紧围绕已经确定下来的组织单元和学科课程标准，积极培养学生学科核心素养。具体来说，教师可以参照以下规划流程。

　　（1）看教材目录。

　　（2）围绕学科课程标准，确定课时和学业质量。

　　（3）依据课程内容以及课程标准，确定单元课时数。

　　（4）确定好单元名称，给学生心理暗示，引导学生朝向核心素养的方向发展自己的能力。

　　具体来说，教师要按照课程标准的要求精心设计每节课的内容，使其既独立又相互衔接，形成知识的递进和深化。这种设计不仅帮助学生逐步构建知识体系，也使他们能够在学习过程中逐渐发展批判性思维和解决问题的能力。通过这些精心的设计和安排，确定单元主题/课时的过程不仅能够提升教学的针对性和有效性，也能增强学生对学习内容的兴趣和动机，最终促进学生对学科内容深度把握。

　　单元目标的确定应围绕学科核心素养，应当具体、可量化，并且与更广泛的教育目标相一致。例如初中语文学科的课程标准，单元学历案应首先考虑到学科核心素养的内涵，即围绕学生文化自信、语言运用、思维能力、审美创造等方面确定清晰、可测量、可习得的具体单元学历案目标。首先，对于文化自信的培养，单元目标可以设计为增强学生对中华文化的认识和理解，通过学习古典文学、历史文献等内容，让学生能够更好地理解和欣赏中华文化的独特价值和美学。具体目标可以是识记一定数量的经典诗文，理解其深层含义，并能够在适当的场合引用这些文化元素，表达对传统文化的尊重和自豪。接着，在语言运用方面，单元目标应侧重于提升学生的实际语言表达和应用能力。这可以通过各种口语和书面表达活动实现，如进行一次主题演讲、撰写一篇议论文等。目标设置应具体到学生能够在不同的语境中准确、恰当地使用语言工具，例如，能够在辩论中清晰地表达个人观点，或在写作中恰当运用修辞手法增强文章的表达效果。对于思维能力的提升，单元目标应关注学生的逻辑思维、批判性思维和创新思维的培养。通过分析不同类型的文本和信息，学生应能够独立思考，形成自己的见解，并能够批判性地评价不同观点。例如，目标可以设定为通过分析一篇文章的结构和论证，学生能够指出其论点和论据的逻辑关系，甚至提出合理的反驳意见。最后，审美创造的目标应激励学生在接触文学作品时，不仅理解其表面文意，更能感受并创作出具有审美价值的内容。这可以通过诗歌创作、戏剧表演等方式实现，具体目标则是学生能够根据学习的文学作品，创作一首反映个人情感的诗歌，或者编排一段基于古典文学的表演。通过这样具体、可量化的单元目标设计，教育者不仅能够有效地指导学生达到学科核心素养的要求，还能够激发学生的学习兴趣，提高他们的综合能力，从而更好地准备他们面对未来的挑战。

设计评价任务则是为了确保学生学习效果可以被准确评估，而且应围绕以上确定的单元学历案教学目标。当然，评价任务可以包括多种多样的形式，但是都应围绕具体的目标展开。教师可以采用必做题、选做题的方式强调学生单元知识必须掌握的内容和应该发展的内容，而且和课程标准的要求应该对应的。具体形式上，教师则可以采用选择题、填空题或者是简答题。通过这种有倾向性的多样化评价任务，学生应不仅能够理解这些基础知识，同时提升自己解决问题的能力和确立对待这些问题正确的价值观。从单元学历案"教—学—评"一致的角度看，评价任务的设计还应该能够反映学生的学习过程。这就涉及评价任务设计更深层次的内容。首先，评价任务设计应注重学生认知过程的追踪。这意味着评价工具应能够捕捉学生从知识获取到知识应用，再到创新思考的每一个阶段。例如，在一个历史单元学习中，可以通过设计时间线任务，让学生将历史事件按时间顺序排列并解释其重要性，这不仅检测了学生的记忆能力，更重要的是能够考查他们对事件背后因果关系的理解。其次，评价应强调形成性和过程性。这种评价方式鼓励学生在学习过程中进行自我反思，同时也使教师能够及时调整教学策略。通过实施诸如同伴评审、自我评估以及教师的即时反馈等多样化评价方式，不仅可以提供关于学生学习状态的即时数据，还能够帮助学生深化对学习材料的理解。此外，评价任务设计应考虑多样性和包容性，确保能够适应不同学习风格和能力水平的学生。

分课时设计学习进阶过程则涉及如何将整个单元内容分解为适合每节课的学习活动。每节课都应设计有清晰的学习目标，学习过程，以及评价任务，确保学生在每个阶段都能获得必要的支持和反馈。在这个过程中，首先，教师需要根据单元的总体目标将内容划分成适量的部分，每部分对应一节或几节课程。这种划分依据教学内容的复杂性和学生的学习能力进行调整，确保每个课时的内容既不过于拥挤也不过于稀疏。接下来，为每节课设定具体的学习目标是关键。这些目标应明确、具体，并且可度量，比如理解特定的概念、掌握某项技能或发展特定的态度。明确的目标不仅有助于学生明确学习的方向和期望，也方便教师进行后续的教学评估。教学活动的设计则需要创造性和适应性。活动应当包括各种教学方法，如讲授、讨论、合作学习、实验、案例分析等，以适应不同的教学内容和学生的学习风格。这些活动应当能够有效促进学生对知识的理解和应用，同时鼓励他们的批判性思维和创造力。评估方式的选择也应与教学活动和学习目标紧密相关。在课程设计时，教师应预设定期的检查点，如小测验、课堂表现评估、作业检查等，以监控学生的学习进度和理解深度。这些评估应根据学习目标的性质选择合适的形式，如口头评估更适合评价表达能力，书面测试更适合评价知识掌握情况。此外，为了确保每个学生都能在课堂上得到足够的支持，教师需要设计有效的反馈机制。这包括即时的课堂反馈和详细的作业反馈，帮助学生识别和改正错误，同时肯定他们的成功经验。通过这样的设计，学生能够明显感受到自己的学习进展，从而保持动力并逐步提高成绩。最后，分课时的学习进阶设计不仅要关注单个课时的安排，还应考虑整个单元的连贯性和递进性，确保学生在完成一个单元后能够整体提升，达到最初设定的教学目标。这种系统的设计方法使得教学更加高效，更能适应学生的多样化需求。

布置作业与检测是为了加深学生对课堂学习内容的理解和应用，同时也是检测学生学习效果的一种手段。这一环节应与课堂教学紧密相关，能有效地帮助学生巩固和扩展所学知识。作业的设计应该反映课堂上讨论的主题和概念，同时提供一种方式让学生能够独立思考和应用这些知识。有效的作业不仅仅是重复课堂内容，而是要求学生通过批判性思考、问题解决和创造性任务来展示他们的理解和技能。例如，如果课程内容涉及历史事件，作业可能包括研究某个特定事件的原因和后果，然后将其与现代事件比较，以加深学生对历史影响的理解。检测的作用则是衡量学生对学习内容的掌握程度，同时为教师提供反馈，帮助他们调整未来的教学策略。检测可以是形式多样的，包括但不限于传统的笔试、口头测试、实际操作的评估或在线测验。这些检测应当能够全面评估学生的知识掌握情况，包括基本事实、概念理解以及高级应用和分析能力。为了确保作业和检测的有效性，教师需要确保这些评估工具与课程目标和学习结果紧密对应。此外，应定期审视这些工具的适用性和有效性，确保它们能够真正地衡量学生的学习成果而非仅仅是记忆能力。这可能需要教师不断创新作业和测试的形式和内容，以适应不同学生的学习风格和能力。此外，提供及时和具有建设性的反馈也是作业和检测环节的关键部分。为了适应学生的能力，教师可以根据单元知识的情况，为学生设置必做题和选做题。根据学生单元学历案的知识掌握程度，教师的反馈应具体、支持性强，并针对学生的具体表现给出改进的建议。这种反馈不仅可以帮助学生更好地理解材料，还可以激励他们改进学习策略和技巧，从而在未来的学习中取得更好的成绩。通过这样全面地布置作业与检测策略，教育者可以更有效地促进学生的学习和发展，同时也能精确地监测和增强教学过程的有效性。

最后，设计学后反思是一个重要环节，旨在通过教师和学生的共同反思，评估整个学习过程的效果与存在的问题，从而对未来的教学活动做出调整和优化。这不仅帮助教师提升教学质量，也促使学生更加主动地参与到自我学习的过程中。在这一环节中，教师应当引导学生进行深入的自我评估，鼓励他们思考哪些学习方法效果好，哪些需要改进，以及他们如何能更有效地掌握课程内容。这种自我评估可以通过写作反思日志、参与小组讨论或完成自我评估问卷等形式进行。通过这些活动，学生不仅能够深化对所学知识的理解，还能够提升他们的元认知技能，即对自己学习过程的认识和控制。同时，教师也需要进行教学反思，这通常包括回顾教学目标、教学方法、学生反馈和评估结果。教师可以通过教学日志、同事合作和专业发展会议等方式，来分析和评估自己的教学实践。这种反思应该诚实地识别哪些教学策略是有效的，哪些可能需要调整或完全改变。此外，教师与学生之间的互动反馈也是学后反思的重要部分。通过定期的反馈会议或非正式的交谈，教师可以收集学生对课程内容、教学方式和学习资源的直接反馈。这不仅能够帮助教师更好地理解学生的需求和感受，还可以增强师生关系，建立一个支持性和包容性的学习环境。通过这样的系统反思过程，教育者可以持续优化教学策略，提高教育质量，并适应学生多变的学习需求。这种持续的自我改进不仅提高了教学效率，还激发了学生的学习动力，使他们在学术旅程中更加自信和自驱。这种对学习过程的深入反思和评估是实现教育目标的关键，它促使所有参与者—教师和学生—都成为积极的学习者和反思者。

综上所述，乡镇单元学历案通过这七个详尽的步骤，为乡镇教育提供了一个系统而全面的教学策略框架，不仅促进了教师的专业发展，也极大地提升了学生的学习质量和效率。

图 1-2 是一份包含作业学习的单元学历案。

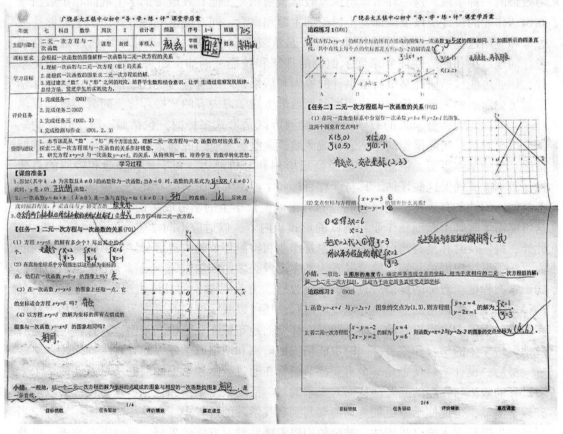

图 1-2 一份数学课堂单元学历案

二、单元学历案让学生学习增值的四个方面

课堂是教育的核心，当前关于聚焦课堂、决战课堂和课堂革命的讨论表明，大家已经普遍认识到课堂改革的重要性。然而，在我们推进课堂变革之前，必须清楚地回答几个问题：为什么要改变课堂？课堂应该变革到什么程度？以及课堂应如何改变？如果这些问题

还没有得到充分的思考，那么改革只是形式上的变化，而非真正的革新。

课堂变革的根本目的是提升学习的价值，使学生能够更好地学习。那么，怎样才能实现学习增值呢？我们可以从四个方面来考虑。

（1）动力值：通过变革激发学生的学习动机。变革应当使学生感到学习更加吸引人，更有动力去探索和理解新知识。

（2）方法值：改善和创新教学方法，使学生的学习效率和效果得到提升。通过研究教学和学习过程，教师可以为学生提供必要的指导和支持，帮助他们达到最近发展区，即在当前能力基础上的潜在发展水平。

（3）知能值：通过课堂改革，让学生在有限的时间内获得更多知识，取得更好的学业成绩。这不仅涉及知识的传授，还包括技能的培养，使学生能够在学业和未来的职业生涯中表现出色。

（4）意义值：确保学习内容不仅对当前有用，而且对未来也有益。这要求教育不仅满足短期的需求，而且要具有长远的视角，关注学习的持久价值和意义。

通过综合这四个方面的改进，课堂变革可以真正达到提升教学和学习质量的目的，避免仅仅为改变而改变，而是通过有目的、有计划的创新活动，使教学和学习都更具意义和效果。

课堂学习的增值关键在于解决两大挑战：一是确保学习质量差的学生能够真正学会，二是适应班级中不同的学习需求。首先，"差"学会分为"虚学会"和"假学会"两种情况。所谓的"虚学会"是指学生可能知道正确答案，但不理解答案背后的原理或过程，仅仅停留在表面的记忆上。而"假学会"则是学生通过错误的方法学到了表面上正确的知识。例如，在科学教学中，实验是探索物理和化学现象的本质方式。然而，如果课堂上缺少实际的实验操作，仅通过黑板、PPT或微视频展示实验过程，学生获得的将是一种表面的、不完整的学习经验。其次，处理"异"学习的问题至关重要。如果没有妥善管理，可能导致两种不良学习状态。一种是"疑似在学"，表现为学生跟不上教学进度，只是表面上参与，实际上并未真正投入。另一种是"游离学习"，即学生在课堂上的行为与学习任务无关，他们可能物理上在教室，心理上却已经完全脱离了学习活动。这些问题往往是由于教学进度不适应所有学生或某些学习方式不适合所有学生而引起的。这不仅影响了部分学生的学习效果，也可能使一部分学生的学习状态恶化。为了有效提升课堂学习的价值，教师需要设计更加包容和多元化的教学策略，确保所有学生都能在适合自己的节奏和方式中学习和进步。这要求教师对学生的学习状态进行细致的观察和分析，及时调整教学方法和进度，以确保每位学生都能从课堂学习中获得真正的、深入的知识理解和技能掌握。

三、单元学历案更关注学习历程

专注于学习历程，确保每位学生都体验到真正的学习过程，而非表面或虚假的学习。如何实现每位学生的"真学习"呢？首先，需要使学习过程可见，通过设计可视化的学习历程来实现这一点。其次，深度理解是关键，这包括使知识情境化、条件化和结构化，这样的教学目标指向全面的素养发展。此外，改变传统以听为主的学习方式，鼓励学生通过讨论、实践、教授他人等多种方式进行学习，这些都是提升学习效果的重要手段。

接下来，学生的学习不应仅限于课堂内的活动，而应包括学后的反思和元认知，帮助学生实现在学习过程中的深刻领悟。此外，我们应避免单纯的重复操练替代真正的学习。不应误认为长时间的操练可以自然而然地提高学习成效，这是一个常见的误区。教师应更多地探索如何激发学生的学习热情，确保学生真正参与到学习中，而不是与课堂内容保持距离。

此外，教师需要深入研究如何提高单元学历案的专业水平，确保教学方案基于教育标准和教材，从而使课程内容更加充实。还应研究如何通过单元学历案提升学生互动的质量，以提升整体的教学质量。

总结来看，我们面临四个主要任务：首先，需要重新理解教学的本质，认识到什么是真正专业的教学。其次，专业与非专业的关键区别在于是否有周密的教学方案。第三，通过研究和实施具体操作性强的单元学历案，使我们的教学更加专业。最后，确保学习带来的是增值，而不是让学生的学习效果变得更糟。

第二章　理论框架与文献回顾

在探索初中单元学历案教育的理论框架与文献回顾中，我们首先需要明确学历案教育的定义及其在现代教育体系中的应用。学历案教育，特别是在初中阶段，不仅涉及知识的传授，更重视学生如何将所学知识与实际问题结合，通过具体项目或案例实现深度学习。这种教育模式强调学生中心，促进学生的主动学习和批判性思维能力，与传统的以教师为中心的教学方法形成鲜明对比。

第一节　国内乡镇初中教育现状分析

乡镇初中教育是中国教育体系的一个重要组成部分，主要指在城市以外的乡村地区设置的初级中学。这些学校提供基础教育服务给当地的中学年龄段学生，是实现教育普及和促进地区发展的关键环节。乡镇初中教育在国家教育体系中扮演着桥梁的角色，不仅帮助学生过渡到高中学习，也是培养学生基础能力和生活技能的平台。

一、教育资源的分布与配置

在初中教育层面，资源的分布与配置对学校的教学质量和学生的学习成果有着直接的影响。以下部分将深入探讨当前乡镇初中在硬件设施、人力资源以及教学材料与技术方面的状况。

（一）硬件设施

硬件设施构成了教育质量的基础，包括校舍建设、实验室、图书馆等关键组成部分。在很多乡镇初中，虽然近年来基础设施有了一定程度的改善，但与城市学校相比，仍然存在显著的差距。大部分校舍建筑较为陈旧，经常缺乏必要的维护和现代化改造，这不仅影响了学习环境的安全性和舒适性，还可能限制了新教学方法的实施。

实验室设施的不足尤为突出，这直接影响了科学教学的质量。现代教育强调实验和实践的重要性，实验室是支撑学生科学探索的重要场所。由于设备老旧或数量不足，学生很难进行有效的科学实验，这限制了他们对科学概念的深入理解和兴趣的培养。

图书馆作为学习资源的中心，其在教育中的作用同样不可小觑。然而，在许多乡镇初中，图书馆的藏书量有限，更新速度缓慢，很难满足学生和教师对知识更新的需求。缺乏足够的阅读材料和学习资源，学生的阅读和自学能力的提升受到了限制。

总之，这些基础设施的不足严重影响了教学方法的多样性和教育质量的整体提升。为了改善乡镇初中的教育状况，迫切需要对校舍、实验室和图书馆等硬件设施进行投资和升级，以创建一个更加安全、舒适且功能齐全的学习环境。这将不仅提升学习效果，更能激发学生的学习兴趣和积极性，为他们的全面发展打下坚实的基础。

（二）教育人力资源

教师资源对于提升教育质量至关重要，尤其是教师的数量、资质和培训状况，这些因素直接决定了教学效果和学生的学习体验。在乡镇初中，教师资源面临着一系列挑战，主要表现在教师数量不足以及教师素质的不均衡。

尽管多数乡镇初中教师持有正式的教师资格证，但他们在接受专业知识和现代教学方法培训方面仍显不足。这种培训的缺失限制了他们采用更有效、更创新教学策略的能力，从而影响学生的学习成效。例如，新的教学方法如项目式学习或以学生为中心的教学法，需要教师具备相应的理论知识和实践技能，缺乏这些技能的培训会使教师难以适应教育的现代化需求。

此外，乡镇初中还面临着优秀教师流失的问题。由于城市学校通常提供更高的薪资、更好的职业发展机会和更优越的工作条件，许多有能力的教师选择离开乡镇，前往城市工作。这种流失不仅减少了乡镇学校的教师总数，更导致剩余教师队伍中高质量教师的比例下降，进一步加剧了师资的不均衡问题。

因此，为了解决这些问题，需要从根本上加强对乡镇初中教师的专业培训和持续教育，提高他们的教学能力和适应新教学方法的能力。同时，政策制定者应考虑提供更多激励措施，如提高乡镇教师的工资待遇，改善工作环境，以吸引和保留优秀教师。只有通过这些措施，才能真正提高乡镇初中的教育质量，确保所有学生都能接受到高质量的教育。

（三）教学材料与技术

在当今教育环境中，教学材料和技术的合理应用对提升教学质量和激发学生学习兴趣至关重要。教学材料的及时更新与现代信息技术的整合能够极大地丰富教学内容和方法，提高学生的学习动力和效率。然而，在许多乡镇初中，这些资源的缺乏成为教育发展的一大阻碍。

首先，教材的更新频率和质量直接影响教学内容的现代性和相关性。在很多乡镇初中，由于经费和资源的限制，许多教学材料往往不能跟随时事新闻的变动快速更新，导致教师不得不依赖过时的资料进行教学。这种情况不仅限制了学生接触新知识的机会，也可能削弱他们对学习的兴趣。

其次，信息技术设备的缺乏是乡镇初中一个普遍存在的问题。在信息化快速发展的今天，计算机和互联网已成为教学的重要工具，可以提供丰富的学习资源和互动平台。然而，许多乡镇学校因资金不足无法配备足够的计算机或维护网络设施，多媒体教学设备如投影机、智能黑板等的普及率也远低于城市学校。这种技术上的劣势不仅影响教学的多样性和互动性，还限制了学生在信息技能和数字素养方面的发展。

缺乏现代教育技术的支持，意味着乡镇初中的学生在信息时代的竞争中处于明显不利地位。他们可能无法有效地访问和利用在线学习资源，也难以通过技术手段进行创造性学习和协作，这在长远来看可能影响他们的学术和职业发展。

为了解决这些问题，必须加大对乡镇初中教育技术和材料的投资。这包括增加财政拨款用于购买和更新教学材料，提供必要的技术设备，以及培训教师有效使用这些技术的能力。只有通过这些综合措施，乡镇初中才能真正提升教学质量，确保所有学生都能享受到公平且高质量的教育资源。

总结来说，尽管乡镇初中在教育资源的投入上有所增加，但在硬件设施、教育人力资源和教学材料与技术方面仍面临诸多挑战。要实现教育公平，提高乡镇初中的教育质量，必须加大投入，改善教育资源的分布与配置，从而为学生创造更好的学习环境和条件。

二、教学质量与学生表现

教学质量和学生的整体表现是评估教育效果的关键指标。本部分将详细探讨乡镇初中的课程设置、教学方法，学生学业成绩以及学生在体育、艺术和社会活动方面的参与情况。

（一）课程设置与教学方法

在乡镇初中，课程设置和教学方法的优化是确保教学质量的关键。适当的课程设计和教学策略能够显著提高教学效果，激发学生的学习兴趣和参与度。这一部分将深入分析如何有效地结合传统的讲授法和现代的教育技术来提升教学质量。

首先，传统的讲授法因其直接性和结构性，在确保教育内容传达的完整性和系统性方面具有独特优势。然而，单一的讲授法可能限制学生的主动学习和创造性思维。因此，现代教育理念推荐将传统讲授与互动式教学方法结合起来，以促进学生的全面发展。例如，教师可以在讲授基础概念后，利用数字工具如互动白板、学习管理系统（LMS）等技术手段，引入更多的互动和参与元素。通过这些技术工具，教师能够即时反馈学生的理解情况，调整教学策略，增强教学的针对性和有效性。

其次，项目式学习（PBL）和合作学习是现代教育中非常重要的教学策略，特别适用于促进学生的主动学习和团队合作能力。在项目式学习中，学生不仅学习知识，更重要的是学会如何应用知识来解决实际问题。教师可以设计与实际生活相关的项目主题，让学生在完成项目的过程中，进行信息搜集、数据分析和团队协作，从而深化对知识的理解和应用。合作学习则通过小组讨论、同伴互助等形式，使学生在互动中学习，共同完成学习任务，这不仅提高了学习效率，也培养了学生的社交技能和批判性思维能力。

通过这些策略的实施，乡镇初中的教学方法将更加多元化和现代化，更好地符合学生的学习需求和教育发展的趋势。这种教学方法的融合不仅能提升学生的学术表现，还能增强他们对学习的热情和自我驱动力，为他们未来的学术和职业生涯奠定坚实的基础。

（二）学生学业成绩

在乡镇初中，学生的学业成绩现状是评估教育质量和教学方法有效性的关键指标。尽管存在诸多挑战，如资源限制、师资力量不足以及基础设施落后，乡镇初中的教育工作者仍致力于通过各种努力提升学生的学业表现。

乡镇初中学生的学业成绩通常与城市地区学校存在显著差距。这种差距主要源于教育资源的不平等分配，其中最为明显的是优质教师资源的稀缺、教学设备的过时。此外，许多乡镇初中缺乏足够的课外辅导和学习支持服务，这对学生的学业成绩同样产生了不利影响。

面对这些挑战，乡镇初中采取了多种措施来提升学生的学业成绩。例如，一些学校通过建立与城市学校的合作关系，引进优质的教育资源和先进的教学方法。此外，越来越多的乡镇学校开始利用数字教育资源，如在线学习平台和教育软件，这些工具帮助学生扩展学习内容并提高学习效率。

学校还努力通过提供培训机会提升教师的教学能力，使教师能够采用更有效的教学策略，如差异化教学和学习评估，这些都是提高学生学业成绩的关键因素。

尽管已经取得了一些进步，但乡镇初中学生的学业成绩提升之路仍然充满挑战。未来，学校需要继续探索更多有效的教学和学习策略，特别是那些能够针对乡镇学生特定需求的策略。例如，加强实用技能的教学，与当地社区和企业合作，开发更多与实际生活和工作相关的学习项目。

同时，政府和社会各界应增加对乡镇初中的支持，无论是财政资助还是教育政策上的倾斜，都将对提升学业成绩产生积极影响。只有通过集合各方面的力量，才能有效解决资源不足的问题，为乡镇学生创造一个公平且富有成效的学习环境。

（三）学生发展

在全面教育中，学业成绩只是一个方面。学生在体育、艺术和社会活动中的参与同样至关重要，这些活动不仅有助于学生的全面发展，还能增强他们的社交技能、团队协作能力和创造力。本部分将深入评估乡镇初中在支持体育设施和艺术教育资源方面的成效，并探讨学生在这些领域的参与情况及其对个人发展的影响。

体育活动对于学生的身体健康和心理发展至关重要。在许多乡镇初中，由于经费和空间的限制，体育设施可能不尽如人意，这直接影响了学生参与体育活动的程度。评估中将考查这些学校的体育设施，如运动场地、器材的可用性以及体育课的频率和质量。此外，学校如何利用有限的资源组织体育活动，如定期的体育竞赛和校际交流赛，这些都是提升学生体育参与度的有效策略。

艺术教育是激发学生创造力和情感表达的重要途径。在乡镇初中，艺术资源的提供往往面临诸多挑战，包括艺术教师的缺乏和艺术材料的不足。相对于城市中学，艺术教育在乡镇初中几乎是处于初级阶段。器材缺失、场地缺失这些现象在乡镇初中都是存在的。对于学校来说，必须深入思考如何通过其他策略弥补学生在艺术教育方面的缺失，提升艺术教育的实效性。

社会活动提供了学生在校园外学习和应用知识的机会，对培养学生的社会责任感和公民意识非常重要。乡镇初中通过组织各种社会活动，如社区服务、环保项目和学校俱乐部，使学生能够直接参与到社区的发展中。评估学校社会活动，乡镇中学要能够帮助学生通过这一学习部分提升他们的社交技能和团队精神。

三、教育政策与支持

教育政策与社会支持是推动乡镇初中教育质量提升的重要因素。这部分内容将深入探讨政府的支持措施、社会参与的现状以及近年来教育改革的主要成就和挑战。

（一）政府支持

政府支持是乡镇初中教育质量提升的关键因素。有效的政策支持和财政投入能够直接影响教育资源的分配、教学质量的提升及学生的整体表现。以下是政府在支持乡镇初中教育方面的几个主要方面：

1. 财政投入

政府对乡镇初中教育的财政支持主要体现在三个方面：基础设施建设、教师培训和学生资助。基础设施建设包括学校建筑的修缮和扩建、提供现代化教学设施如计算机室和科学实验室。这些投资对于改善乡镇初中的学习环境至关重要。在教师培训方面，政府资金帮助组织专业发展课程和工作坊，以提升教师的教学技能和专业知识。此外，学生资助项目如奖学金和助学金，确保经济困难的学生能够接受持续的教育，这在提高教育公平性方面起着重要作用。

2. 政策倾斜

政府还通过制定特别政策来支持乡镇初中教育，例如增加教育资源、提供技术支持、改善师资力量和强镇筑基。这些政策旨在解决乡镇学校面临的特定挑战，如师资不足、资源匮乏等。通过政策倾斜，政府力图确保乡镇学校能够获得与城市学校相似的教育机会，从而减少城乡教育差距。

3. 特别项目

政府推出的特别教育项目通常针对特定需求和问题进行设计，如针对偏远地区的教育援助计划和提高教育公平的措施。这些项目不仅包括提供额外的财政支持，还涉及建立合作网络、引进先进教学方法和科技等。通过这些项目，政府旨在提升乡镇初中的教育质量，确保所有学生不论地理位置如何都能享有高质量的教育。

总体而言，政府的财政支持和政策倾斜对乡镇初中的教育改进起着决定性作用。这些努力有助于创造更公平的教育环境，提高教育质量，最终实现教育公平与卓越的双重目标。

（二）社会参与

在乡镇初中教育中，社会参与尤其关键，因为这些地区通常资源不足，需要社区和家庭的积极参与以支持教育活动。这种参与不仅能增强学校功能，还能提升教育质量。

1. 家长参与

家长在乡镇初中的参与程度不同于城市地区，通常面临诸多挑战，如交通不便、经济条件有限等。尽管如此，许多家长还是试图参与到学校的日常管理和教育活动中来。这种参与形式多样，包括参与家长教师会议、参加学校组织的社区活动，或在家协助孩子的学习。有效的家长参与已被证明可以显著提高学生的学习成绩和行为表现，因为家长的支持让学生感受到学习的重要性，增强了他们的学习动机。

然而，乡镇初中家长参与的普及程度和效果仍有待提升。学校需要更有策略地引导和培训家长如何参与孩子的教育，同时改善家校沟通的渠道，让家长更容易参与学校事务，例如通过微信群或其他社交媒体平台定期更新学校信息和孩子的学习情况。

2. 社区支持

社区的支持对乡镇初中尤为重要。社区可以通过多种方式来支持学校，包括志愿活动、资金捐助以及提供实习机会。志愿者参与可以弥补教师短缺，特别是在特定科目或活动中，社区成员的专业技能可以丰富学生的学习体验。资金捐助则通常用于改善学校设施或购买教学设备，这对于资源不足的乡镇学校来说至关重要。

总之，社会参与通过多方面的支持和资源整合，对乡镇初中的教育现状起到了积极的推动作用。通过增强家长参与和社区支持，乡镇初中可以更好地应对教育资源短缺的挑战，提供更全面、更高质量的教育服务。

（三）教育改革

乡镇初中教育改革是响应教育不平等挑战的关键措施，旨在提升教育质量并确保所有学生享有平等的教育机会。以下是近年来针对乡镇初中教育实施的主要改革措施及其效果的综合分析。

1. 改革措施

近年来，为了解决乡镇初中面临的教育挑战，政府和教育部门推出了一系列改革措施。这些措施包括增加教育投资，改善学校基础设施，引入现代教育技术，以及提升教师的职业培训和教育水平。例如，政府提高了对乡镇初中的财政拨款，专项资金用于修建新的教学楼、购买教学设备和改善运动设施。

此外，教育部门也在推广课程改革，将更多实用性和现代性强的内容纳入教学计划，如信息技术、外语学习和职业技能培训。这些课程旨在为学生提供更广泛的知识基础和技能，以适应日益全球化和技术化的世界。

2. 改革效果

这些教育改革措施已在一些乡镇初中取得了显著成效。例如，一些学校通过改善设施和教学资源，学生的学习环境得到了明显改善，学生参与度和学业成绩均有所提升。教师培训项目的加强也提高了教学质量，教师们能更有效地采用新教学法和技术，以激发学生的学习兴趣和参与度。

然而，改革过程也遇到了一些阻碍。资金缺口、地方执行力不足以及教育资源的不均衡分配仍然是影响乡镇初中教育改革深入实施的主要问题。此外，尽管政府提供了资金和资源，但如何确保这些资源能够得到最有效的使用，避免浪费和误用，仍是一个挑战。

综上所述，乡镇初中教育改革虽然取得了一定成果，但要实现长远和根本的改善，还需要进一步加大投入，优化资源分配，并确保改革措施得到持续和有效的执行。通过持续的努力和创新，乡镇初中教育有望实现质的飞跃，为学生提供更加公平和高质量的教育环境。

四、面临的主要挑战与问题

乡镇初中教育在提高教学质量和扩展教育资源方面面临诸多挑战。本节将探讨这些学校当前面临的三个主要问题：资金短缺、师资流失以及如何有效应对学生能力层次的差异。

（一）资金短缺

资金短缺是乡镇初中教育系统面临的一大难题，它根本性地限制了教育质量的提升和学校发展的可能性。这种经济制约对学校运营的各个方面都有着直接和深远的影响。

首先，资金短缺严重阻碍了学校基础设施的建设和维护。许多乡镇初中的教学楼和设施已经老化，需要紧急修缮或完全重建。然而，由于缺乏必要的资金，这些迫切需要的工程无法得到实施。此外，现代教育越来越依赖于科技，但许多学校由于经费限制，无法更新过时的计算机设备和科学实验器材，从而无法为学生提供必要的科技教育和实验操作经验。

其次，教学资源的贫乏是另一个由资金短缺引起的问题。图书馆缺乏新书和学习材料，科学实验室缺少基本的实验设备，这些都直接影响了学生的学习体验和知识获取。学校无法提供足够的教育资源，学生的学习深度和广度都受到限制。

再者，资金不足也影响到了教师的薪酬和职业发展机会。在经费紧张的情况下，教师的薪资往往不高，这不仅影响了现有教师的工作积极性，也使得乡镇初中难以吸引和保留优秀教师。此外，教师的专业发展和培训同样需要经费支持，资金短缺意味着教师无法参加进修课程和工作坊，这直接影响教学质量和学生的学习成果。

总之，资金短缺是乡镇初中面临的一个核心问题，它从根本上限制了教育质量的提升和学生发展的机会。为了解决这一问题，需要政府、社会和教育机构共同努力，增加对乡镇初中的财政投入，改善教育条件，从而提供更加公平和高质量的教育。

（二）师资流失

师资流失是乡镇初中面临的一个重大挑战，尤其是优秀教师流向更发达城市地区的问题日益严重。这种现象不仅对乡镇学校的教学质量构成威胁，还影响到教育的整体效果和学生的学习体验。

优秀教师选择离开乡镇学校的主要原因包括城市学校能够提供更高的薪酬、更丰富的职业发展机会以及更舒适的生活环境。城市学校通常有更完善的教育设施和资源，更多的培训和学习机会，以及更广阔的职业晋升路径。相比之下，乡镇学校在这些方面往往难以与城市学校竞争。

这种师资流失的后果是多方面的。首先，它削弱了学校的教学力量，导致剩余教师的工作压力增大，可能影响到教学质量和学生的学习效果。此外，教师流失还会打断教育的连续性，新来的教师可能需要时间来适应学校的教育环境和学生的具体需求，这种过渡期可能会进一步影响学生的学习进度。

更为严重的是，长期的师资流失可能导致乡镇学校教育水平的整体下降，影响学校的声誉，使得吸引和留住优秀教师变得更加困难。这种恶性循环可能使乡镇初中的教育质量持续处于劣势。

为了解决师资流失的问题，乡镇学校和相关政策制定者需要采取具体措施。这包括提高教师薪酬，改善工作和生活条件，提供职业发展和进修的机会，以及增强教师的职业满意度和归属感。此外，政府可以考虑实施特别的激励计划，如为在乡镇学校工作的教师提供住房补贴、税收优惠或教育贷款减免等，以增加乡镇教师的留存率。通过这些措施，可以逐步改善乡镇初中的教育环境，为学生提供更稳定和高质量的教育。

（三）学生多样性处理

在乡镇初中，学生的能力和背景差异较大，这给教学工作带来了显著的挑战。学校必须发展有效的教学策略，以满足不同学生的个性化学习需求。然而，实现这一目标面临着多重困难，主要因为资源限制和师资力量不足。

首先，差异化教学是应对学生多样性的关键教学策略。它要求教师根据每个学生的学习能力、兴趣和学习风格提供个性化的教学内容和方法。这可能包括为不同能力水平的学生提供不同难度的作业，或是在课堂上采用多种教学模式，以适应各类学生的需求。然而，在资源有限的乡镇初中，缺乏足够的教学材料和技术支持常常使得差异化教学难以实施。

其次，师资不足也是乡镇初中在实施差异化教学时面临的一大障碍。由于缺乏专业培训和经验丰富的教师，学校往往难以提供适应不同学生需求的教学策略。教师可能没有足够的时间和资源来设计和实施符合所有学生需求的课程，这会导致部分学生跟不上学习进度，而能力较强的学生则可能因课程内容过于简单而感到缺乏挑战。

此外，有效的课程设计和教学方法的缺乏也是乡镇初中难以应对学生多样性的原因之一。在没有明确的指导和支持的情况下，教师可能难以开展创新的教学实践，这进一步加剧了学生能力差异带来的问题。

为了改善这种状况，乡镇初中需要从多个方面着手。一是加大对教师专业发展的投资，通过定期培训和研讨会来提升教师的差异化教学能力。二是提高教学资源的投入，尤其是教学技术的更新，以便教师可以利用现代教育工具来满足不同学生的需求。三是改善课程设计，确保教学内容既能帮助低成就学生掌握基础知识，又能挑战高成就学生的学习极限。

第二节　单元学历案实践研究综述

一、关于学历案由来的研究

学历案是一种教学工具，旨在通过预设的教学活动和目标，促进学生从基本知识到深度学习的过渡。这一工具强调学生在真实或模拟的学习环境中通过互动、实践和反思来构建知识和经验。崔允漷教授提出，教学的核心不仅是传递知识，而是应该促进学生的全面发展和深层次理解。崔教授探讨了如何设计教学活动来确保学习的增值。这包括明确学习目标、合理安排学习进程并通过各种教学策略（如问题解决、案例分析等）来激发学生的学习兴趣和参与度。教学活动应当能够适应学生的不同学习风格，确保每位学生都能从中获益。崔教授的研究提供了对中国教育改革中学历案应用的深入见解。这种教学方法的推广不仅能够提高学生的学习成果，还能够培养他们解决复杂问题的能力，这对于学生未来的学术和职业成功至关重要。

导学案强调预习、探究和反思的连续过程，而学历案则侧重于通过具体的教学单元设计来强调知识的深度整合和核心素养的培养。学历案通过整合和结构化的教学方案，强调学生的学习过程和成果，使得学习更加目标导向和成效明确。导学案和学历案都要求教师在理解教学目标和学科内容的基础上，设计适合学生的学习路径和活动。

卢明和蒋雅云认为学历案促进了教学设计从传统的教师教学活动发展到学生的主动学习与参与，使学习过程更加专注于学生的需要和学习成果。他们主要探讨了如何通过单元学历案来实现学科核心素养的落地，通过深入分析单元学历案的理论基础和实践应用，提供了一种创新的教学模式，以帮助教师更好地实施新课程标准，有效促进学生的全面发展。

二、关于学历案设计的研究

学历案整合学习单元，通过系统化的单元整合，将教学内容、学习目标、评价任务等元素进行一体化设计，实现了从知识点的碎片化向系统化学习的转变。教师在实施单元学历案的过程中，其专业能力得到了显著提升，更加注重学生的学习过程和个性化需求。

关于学历案的框架设计，张明有深入的研究，他认为学历案是学习经历的设计，强调问题设计、活动设计和学习方式设计，通过实践操作和工具的辅助，促进"做中学""说中学"和"教中学"的教学方法，从"教了不等于学了，学了不等于学会了"的困境中突围，将学生的学习活动放在教学设计的中心[1]。单元学历案的框架设计包括主题与课时、学习目标与资源和学习经历的组织。主题与课时通常以主题单元的形式组织学习内容，通常覆盖 3 到 5 节课，以确保深度学习。学习目标与资源明确设定学习目标，并提供必要的学习资源，如文献、网络资料和学法指导等。学习经历的组织从课前的自学、课中的助学到课尾的自测，每个阶段都设计具体活动以引导学生达成学习目标。总之，张明认为学历案通过精心设计的学习经历和具体的实施策略，学历案能有效促进学生的深入学习和全面发展，对现代教育实践具有重要的启示和应用价值。

在一些细节方面，刘言涛和赵志冉都有一些不同的见解。关于"学法建议"，刘言涛认为学法建议在学历案中起着指导和引导学生如何使用学历案的作用，它连接了学生的实际学习活动与教师的教学设计[2]。学法建议的撰写内容应通俗易懂，避免过于专业或复杂的术语，确保学生能理解和运用。他认为学法建议方面应包括五个构成部分，分别是内容类型、知识结构、学习方法、学习资源和使用指导。内容类型包括知识结构类建议、学习方法类建议、学习资源类建议和使用指导类建议。知识结构帮助学生建立知识框架，理解单元在教材中的位置和重要性。学习方法指导学生应采用的学习方法和过程，解决学习中可能遇到的问题。学习资源提供与单元学习相关的额外资源，如背景知识或跨学科信息。使用指导特别是对学历案的具体应用，如评价任务和课后检测的指导。赵志冉深入探讨了学历案中评价任务的设计问题及其解决策略。评价任务是学历案设计中的核心，不仅关联学习目标和教学过程，还直接影响学习成果的评估。文章分析了当前评价任务设计中的常

---

① 张明."学历案"的框架设计与实施策略 [J].地理教学，2016（1）：4.

② 刘言涛.学历案中学法建议叙写探讨 [J].当代教育科学，2017（9）：3.

见问题，并提出了具体的改进措施。赵志冉认为评价任务的撰写应明确与学习目标的一致性，确保评价任务与学习目标高度匹配，从而有效驱动学习活动。增强任务的明确性和可执行性，通过简化任务描述、明确执行细节来提升评价任务的可行性①。这些策略不仅有助于优化学历案的设计和实施，还能显著提升教学质量和学习效果，真正达到以评促学，以学促教的目的。

三、关于学历案实施策略的研究

惠明基于在南京市第一中学的学习促进型课堂教学变革全国研讨会的经历提出了学历案在地理教学中的有效应用②。他指出，在地理教学中，学历案强调将地理知识与学生的实际生活经验结合起来，通过各种教学活动（如实验、角色扮演）使学生能够更好地感知和理解地理概念。学历案需适应不同的课型需求，教师应根据不同的学习内容和学科特点灵活运用学历案，以满足新课、复习课和试题讲评课的不同需求。文章强调了学历案的设计和实施不仅需要教师的专业成长，还需要教师在实际教学中灵活应用，结合教材和学生的实际情况。通过这种方式，学历案可以有效提升教学质量和学生的学习体验。

王静慧深入探讨了学历案中评价任务的设计与应用，他认为评价任务在教学中充当监测系统的角色，实时引领并调控学习活动，确保学习活动与教学目标的对齐。③ 他以"当代国际社会"的复习课为例，说明了课前下发的学历案如何通过设定的评价任务来引导学生准备并参与到深度学习中。通过精心设计的评价任务，可以在有限的教学时间内产生显著的学习效果，特别是在高压和时间紧迫的高考复习阶段。她不仅提供了评价任务设计的理论支持，还通过实例展示了这一理论在实践中的应用效果，为教师在类似教学场景中的评价任务设计提供了宝贵的参考。

第三节　研究方法

一、研究设计

研究设计是研究方法中的首要步骤，决定了研究的方向和结构。本书在探讨"学历案教学"时，所采用的研究设计包含定性研究和定量研究两个组成部分。下面分别展开：

（一）定性研究

定性研究主要关注描述和理解单元学历案教学中的现象和过程。通过以下方法获取

---

① 赵志冉．学历案评价任务设计存在的问题及其解决 [J]．教学与管理，2020（1）：3.

② 包旭东，尤小平．学历案：促使每位学生"真学习"——江苏省南京市第一中学课堂教学方案的整体性变革探索 [J]．人民教育，2017（19）：8.

③ 王静慧．学历案的评价任务设计与应用 [J]．思想政治课教学，2020（1）：3.

数据：

1. 课堂观察

课堂观察是获取直接和非过滤信息的关键途径，它允许研究者直接见证教学和学习的实时互动。观察者系统地记录教师在应用学历案时的教学行为和学生的互动情况，重点关注以下几个方面。

（1）学生参与度：观察不同学生在课堂上的活跃程度，是否积极回答问题，是否参与小组讨论等。

（2）教师引导方式：分析教师如何使用问题、讨论和其他教学策略来引导学生思考和参与。

（3）教学内容呈现：记录教师如何介绍新概念、整合学历案内容与课程目标，以及使用的教学辅助材料和技术。

这些观察结果可以帮助研究者理解学历案在实际教学中的应用效果和可能的执行挑战。

2. 访谈

访谈是收集教师和学生深层次感受和看法的重要手段。通过个别或集体访谈，研究者可以获得参与者对学历案的直接反馈。

（1）教师访谈：与教师进行深入对话，了解他们对学历案的教学准备、使用心得和遇到的难题。探讨教师如何评价学历案对教学流程和学生学习成效的影响。

（2）学生访谈：收集学生对学历案的体验，包括他们如何感受到的学习动力的变化、对学习材料的理解深度以及学历案带来的挑战和收获。

这些访谈可以为研究提供教学实施的内部视角和个体差异，进一步揭示学历案的教育影响。

3. 焦点小组讨论

焦点小组讨论是促进参与者之间互动和共享见解的平台，特别是在探讨教学方法和学习体验的多样性上非常有效。通过组织学生和教师参与的讨论小组，可以深入探讨学历案的效果和潜在的改进空间：

（1）多样视角的集成：焦点小组让不同背景和经验的教师和学生汇聚一堂，分享他们对学历案的看法和体验，从而提供多角度的洞察力。

（2）集体意见的形成：讨论可以帮助形成关于学历案效果的集体见解，揭示它在不同教学环境中的普适性和特定性问题。

通过这些定性研究方法，研究者可以获得关于学历案教学方法的深刻理解，从而为进一步的研究和实践改进提供坚实的基础。

（二）定量研究

1. 问卷调查

问卷调查是一种广泛使用的数据收集工具，它能够快速有效地收集大量数据。在学历案的研究中，设计的问卷通常包含封闭和开放式问题，使研究者能够从定量和定性的角度评估教学的影响：

（1）封闭问题：这些问题通常采用选择题格式，如单选题或多选题，旨在量化学生和教师对学历案的具体反应，例如对学历案的整体满意度、教学方法的接受度等。

（2）开放式问题：这类问题允许被调查者自由表达对学历案的看法，如对教学内容、教学方法的具体意见，以及对学历案改进的建议。

（3）问卷的设计和分发：确保问卷的问题直接相关于研究目的，且语言清晰易懂。问卷可以通过电子或纸质形式分发，以适应不同的调查环境和参与者群体。

2. 成绩分析

成绩分析是定量研究中关键的一环，通过对比实施学历案前后学生的学业成绩，可以客观地评价学历案的教学效果：

（1）数据收集：收集实施学历案前后的学生成绩数据，可能包括定期考试成绩、标准化测试成绩等。

（2）统计分析：使用统计软件进行数据分析，如采用 t-test 或 ANOVA 等统计方法来分析成绩数据，判断成绩的变化是否具有统计学上的显著性。

（3）结果解释：根据统计分析的结果，解释学历案实施的效果，如学生学业成绩的提高是否与学历案的使用相关。

3. 学习动机的测量

学习动机是学习过程中一个重要的变量，直接影响学生的学习行为和学业成就。通过测量学历案对学生学习动机的影响，可以更全面地评价教学策略的有效性。

（1）动机测量工具：使用标准化的测量工具如问卷或自制的评估工具来评估学生的学习动机，包括但不限于学生的参与度、学习兴趣和自我效能感。

（2）数据分析：对收集的数据进行量化分析，评估学历案对提升学生学习动机的效果。

（3）应用研究结果：根据动机测量的结果，调整和优化学历案的设计和实施，以更有效地激发学生的学习动机。

通过结合定性和定量研究方法，可以全面评估学历案教学的实施效果，从而提供更具体的见解和改进建议，支持教育实践的优化。这种多方法的研究设计不仅增强了研究的信度和效度，也使研究结果更加全面和深入。

二、数据收集

有效的数据收集是确保研究结果准确性和可靠性的关键。在学历案教学的研究中，数据收集通常涉及以下几个方面：

（一）教师和学生的反馈

教师和学生的反馈是理解学历案影响的重要数据来源。这些反馈可以通过以下方式获取：

①问卷调查：设计专门的问卷以收集量化的数据和开放式回答，涵盖教师和学生对学历案各方面的评价，如易用性、满意度、感知的学习效果等。

②结构化访谈：与教师和学生进行一对一访谈，深入探讨他们对学历案的具体看法，包括其优势、局限以及对教学和学习过程的影响。

③小组讨论：组织教师和学生参与的焦点小组讨论，收集更广泛的意见和体验分享，特别是关于学历案如何影响教学策略和学习动态的见解。

（二）课堂行为记录

课堂行为的直接观察提供了实时数据，关键在于捕捉教学和学习过程的动态：

①观察记录：系统地记录教师在使用学历案时的教学方法，学生的反应，以及课堂上的互动模式。

②视频录像：录制课堂教学过程，便于后续详细分析教师的教学行为和学生的参与程度。

③实时记录工具：利用技术工具进行实时数据记录，如使用点击器或学习管理系统（LMS）跟踪学生的在线活动和参与情况。

（三）学习成果评估

学习成果的评估是检验学历案教学效果的直接指标，主要通过以下方式进行：

①成绩对比分析：收集实施学历案前后的学生测试成绩，使用统计方法分析成绩的变化，如计算平均分的提升或降低，以及成绩分布的变化。

②作业和项目评估：分析学生在学历案教学模式下提交的作业和项目，评价他们在解决复杂问题和创造性思维方面的表现。

③标准化测试结果：如果适用，分析学生在国家或地区标准化测试中的表现，以评估学历案对学生在更广泛学术标准上的影响。

通过这些综合的数据收集方法，研究人员可以从多个维度评估学历案的教学效果，从而为教育实践提供科学依据，并指导未来的教学策略优化。

三、数据分析

（一）统计分析

统计分析是处理和解释量化数据的基础方法，可以有效地评估学历案对学生学习成绩的具体影响：

①选择适当的统计测试：根据数据的类型和研究假设选择适当的统计方法，如 t 测试、方差分析（ANOVA）、回归分析等，以确定学历案实施前后成绩的显著性差异。

②多变量分析：在可能的情况下，应用多变量分析技术如多元回归或路径分析，来探究多种因素如教师教学方法、学生参与度和学历案使用频率对学习成效的联合影响。

③效果大小计算：除了统计显著性外，计算效果大小来评估学历案介入的实际教育意义，为教育实践提供更有用的信息。

（二）内容分析

内容分析用于解析定性数据，如访谈记录、开放式问卷回答或焦点小组讨论的文字材料：

①主题编码：对收集的定性数据进行编码，以识别与学历案教学相关的主题、模式和趋势。使用软件如 NVivo 或手动方法整理数据，将信息分类为不同的主题或类别。

②频率分析：计算不同主题在数据中出现的频率，确定哪些问题或优势最为突出。

③关联分析：探讨不同主题之间的关系，如教师对学历案的态度与学生学习动机之间的相互作用。

（三）案例研究

①案例选择：精选具有代表性或特殊意义的实施案例，可能是特别成功的例子或者是遇到特定挑战的情况。

②过程追踪：详细记录和分析选定案例中的学历案实施过程，包括教学准备、教学互动、学生反馈和教学调整。

③综合评估：结合量化数据和定性描述，全面评估案例中学历案的教学效果和影响因素，提供实施策略和改进建议。

通过这些数据分析方法，研究者可以全面理解学历案教学的效果，为进一步的教学实践和研究提供科学依据。这种多方法的分析策略有助于绘制出学历案实施的全貌，并揭示其在不同教学环境中的具体影响。

四、文献法

文献法在学历案研究中发挥着核心作用，通过系统地分析已发表的学术文献来搜集和评估与学历案相关的详尽信息。这种方法不只是帮助研究者构建坚实的理论基础，它还综合地展现了学历案的发展趋势、实施策略和效果评估，为学历案的进一步研究和应用提供了丰富的视角和深刻的见解。研究过程首先是明确研究的具体范围和目标，包括确定研究的主题、问题和预期成果，这一步骤是指导后续文献搜集和分析的基础。

接着，研究者需要广泛搜集文献，这包括通过各种数据库检索相关的学术文章，手工搜索引用的文献，以及审查教育政策文件和官方报告。使用的数据库可能包括 ERIC，JSTOR，PubMed，和 Google Scholar 等，关键词包括"学历案""教学案例""教学策略"等。这一广泛的搜集过程确保了从多角度获取与学历案相关的资料，增强了研究的广度和深度。

随后的文献评估阶段，研究者需验证文献的相关性、时效性和科学性，确保所选文献的质量和适用性。评估过程中，关注文献的出版日期以确定信息的新颖性，审查研究方法以评估其科学合理性，这些都是保证研究质量的关键步骤。

在数据分析阶段，研究者将对收集的数据进行组织和分类，使用内容分析方法识别出主要的研究主题和趋势，然后构建或完善理论框架。这一过程中，研究者可能会发现新的研究间隙或未被充分探索的问题，从而引导未来的研究方向。

最终，研究者将通过编写综述文章来总结文献回顾的主要发现和理论贡献，这不仅帮助学术界深入了解学历案的多方面影响，还能为教育实践者提供实用的指导和建议。通过这一综合性的方法，文献法使研究者能够全面地理解学历案在教育领域中的应用和效果，进而推动教育实践的创新和改进。

第三章 单元学历案的设计与开发

单元学历案，作为一种创新的教学策略，旨在通过精心设计的学习单元来增强学生的学习体验和成果。这种教学方法不仅强调知识的整合和应用，而且专注于通过跨学科的方式促进深度学习。在现代教育体系中，随着对学生批判性思维、创新能力和终身学习技能的需求日益增长，单元学历案因其能够提供结构化且富有挑战性的学习环境而变得尤为重要。它不仅帮助学生链接理论与实践，还鼓励他们主动探索、解决问题，并在实际情境中应用所学知识，从而更好地准备他们面对快速变化的世界。

第一节 单元学历案的设计原则

单元学历案的主要目的在于通过综合性的学习项目来实现教育内容的深入掌握。这种教学策略的设计通常围绕核心学科知识点，通过引入相关问题、项目和案例分析等形式，使学生能够在真实或模拟的环境中运用这些知识。预期成效包括提高学生的学术成就，增强他们的自主学习能力和协作技能，并发展他们的批判性和创造性思维能力。通过这种方法，学生不仅能够深入理解学科知识，还能够学会如何学习，为终身学习奠定基础。此外，单元学历案还旨在通过多样化的教学活动满足不同学生的学习需求，实现教学内容的个性化和差异化，使每个学生都能在其自身的学习旅程中获得成功。

一、整合学科核心内容

（一）内容的整合性

在设计单元学历案时，首先需要确定哪些学科内容是关键性的，这通常涉及识别学科的核心概念和技能。选择过程应基于学科的教学大纲和学习标准，同时考虑到学生的学习需要和前置知识。整合这些内容时，教师需要创造性地设计学习活动，使之不仅能传授必要的学科知识，还能激发学生的探究兴趣和批判性思考。

例如，在一个物理单元学历案中，教师可能选择能量转换的概念作为核心内容。整合时，可以设计一系列实验活动，让学生探索不同类型能量（如机械、电、热）的转换过程，并讨论这些转换在日常生活中的应用。通过这种方式，学生能够将理论知识与实际经验相结合，更深入地理解和掌握核心概念。

此外，教师可以引入相关的数学计算和物理公式来增强理解的深度，例如，计算特定条件下能量的转换效率或进行效率比较。这不仅帮助学生实际操作中体验科学理论，还培养他们使用数学工具解决实际问题的能力。为了进一步提高学生的批判性思维，教师可以设置场景让学生讨论在不同环境条件下，能量转换会有什么不同的表现和挑战，如在宇宙空间与地球上。

通过将这些活动融入单元学历案中，学生不仅学习到核心学科知识，而且通过实验和问题解决，他们的学习过程变得更加动态和互动。这种方法不仅增强了学生对学科知识的掌握，还激发了他们对学习的热情，同时提高了他们解决复杂问题的能力，为将来学习更高阶的概念和技能打下坚实的基础。

（二）确保学科核心概念和技能全面覆盖

确保学科核心概念和技能的全面覆盖，需要教师在设计单元学历案时采用多元化的教学方法和多样化的评估工具。这包括但不限于讲授、讨论、合作学习、项目制学习以及技能训练等教学活动。教师应该根据学科内容的性质和学习目标的层次选择合适的方法。

例如，为了全面覆盖历史学科的核心概念，如历史时期的界定和历史事件的影响，教师可以结合时间线活动、角色扮演和辩论，使学生从不同角度和不同方法中学习和应用这些概念。通过这种多样化的教学方式，学生能够更深刻地理解历史事件的多维度影响，同时提高他们的批判性思维和分析能力。

此外，通过定期的格式化和非格式化评估，教师可以监控学生的学习进度和理解深度。格式化评估如测试和标准化考试，可以提供量化的学习结果数据，而非格式化评估如自我反思、同伴评价和教师的观察，则可以提供更多关于学生学习过程和思维发展的深入见解。这种综合评估方法使教师能够从多个维度了解学生的学习状态，及时调整教学策略以确保所有核心概念和技能都被有效传授和掌握。

通过这种综合性的教学设计，单元学历案不仅加深了学生对学科知识的理解，也促进了他们在解决问题、批判性分析及创造性思考等方面的技能发展。这样的教学方法不仅满足了教学大纲的要求，还为学生提供了一个丰富的学习环境，帮助他们为未来的学术和职业生涯做好准备。

通过这种系统的方法，单元学历案不仅增强了学科知识的整合性和应用性，还促进了学生在认知和技能层面的全面发展。

二、明确学习目标

（一）设定具体、可测量的学习目标

在设计单元学历案时，设定明确、具体且可测量的学习目标是至关重要的。这些目标应直接反映教学大纲中的期望成果，并能够通过观察或评估明确地验证学生的学习成就。为了制定有效的学习目标，教师需要首先分析学科标准和学生的需求，从而确定哪些知识和技能是必须学习的。

具体而言，学习目标应该使用行动动词清晰地描述预期的学生行为，如"描述"，"解释"，"应用"，"分析"，"评估"，和"创造"。例如，一个关于生态系统的学历案可以包括如下学习目标："学生将能够通过实物、图片、视频等资料，描述生态系统中的能量流动，并分析人类活动如何影响生态平衡，了解生态系统保护的重要意义。"每条目标

都要有明确的素养指向，能使读者看了获得"目的地"的形象；主语必须是学生，不能是教师；单元目标一般写3~5条，每条文字不宜过长，要简洁、清晰，各条目标之间还要有关联；每条目标按"三维"叙写，既有学习过程与方法，又有学习结果，便于评价。这样的目标不仅具体，还提供了一个明确的评估框架，便于教师在单元结束时评价学生的学习成效。

此外，学习目标的设定应兼顾不同学习层次的需求，引导学生从基本的知识理解逐步过渡到更高阶的思维能力。例如，在生态系统的学历案中，进阶的学习目标可能包括："学生能够评估不同环境保护策略的有效性，并提出自己的保护建议。"这样的目标鼓励学生将所学知识应用于实际问题解决中，促进批判性思维和创新能力的发展。

为确保学习目标的实现，教师应设计相应的教学活动和评估方法，这些活动和评估方法应直接支持学习目标的达成。例如，为了帮助学生理解食物链中的能量流，教师可以安排学生进行模拟实验，如创建闭环生态系统模型，并通过观察和记录模型中能量的变化来深化对食物链动态的理解。同时，通过小组讨论和演示，学生可以进一步分析人类活动对生态系统的潜在影响，从而在理解和应用知识的过程中建立起复杂的思考和分析能力。

通过这种方式，学习目标不仅指导了学历案的设计和实施，也为学生提供了清晰的学习方向和评价标准，确保教学活动能有效地支持学生达到预期的学习成果。

（二）为学生提供挑战且可实现的目标

学习目标应挑战学生，推动他们超越以往的学习经验，同时又要确保目标在学生的能力范围内，确保每个学生都有成功的机会。为达到这一平衡，教师需要了解学生的先前知识、兴趣和学习风格。基于这些信息，可以设计适度挑战性的目标，激发学生的潜力，同时避免造成过度的挫败感。在实践中，这意味着教师需要进行细致的学生评估，以确定他们在学习起点的具体位置。了解学生的背景知识不仅有助于设定初始学习目标，还可以帮助教师预测哪些学习领域可能需要额外的支持或资源。例如，如果一位学生在数学基础上表现不佳，那么在引入复杂的数学问题解决任务之前，教师可能需要先强化其基础数学技能。同时，教师应利用学生的兴趣来设计学习活动，这样可以更容易地吸引学生的注意力并提高其学习动机。例如，如果学生对科技感兴趣，教师可以通过引入与科技相关的项目任务来教授科学和数学概念。这样不仅可以提高学习的相关性，还可以通过学生喜爱的主题来加深学科内容的理解。此外，适应不同学习风格也至关重要。教师应采用多样化的教学方法来满足视觉学习者、听觉学习者和动手操作学习者的需求。例如，视觉学习者可能更适合使用图表和视频材料，而动手操作学习者则可能从实验和实际操作中获得更多学习成效。通过这些细致而周到的教学策略，教师可以确保学习目标既具有挑战性，又足够实际，适合学生的能力和进度，从而最大化每位学生的学习成效和满足感。这种方法不仅促进了学生的学术成长，也支持了他们的情感和心理发展，为未来的学习和生活奠定了坚实的基础。

在设定挑战性的学习目标时，教师应采用布鲁姆的认知领域分类法，从知识和理解的基本层面逐步过渡到应用、分析、评估和创造的更高层面。例如，对于较为复杂的科学概念，教师可以先设定目标让学生理解和描述这一概念，随后引导他们应用和分析相关的科学问题，最终达到设计实验或创新解决方案的能力。通过逐步增加学习目标的复杂性，学生可以在一个支持性的环境中逐渐建立信心和能力，最终实现更高级的认知任务。例如，在一个关于电路的学习单元中，教师可以初步设定学生需要掌握电路的基本组成和电流的概念。这一阶段主要关注于记忆和理解，学生通过实验和演示活动学习电流如何通过电路流动。接下来，教师会引导学生通过构建不同类型的电路来应用所学知识，增加问题的复杂性，例如探索串联和并联电路的不同效果。在分析阶段，学生可能需要调查电路故障的原因，并提出解决问题的方法。评估阶段可能涉及学生评价不同材料在电路中的效率和可行性。最后，在创造阶段，学生可以设计一个实用的家用电路或一个创新的能源节约解决方案，将他们的技术知识转化为实际应用。通过这样分层次的学习目标设置，学生不仅能够逐步深入理解复杂的科学原理，还能够通过实践活动将理论知识转化为实际技能。此外，这种方法促使学生在学习过程中积极思考和解决问题，从而发展了他们的批判性思维和创新能力。教师的角色在这个过程中变得尤为重要，他们不仅提供知识的框架和必要的资源，还需要不断调整和优化教学策略，以适应学生的学习进度和反馈，确保每个学生都能在挑战中找到成长和成功的机会。

此外，为确保目标的可实现性，教师应定期收集反馈，根据学生的进展调整教学策略和学习目标。这种灵活调整的做法不仅有助于维持学习目标的挑战性，也确保所有学生都能在支持和鼓励的环境中取得进步。反馈可以通过直接观察、学生作业、小测验或自我评估形式获得，这些信息将为教师提供宝贵的洞察，帮助其理解学生在特定学习目标上的表现以及他们可能遇到的难题。在实践中，教师可以通过定期的课堂观察来监控学生的参与度和互动情况，这有助于及时发现学生的困惑或挑战。例如，如果发现某些学生在解决问题时显得特别犹豫，这可能表明需要对该部分内容进行额外的讲解或提供更多的实践机会。此外，通过审查学生的作业和项目，教师可以更深入地了解学生对学习材料的掌握情况和应用能力。作业和项目的评估不仅反映出学生的知识水平，也展示了他们的思维过程和创造力。小测验和自我评估则是另外两种有效的反馈工具，它们可以帮助学生和教师评估学习成果，并识别需要加强的领域。小测验可以定期进行，以确保学生对最近教授的内容有持续的理解和记忆。自我评估则鼓励学生进行自我反思，增强他们对自己学习进度的意识和掌控感。通过这些多样化的反馈方法，教师能够获得全面的数据，这些数据不仅帮助教师及时调整教学内容和方法，以更好地满足学生的需求，还能帮助学生自我调整学习策略，从而在一个积极互动的学习环境中促进每个学生的个人成长和学术成功。这种持续的反馈和调整过程是确保教学质量和学习效果的关键，使教育体验更加个性化和富有成效。通过定期与学生进行交流和反思，教师可以进一步调整教学内容和方法，以更好地满足学生的个别需求。这种对学生学习路径的持续关注和调整，不仅帮助学生克服学习障碍，还鼓励他们在学习过程中保持积极和参与度，从而实现真正的教育包容性和效果。

三、激发学生的主动学习

（一）构建问题导向的学习环境

构建问题导向的学习环境是设计学历案的关键步骤，它能够有效激发学生的探究欲望和解决问题的能力。在这种环境中，学生不是被动接受知识，而是成为知识的主动探索者。要实现这一点，教师需要从学生的现实生活经验和兴趣出发，设计与这些经验相关联的、具有挑战性的问题作为学习的起点。

例如，如果学历案涉及环境科学，教师可以引入一个关于如何减少塑料使用的实际问题，要求学生调查其对环境的影响，并探索可行的解决方案。通过这种方式，学生被置于问题解决的过程中，需要运用他们的知识和技能来探讨和解决问题，从而提高了学习的相关性和实用性。

此外，这种问题导向的学习环境鼓励学生发展批判性思维和创新思维。学生需要分析问题，研究背景信息，提出假设，并进行实验验证。这个过程不仅仅是寻找答案，更是一个关于如何思考的过程。例如，教师可以进一步引导学生探讨塑料污染的广泛社会和经济影响，以及各种利益相关者的角色和责任。

为了加深学习的体验，教师可以设计一系列与问题解决相关的活动，如小组讨论、角色扮演和辩论。这些活动可以帮助学生从多个角度理解问题，并促使他们考虑不同的解决策略。通过这种互动和多元化的方法，学生不仅能够深入了解具体的学科内容，还能学习如何有效地与他人合作和沟通。

最后，教师应当利用技术和多媒体工具来丰富问题导向的学习环境。利用在线资源、模拟软件或虚拟现实等技术，可以为学生提供更真实、更吸引人的学习体验，使他们能够在模拟的环境中测试和改进他们的解决方案，从而进一步提升其学习动力和效果。

通过这样的综合方法，问题导向的学习环境不仅提升了学习内容的吸引力和实用性，还培养了学生作为终身学习者在复杂世界中生存和成功所需的关键能力。

(二) 利用探究式学习和批判性思维任务，激发学生的学习兴趣和主动性

探究式学习是一种以学生为中心的教学方法，它鼓励学生通过提问、研究和反思来主动构建知识。在设计学历案时，将探究式学习融入其中可以显著提升学生的学习动机和参与度。教师可以设计一系列探究活动，如实验、研究项目或案例研究，使学生能够在寻求答案的过程中深入学习。

此外，批判性思维任务对于培养学生的分析能力和评估能力至关重要。这些任务通常要求学生不仅要接受信息，还要能够质疑信息、辨别不同的观点，并就其有效性提出自己的见解。例如，教师可以要求学生评估不同历史事件的原因和后果，或者分析科学实验中的数据，以找出潜在的偏差或错误解释。

通过结合探究式学习和批判性思维任务，学历案不仅能够提高学生的知识水平，还能促进他们的主动学习态度和终身学习能力。这种教学方法的目标是使学生在学习过程中变得更加积极主动，能够自主地探索知识，同时也培养了他们处理复杂问题和挑战的能力。

为了进一步增强探究式学习的效果，教师应确保学生有充足的资源和足够的时间来进行深入的探索。这可能包括访问专业的研究材料、实验设备和外部专家的指导。此外，教师应鼓励学生之间的协作，以便他们可以相互学习和支持，共同解决问题。

探究式学习还应该融入日常课程之中，而不仅仅是偶尔的活动。教师可以定期安排时间，让学生自主选择研究主题，进行长期项目。这样的安排不仅能够让学生实践和应用他们在课堂上学到的技能，还能提供一个真实的环境，让学生理解学习如何与现实世界相连。

最后，反馈和反思是探究式学习不可或缺的一部分。教师应定期与学生讨论他们的进展和挑战，帮助他们反思自己的学习过程和成果。这种反馈应是具体和建设性的，目的是

帮助学生清晰地看到他们已经取得的进步和需要改进的领域，从而不断优化他们的学习策略和方法。

四、促进深度学习

（一）深度学习的原理

1. 深度学习是一个发展学生核心素养的过程

深度学习是一个发展学生核心素养的过程，这一过程的重要性源于现代社会对学生综合能力的不断增长的需求。这些要求不仅体现在对学习成果的评价上，而且更重要的是在提升学生的学习品质和综合素质上。深度学习追求的是超越传统教育模式，该模式主要关注于学科的基础知识和技能，而深度学习则更加强调如何利用这些知识和技能来培养学生的核心素养。

核心素养的概念包括一系列广泛的能力，这些能力对学生的长期发展至关重要。这些能力不仅限于批判性思维和复杂问题解决的能力，还包括团队协作、有效沟通和培养积极的学习态度等。这些能力的发展帮助学生能够在快速变化的世界中适应并成功。综观国际上对核心素养的要求与界定，我们发现大多数教育体系都在努力将这些能力融入课程标准和教学实践中。

在掌握核心学科知识的基础上，深度学习鼓励学生将这些知识应用于解决现实世界中的问题，通过这种方式，学生不仅学会了知识，更重要的是学会了如何学习，如何思考，以及如何与他人有效交流和协作。根据 Hewlett 基金会对深度学习的界定，深度学习与核心素养的发展有着高度的一致性，这表明深度学习不仅是提升学生学术表现的方法，更是一种全面提升学生社会和情感能力、准备他们成为未来社会成员的教育策略①。

通过深度学习，教育者可以引导学生进行自我探索和自我反思，从而更好地了解自己的学习过程，识别并利用个人的强项，同时也努力克服挑战。此外，通过项目学习、合作学习等教学方法的实施，学生有机会在实际的学习情境中应用他们的知识和技能，这种学习方式使得学生能够在实践中不断迭代和优化他们的思考和行动模式。

总的来说，深度学习作为一种教育策略，不仅增强了学生处理复杂情况的能力，还有助于他们成长为具有责任感和创新精神的社会成员，这种教育方式显然是应对当今世界多变挑战的有效途径。

2. 深度学习是一个持续激发学生主观能动性的过程

深度学习是一个持续激发学生主观能动性的过程。学生作为学习的主体，理解他们的学习特点是深入掌握深度学习的重要前提。奥苏贝尔在其有意义的学习理论中强调了教师需要重视学生的主观能动性，通过激发学生的学习动机、主动性和积极性，以达到有意义的学习效果。在这一理论的指导下，教师被鼓励设计教学活动，这些活动不仅关注知识的传递，更关注如何引发学生的内在兴趣和热情。

---

① 夏丽佳. 促进大学生深度学习的策略研究 ［D］. 西北师范大学 ［2024－11－07］.

　　Jal Mehta 和 Sarah Fine 的研究进一步阐述了深度学习中情感因素的重要性，他们指出除了深度理解和知识迁移等认知层面的成果之外，学生的学习热情、兴趣和课堂氛围等情感因素也极其重要。这表明深度学习不仅是认知的过程，更是情感和社会的过程。因此，教师的角色不只是信息的传递者，更是激发和维持学生情感参与的关键因素。

　　在实践中，教师可以通过多种创新的教学活动来持续激发学生的主观能动性。例如，采用项目基础学习（PBL）方法，教师可以让学生围绕一个中心主题开展跨学科的项目，这些项目需要学生积极探索、讨论并合作解决实际问题。通过这种方式，学生不仅能够应用他们所学的知识，还能在过程中发展批判性思维和创造性解决问题的能力。

　　此外，教师还可以利用技术工具，如在线论坛和协作软件，增强学生的参与度和互动性。这些平台允许学生在更广泛的社交和学术环境中展示他们的工作，接收同伴的反馈，这种开放和互动的学习环境能够大幅提升学生的学习动机和参与感。

　　教师也应该关注学生的个体差异，通过个性化学习路径来满足不同学生的需要。通过定制的学习活动和灵活的教学方法，每个学生都可以在自己最感兴趣的领域中得到发展，这种策略有效地促进了学生的自我驱动学习。

　　总而言之，深度学习是一个复合的教学过程，它要求教师通过创新的教学设计和策略，不断激发和维持学生的学习兴趣和主动性。只有这样，学生才能在学习过程中展现出更多的参与和投入，使用更高级的认知处理方式去学习，从而在知识掌握和个人成长方面取得显著成就。

　　3. 深度学习的本质是学生知识与能力的有效迁移

　　深度学习的本质是学生知识与能力的有效迁移。深度学习是一个多属性的概念，分别体现在学习目标的多重维度上，学习方式的主动性和认知加工水平上，学习过程的参与和投入水平上以及学习结果的深度理解和有效迁移上。然而，学习目标、学习方式和学习过程深度的最终指向是学生相关知识和能力的有效迁移上。佩莱格里诺（Pellegrino）和希尔顿（Hilton）在《面向生活和工作的教育：发展 21 世纪可迁移的知识和技能》一书中指出，深度学习的本质就是学生将一种情境中学习的内容迁移应用于新情境的过程[①]。深度学习是学生与同伴分享学习和互动中发生，其形成的知识是可迁移的，包括知识与能力的形成，同时又能做到为何、何时、怎样用这些知识来解决问题。

　　这种学习的多维度特性要求教育者不仅关注知识的传授，更重视知识的应用和学生能力的培养。在实际教学中，这意味着教育者需要设计能够激发学生主动探索和深入思考的学习活动。例如，通过项目基学习（PBL）或基于问题的学习（PBL），学生可以在解决真实世界问题的过程中，不仅学习到必要的知识，更重要的是学习如何将这些知识应用于新的、未知的环境中。

　　此外，教育者应鼓励学生进行元认知活动，如反思思考和学习策略的评估。这些活动帮助学生意识到自己的学习过程，评估自己的学习方法是否有效，从而更好地掌握如何、何时以及为什么使用特定的知识和技能来解决问题。

---

　　① 黄潇.《面向生活与工作的教育：培养 21 世纪可迁移的知识与技能》（第四章节选）翻译项目报告［D］.四川外国语大学［2024-11-07］.

为了加强知识的迁移能力，教育者还应利用跨学科教学方法，将不同学科的知识整合，让学生在多个学科之间建立联系。这种跨学科的链接不仅加深了学生对知识的理解，也增强了他们将所学知识应用于不同情境的能力。

最后，评估深度学习的成功与否应超越传统的知识记忆水平，更多地集中在学生如何将学到的知识和技能迁移到新的情境中。这需要教育者设计开放式问题和任务，让学生在完成这些任务时能展现出他们的创造性思维和问题解决能力。

通过这样全面而深入的方法，深度学习不仅是一种学习技巧的提升，更是一种综合能力的培养，它使学生能够在未来的学习和生活中更加自信和有效地运用他们的知识和技能。

（二）案例研究、项目任务和实际应用来促进深度学习

案例研究提供了一个实际的框架，让学生能够分析真实世界中的问题和情景，这不仅增强了理论知识的实用性，还培养了学生的问题解决能力。例如，一个商业学历案可能包括对成功企业的案例分析，学生需探讨这些企业的成功因素和可能面临的挑战。通过这种方法，学生可以从多个维度理解企业运作的复杂性。例如，他们可能会分析一个知名公司（如苹果或亚马逊）的商业模式，探讨这些公司如何通过创新和市场策略保持竞争优势。教师可以引导学生研究这些公司的历史背景，市场定位，以及它们如何应对经济波动、技术变革和消费者行为的变化。此外，学生还可以通过团队合作，模拟实际的商业决策过程。这可能包括从市场进入策略、新产品开发到危机管理等方面的决策。通过这种模拟活动，学生不仅能够应用理论知识来解决具体问题，还能在实践中学习团队协作和领导技巧。案例研究的另一个重要方面是批判性思维的培养。学生被鼓励不仅接受案例中提供的信息，还要批判地思考信息的来源、可能的偏见和不同的解释角度。例如，当分析一家公司的成功时，学生应考虑市场环境、竞争对手的行为以及内部管理的影响。最后，教师可以要求学生将案例研究的结论与其他学科领域相关联，如经济学、社会学和心理学。这种跨学科的联系可以帮助学生更全面地理解商业活动的多方面影响，促进他们成为更为全面的思考者。通过这种综合和应用性强的学习方法，案例研究不仅提升了学生对专业知识的掌握，还极大地增强了他们的分析、评估和解决复杂问题的能力，为他们将来在多变的职业环境中取得成功奠定了坚实的基础。

项目任务则通过要求学生完成特定的产品或表现来促进知识的应用。这类任务通常是跨学科的，需要学生运用多方面的技能和知识，如科技、数学和语言艺术，来解决一个综合问题。例如，设计一个环保项目，要求学生研究环境问题，设计解决方案，并可能包括创建一个相关的信息网站或一个宣传视频。这种项目任务不仅要求学生们在具体的学科知识上有深入的理解，如环境科学的原理，还要求他们能够将这些知识应用到实际问题中。在这个过程中，学生需要调查研究，使用科技工具，运用数学技能进行数据分析，以及使用语言艺术来有效地传达他们的观点和解决方案。例如，在一个环保项目中，学生可能需要首先确定一个具体的环境问题，如塑料污染或空气质量下降。随后，他们需要收集相关数据，进行科学分析，并探讨造成这些问题的原因。在这一过程中，教师可以引导学生如何查找可靠的信息源，如何使用科学方法来处理和解释数据。为了提出有效的解决方案，学生不仅需要理解问题的科学背景，还需要考虑社会、经济和文化因素。例如，他们可以设计一个减少塑料使用的社区宣传活动，这要求他们运用创意思维和市场营销的策略。此

外，学生可能需要创建一个网站或制作一个视频来展示他们的研究成果和提议的解决方案，这不仅展示了他们的技术技能，也是他们沟通和表达能力的体现。最终，这个项目可能需要以一个公开展示的形式呈现，其中学生需要向校内外的观众，包括教师、同学和社区成员，展示他们的研究成果和建议。这样的展示不仅是对学生研究和解决方案的一个总结，也是对他们演讲和公众交流能力的一次考验。通过这样的项目任务，学生不仅能够深入理解和应用跨学科的知识，还能够提升他们解决实际问题的能力，增强团队合作和项目管理的经验，以及提高信息技术和公众交流的能力。这种全面的学习经验为学生的终身学习和职业发展奠定了坚实的基础。

实际应用则将学习内容与学生的日常生活和未来职业联系起来。通过实际操作和实践活动，学生可以看到学习内容在现实世界中的直接应用，增强学习的相关性和动机。例如，一个工程学历案可能让学生参与到真实的工程设计过程中，包括规划、建模、测试和评估。在这种教学模式中，学生不仅学习理论知识，如物理原理和工程理论，而且还能够将这些理论应用于解决具体的工程问题。例如，在一个桥梁建设项目中，学生需要应用他们在力学和材料科学课上学到的知识来设计一个既结实又经济的桥梁模型。他们需要考虑各种因素，如材料的成本、环境影响以及结构的耐用性和安全性。学生将通过团队合作完成设计任务，这不仅需要他们各自发挥专业技能，还需要良好的沟通和协调能力来确保项目的顺利进行。在设计阶段，学生可以使用计算机辅助设计（CAD）软件来创建他们的桥梁模型，这种技能在现代工程领域极为重要。随后，学生将构建他们的桥梁原型，并进行一系列的负载测试以评估设计的实际性能。这个过程不仅使学生能够直观地看到自己设计的成果，还能实际操作并理解工程中的问题解决和创新。此外，这种实践活动也可以延伸到课程的评估部分。学生的工作可以通过项目展示的形式呈现，允许他们向同学和教师展示他们的设计过程和最终成果。这样的展示不仅是对学生技能的一次测试，也是一次增强自信和公众演讲能力的机会。通过这样的实际应用项目，学生不仅能够深入理解工程学的复杂性，还能增强他们将来作为工程师解决实际工程问题的能力。这种学习经验把课堂学习和实际工作紧密联系起来，使学生能够更好地为未来的职业生涯做准备，同时也激发了他们对工程学的兴趣和热情。

（三）帮助学生建立复杂的知识结构

不同类型的活动对于帮助学生构建和理解复杂的知识结构至关重要。活动的设计应鼓励学生进行高阶思维，如分析、评估和创造，这些都是深度学习的关键组成部分。通过这些活动，学生能够连接新的知识与已有的知识，形成更为复杂和全面的知识网络。

例如，教师可以设计一系列基于问题解决的活动，要求学生应用他们在课堂上学到的理论知识来解决具体问题。这些问题应具有一定的复杂性，足以挑战学生的现有认知水平，迫使他们不仅要回顾和应用已学知识，还要进行批判性思考和创新。通过这种方式，学生能够在实际应用中深化对概念的理解，并在解决问题的过程中发展新的认知和技能。

此外，分组讨论也是一种有效的学习活动，它可以促使学生在小组内分享和辩论各自的观点和理解。在这个过程中，学生不仅能从同伴那里学到新的观点和方法，还能通过解释和辩护自己的想法来加深对材料的理解。这种社会性互动有助于学生形成更广泛的视角和更复杂的知识结构。

项目基学习（PBL）是另一种重要的教学方法，它通过让学生在真实或模拟的环境中工作来增强他们的学习体验。在这类项目中，学生需要将跨学科的知识综合运用，以创造性地解决问题。例如，一个涉及环境科学的项目可能要求学生探讨气候变化对本地生态系统的影响，并设计一个可持续的社区响应计划。这种类型的项目不仅需要科学知识，还需要政策制定、公共演讲和团队协作技能。

五、使用非正式形成性评价

（一）非正式形成性评价概述

形成性评价的发展历程突出了它在学习过程中的关键作用，特别是当评价的重点从"结果"转向"过程"。在布鲁姆时期，形成性评价主要是以"测验"的形式存在[①]；随后，它逐渐演变为更多依赖于师生互动的"活动"。此外，形成性评价的讨论也从理论上的应有价值转向更实际的非正式评价实践。这些变化推动了非正式形成性评价的出现和发展，逐渐成为研究者关注的焦点。

随着 20 世纪末期，形成性评价被众多国家纳入教育评价政策，研究重点也开始转向其实际应用。1993 年，新西兰教育部正式将形成性评价纳入国家课程政策，此举标志着形成性评价开始在新西兰中小学广泛应用。1995 年，新西兰怀卡托大学的贝尔教授和科维教授领导的研究团队受教育部委托，着手对新西兰课堂中的形成性评价实践进行系统研究。

此项研究旨在填补以往研究中忽略课堂形成性评价实践过程的空白。通过深入到一线课堂，采用扎根理论方法，研究团队以科学教师为对象，调查了教师如何在课堂中实际运用形成性评价。通过 65 次教师访谈、73 次学生访谈以及 128 节课堂观察，贝尔和科维揭示了形成性评价通常是一种隐性过程，它并非可以通过简单的教师培训轻易掌握。

此外，研究发现，教师在课堂上会实施两种形式的形成性评价：一种是预先设计并呈现在教案中的预设式形成性评价，另一种则是随着教学深入产生的带有生成性的互动式形成性评价。研究中指出，教师认为形成性评价具有正式和非正式两种形式，这种区分通常基于信息收集是否被及时记录和报告。如果教师收集的信息未被书面记录，那么这种形成性评价通常被视为非正式的。这些非正式的评价信息可被教师用于课堂教学和学习中，以形塑和优化学生的学习过程。

这种互动式形成性评价穿插于整个教学过程中，但通常不以书面或其他正式形式记录学生的信息。因此，研究者们构建了一个包含预设式和互动式形成性评价的综合评价模型。贝尔和科维在他们的研究中发现，教师在教学中经常未能意识到自己正在进行互动式形成性评价。值得注意的是，尽管教师尤其是新教师会对课堂中的互动式评价进行一定的预备和规划，他们通常难以完全预测学生的反应或知道何时会触发这类评价。这种形式的评价对学生的学习同样具有重大影响。

---

① 尹文华，高等教育学．一流本科教育视角下我国高校课堂教学质量评价策略研究［D］．宁波大学［2024-11-07］．

为了更清晰地展示两种形式评价之间的差异，他们详细比较了预设式和互动式形成性评价的异同。贝尔和科维指出，两种形成性评价都与学习目标紧密相关，其中预设式形成性评价的目标实现依赖于互动式形成性评价目标的达成。后者的学习目标通常更为具体和详尽，需要通过即时的教学互动来实现。这种模型强调了形成性评价在教学过程中的动态性和适应性，以及教师在实施过程中需要展现的灵活性和敏感性。

贝尔和科维对形成性评价的过程研究在该领域的历史中具有突出的价值和意义，他们的工作从理论层面转向了对形成性评价具体实践过程的深入探讨。他们不仅关注传统的、形式正式的预设式形成性评价，还强调了作为持续对话和互动的非正式形式的互动式形成性评价，这种评价方式能够直接促进学习，并在形成性评价实践研究中开辟了新的视角和方向。互动式形成性评价的引入，被视为课堂形成性评价实践的一种深化，它认为形成性评价是课堂上所有社会互动的一个重要组成部分。

非正式形成性评价是一种旨在促进学习的评价形式，主要发生在课堂活动中通过持续的师生互动对话。这里的"非正式"不仅指的是课堂中自然发生的、不可预测的事件，而是涵盖了教师在日常教学中频繁捕捉的小规模互动机会，以此来收集关于学生在达成学习目标方面的进展信息。这种评价的"非正式"特质主要体现在评价的形式和来源，而非简单地以评价是否预设来界定正式与否。

在实际操作中，课堂互动是非正式形成性评价的主要途径，任何此类评价的实施都需要教师与学生之间的互动。在这些互动中，教师通过对话引出并回应学生的学习信息；与正式形成性评价主要依赖学生书面记录的信息不同，非正式形成性评价更多依赖于课堂上师生的口头表达，使得这些话语成为评价信息的主要来源和分析的载体。

（二）在学习过程中嵌入持续的反馈机制

非正式形成性评价是教学过程中一个不可或缺的组成部分，它通过持续的反馈机制帮助学生及时了解自己的学习进度和存在的问题，同时也使教师能够调整教学策略以更好地满足学生的学习需求。在学历案的教学中，非正式形成性评价应该被系统地嵌入到每一个学习阶段，确保教学活动的每个环节都能收到有效的反馈。这种评价方式的关键在于其非正式和即时性，使其成为教学互动中自然流动的一部分。例如，在进行一个复杂的科学实验教学时，教师可以在学生操作的同时观察其表现，对学生的疑惑进行及时回应和指导，这种互动不仅解决了学生的即时问题，还加深了学生对实验内容的理解和掌握。此外，教师可以利用学生的反馈来判断课堂内容是否需要进一步解释或调整教学计划，以适应学生的理解速度和能力。非正式形成性评价的实施还应充分利用学生之间的互动。通过鼓励学生在小组讨论中相互评价和反馈，不仅可以增强学生的批判性思维和自我反思能力，还可以建立学生之间的协作关系，这对于培养学生的社交技能和团队协作精神至关重要。进一步来说，非正式形成性评价的有效性也依赖于教师对其反馈质量的控制。教师需要发展出能够快速且准确地捕捉学生学习状态的技巧，并能够提供具体、建设性的反馈。这种能力的提升通常需要教师不断地实践和反思自己的教学方法。最后，非正式形成性评价的成功实施还需要学校教育管理层的支持，包括为教师提供必要的培训资源，以及建立一个鼓励教师和学生持续学习和改进的学习文化。通过这些努力，非正式形成性评价可以成为推动学生学习和教师教学发展的强大工具。

为实现这一目标，教师可以利用多种工具和方法收集反馈，包括但不限于观察、学生自评、同伴评价以及小测验。这些反馈应及时提供给学生，帮助他们认识到自己的强项和待改进的地方。例如，教师可以在一个项目任务完成后立即进行小组讨论，让学生分享自己的学习体会和挑战，同时教师也可以提供专业的反馈，指导学生如何在下一阶段进行改进。此外，教师可以通过日常的观察来捕捉学生在学习过程中的非言语行为和表达，这些观察可以提供关于学生参与度和情感状态的重要线索，有助于教师调整教学策略以更好地适应学生的需求。在这一过程中，教师的敏感性和专注度是关键，他们需要能够及时识别并解读这些行为背后的意义。学生自评是另一种有效的反馈工具，它鼓励学生进行自我反思，评估自己的学习进度和成果。通过这种方式，学生可以更加主动地参与到学习过程中，提高自我调整和自我监控的能力。教师可以通过提供清晰的评估标准和反思指导来支持学生进行有效的自评。同伴评价也是一种有价值的反馈形式，它不仅可以增进学生之间的交流和合作，还可以通过互相学习对方的优点和不足来提升个人能力。在进行同伴评价时，教师需要确保所有学生都了解如何提供建设性和尊重的反馈，以创建一个支持和积极的学习环境。最后，小测验可以作为检验学习效果的快速工具，帮助教师和学生及时了解学习成果。这些测验不需要非常正式，但应设计得能够覆盖课程的关键概念和技能，以确保学生能够反思和巩固所学知识。通过这些多样化的方法和工具，非正式形成性评价能够全面地支持学生的学习过程，帮助他们在认识自我、提升能力的同时，也使教师能够有效地调整教学方法，以达到最佳的教学效果。

（三）设计形成性评价活动以监测和促进学习进步

设计有效的形成性评价活动是确保学历案教学成功的关键。这些活动应当能够准确反映学生对核心概念和技能的掌握程度，同时促进学生对自己学习的深入思考。形成性评价的设计应遵循以下几个原则：

①多样性：采用多种评价方法可以满足不同学生的学习风格和能力需求。例如，书面作业可以帮助那些在文字表达中更为出色的学生展示他们的理解和分析能力；口头报告则允许那些口语表达能力强的学生更自如地分享他们的见解；项目展示则适合喜欢通过实际操作和创造性任务来学习的学生；而互动式电子评价则利用技术手段，如在线测试和互动软件，为学生提供即时反馈，增加学习的趣味性和参与感。这种多样化的评价方式确保每位学生都能在最适合自己的方式中得到发展。

②连续性：评价不应仅限于学习单元的结束阶段，而应贯穿整个学习过程。持续的评价可以帮助教师及早发现学生在学习中遇到的困难，并及时进行必要的干预。这种方法使得评价更加形成性，有助于学生在学习过程中不断进步和改进。

③互动性：将学生纳入评价过程中，让他们不仅是评价的接受者，也是参与者。自我评估和同伴评估可以培养学生的自主性和责任感，使他们更加主动地参与到学习和评价中来。这种参与不仅增强了学生的自我反思能力，还有助于建立他们的批判性思维和协作能力。

④指导性：评价的结果应被用来指导学生如何改进学习策略和方法。这要求评价不仅反映学生的当前成绩，更重要的是提供具体的反馈，指出学生可以如何在未来的学习中提升。例如，教师可以在评价后提供针对性的学习技巧、学习资源或额外的辅导，帮助学生针对自身的弱点进行改进。

六、提供差异化教学支持

（一）差异化教学设计的内涵

差异化教学这一理念最初是为了更好地满足资优学生的需求而提出的。然而，在过去的二十年中，随着融合教育的推广，这一概念已经扩展到适用于所有学生。海外的研究显示，差异化教学的理论模型是在最初的模型基础上逐步改进和发展的。文章根据这些模型的发展时间线和研究者对核心指标或变量的关注程度，详细介绍了四种主要的差异化教学模型。这些模型从最初关注学生的个体差异，到重视教师评价的重要性，再到构建和谐的教学环境以及强调教师对教学本质的理解，最后是提升教师的心态和应用多样化教学策略的能力，均强调了教师在差异化教学中的关键作用。

作为差异化教学模型的先驱，汤姆林森在 1999 年首次提出了该领域的基本框架，她的模型特别关注如何根据学生的学习准备情况、兴趣和学习偏好，对教学内容、过程和产出进行个性化设计。差异化教学考虑学生的准备水平，即学生当前学习状态与目标之间的差距，并提供适合个别学生的学习目标。此外，教学还依据学生的兴趣进行调整，以增强学习动力和参与度。教师还需考虑学生的学习风格，这些风格受多种因素影响，包括智力和性别。在教学内容、过程和产出的设计上，教师需进行差异化干预，帮助学生达到学习目标，从而更有效地掌握知识，展示学习成果。

在汤姆林森的差异化教学初步模型基础上，霍尔于 2002 年进一步强调了评估在差异化教学中的核心地位，并提出了教师在实施此类教学时应遵循的原则。这些原则旨在帮助教育工作者深入理解差异化教学的理念和操作流程。霍尔的模型中，"评估"涵盖了教师对学生学习的全面诊断与评估，它不仅关注教师与学生之间，还包括学生与学生之间的互动，共同构建学习的社会环境。在教学的每一个阶段，教师都需要进行评估：在教学前，通过预评估来识别学生的先验知识、学习兴趣和偏好；在教学过程中，实时监控学生的学习进展，及时进行必要的教学调整；教学结束时，则评估学生是否达到了教学目标，以及确定哪些学生需要进一步地练习和辅导。威廉定义了评估过程为教师对学生信息的系统收集，这一过程帮助学生清晰了解自身的知识掌握、技能水平、优势和不足。海蒂和廷珀利进一步指出，教师的反馈在差异化教学中极为关键，合理的应用可以显著提升学生的学习成效。霍尔强调，实施差异化教学的首要原则是确保学生对学习的基本概念、知识和技能有一个清晰的理解，虽然所有学生起点相同，但根据课堂上的具体差异需要相应调整，以确保每位学生都能理解教学内容。此外，教师应将培养学生的批判性和创造性思维作为教学目标的一部分，这要求学生在实际的任务和练习中不仅要理解而且要能够应用所学知识。在此过程中，教师可能需要更多的支持，如动力、时间、设计多样化教学活动的能力以及提供适合不同学生的学习材料。最后，霍尔提到，教师在设计教学内容和活动时，应尽量激发学生的学习兴趣，通过构建包含多样化教学活动的复合型教学模式来吸引学生。同时，教师需在自己分配的学习任务和学生选择的学习任务之间找到平衡，确保任务的难度与学生的能力相匹配，这种平衡取决于预评估的结果和学生能力的实际情况。

在 2007 年，休谟根据有效应对学生差异的课堂、教室、学校或地区所需的关键组成部分，建构了差异化教学模型，并整合了汤姆林森早期差异化教学模型的要素。与原始模型的主要区别在于，教师无论是否采用差异化教学，都必须建立一套有效的课堂运作条件，如营造积极的学习共同体环境、深刻理解教学内容本质以及拥有坚实的教学理念和知识，这些都是教师在课前设计及课堂教学中作出恰当决策的基础。休谟强调，创造一个受学生欢迎的课堂环境是教师的基本职责，这需要师生在一个相互尊重、支持和鼓励的氛围中共同学习和工作。一个安全、尊重多样性的学习环境能促进学生积极参与并勇于尝试挑战性任务，因为学生相信他们会得到公平的对待。为构建这样的教学环境，教师可以从多个方面着手：与学生共同制定学习规则，明确奖惩措施；确保学生清楚自己的学习水平及教师的期望；合理布置教室空间，例如设置图书角、展示有趣的图片和小组文本集；采用合作学习方式，并在教学过程中灵活切换小组学习、个人学习和教师讲授模式；以及为学生提供更多的选择机会，如为不喜欢小组活动的学生提供独立活动机会、让学生选择完成的作业以及展示学习成果的方式等。这些策略共同作用，旨在打造一个有利于差异化教学的发展的教学环境。

经过10多年的发展，汤姆林森在2014年对差异化教学模型进行了进一步的修订和完善，她再次强调了在"学习共同体"基础上构建有差异的"和谐学习环境"的重要性，并首次提出了"教师心态"概念，认为这将显著影响差异化教学的实施效果。德韦克区分了固定型和成长型两种教师心态，固定型心态的教师倾向于认为学生的天赋或智力是成功的关键，忽略了后天努力的作用；而成长型心态的教师则相信通过努力，大多数学生都能成功，并在设计和实施课程时考虑到学生的差异和需求，确保每位学生都有机会学习和进步。海蒂的研究发现，具有成长型心态的教师更愿意接受学生的差异，并将这种多样性作为教学资源。

汤姆林森指出，尽管难以界定具体的教学方法，但她强调教师在差异化教学中的关键作用。她建议教师在课堂上积极引导，并运用多样化的教学策略如学习单元、分层教学和小组学习等来组织教学活动，吸引学生的参与。研究显示，在差异化的课堂中，结合小组活动和提供多种任务选择的教学方法能有效提高学生的阅读成绩，这种综合教学策略的学生在英语阅读的流利度和准确性上均优于对照组。此外，灵活分组和差异化教程的结合也显示了对学生学习成绩的积极影响，如果教师能根据学生的兴趣、基础和学习方式适当调整课程和教材，将更有助于学生的学业提升。

（二）根据学生的不同需求和能力水平调整学历案

差异化教学是教育实践中关键的一环，尤其在应用学历案教学中显得尤为重要，因为它需要考虑到学生在能力、兴趣和学习风格上的多样性。在设计和实施学历案时，教师需要评估每个学生的具体需求，并据此调整教学策略，确保每个学生都能从中获益。为了有效适应不同学生的需求，教师可以采用多种策略来设计和实施差异化教学，从而确保每位学生都能在适合自己的环境中学习和成长：

①分层任务：通过为不同能力水平的学生设计不同难度的任务，教师可以更精准地满足各层次学生的学习需求。例如，在处理复杂的科学主题时，可以为高成就的学生设置具有挑战性的实验设计项目，让他们探索更深入的概念，而对于基础水平较低的学生，则可以提供结构更为明确、步骤详细的实验活动，以确保他们能够在理解基础概念的同时，逐步提升自信心和学习兴趣。

②个性化学习路径：教师可以利用学生的兴趣、擅长的领域和个人优势来定制学习活动，使学习内容更加贴近学生的实际生活和兴趣点。例如，在教授历史课程时，可以让对艺术感兴趣的学生通过研究不同时期的艺术作品来了解历史背景，而对技术感兴趣的学生则可以通过创建时间线软件或互动时间线来探索历史事件。这种个性化的学习路径不仅能增强学生的学习动力，还能提高他们的学习效率。

③灵活的分组：在小组活动中，教师可以根据学生的学习需求、兴趣和能力水平灵活地进行分组。这种分组方式旨在促进学生之间的互助和学习，例如，可以将学习速度快的学生与需要更多帮助的学生配对，或者根据学生的兴趣将他们分到专门研究某一主题的小组。这样不仅能增强学生的合作能力，还可以让他们从不同角度理解和掌握知识，从而促进全面发展。

通过这些策略，教师不仅能够提供适应每位学生差异的教学方法，还能够激发学生的学习热情和自我发展潜能，最终达到提高教学效果和学生学习成效的目的。

（三）利用技术和教师支持来满足学生的个别差异

在现代教育中，技术的使用为满足学生个别差异提供了新的可能性。通过集成智能教育技术，教师可以更有效地实施差异化教学策略：

①教育技术工具：现代教育技术提供了多种在线学习平台和应用程序，这些工具可以创建高度个性化的学习经验，使学习内容和节奏适应每个学生的特定需求。例如，教师可以利用智能教学系统，根据学生的答题情况自动调整难度和题型，或者通过自适应学习平台提供定制的学习路径，从而帮助学生在自己的节奏下探索知识。这种技术的应用不仅增强了教学的灵活性，也提高了学生的学习动力和效率。

②数据驱动的决策：在这个数据驱动的时代，教育决策也越来越依赖于实际的学习数据。通过收集和分析学生的学习数据，教师可以更深入地了解学生的学习模式、掌握进度和遇到的难题。例如，教师可以使用学习管理系统（LMS）追踪学生的活动，分析测试成绩和作业提交情况，从而发现学生在哪些领域表现良好，哪些领域需要更多的支持。基于这些信息，教师可以及时调整课程内容和教学方法，以更加精确地满足学生的个别需求，确保教学策略的有效性。

③多媒体资源：为了更好地满足不同学习风格的学生，现代教育实践中越来越多地引入多媒体教学资源。视频教学可以帮助视觉学习者更清楚地理解复杂的过程和概念，而互动模拟和教育游戏则能够提供实践操作的机会，尤其对于那些喜欢通过"做中学"的学生极为有益。此外，这些多媒体工具还能够丰富教学内容，使抽象的理论知识变得生动具体，从而提高学生的学习兴趣和参与度。

七、鼓励协作学习

（一）协作学习的应用原则

1. 协调性

在信息技术迅猛发展的当代，协作学习已成为一种重要的教育理念和方法，在各类教育活动中已经非常广泛。作为协作学习的核心，协调性原则旨在通过促进合作与知识共享来全面推动学生的发展与成长。这一原则强调合作的必要性，过去的课堂教学常常使学生处于被动学习状态，缺少主动参与和合作的机会。协同学习则以学生为中心，推崇学生之间的互动与合作。在初中信息技术课堂中，学生可以通过小组讨论、合作项目和角色扮演等多种形式，共同探索问题解决方案和完成学习任务。这种合作方式不仅深化学生对知识的理解和记忆，还有助于培养他们的团队合作精神和协作技能。通过相互合作与交流，学生可以互相借鉴优点，学习他人的经验，共同克服挑战，实现共同进步。

此外，协调性原则还强调了共享知识的重要性。在协作学习的框架下，教师扮演的是教学活动的设计者和组织者的角色，而学生则是知识的创造者和传播者。在课堂上，学生们通过分享各自的知识和经验，共同构建和丰富整个班级的知识库。这种互动过程不仅促进了每位学生的知识积累和技能提升，而且还有助于培养他们的自主学习和创新能力。同时，通过知识的共享，学生之间的情感联系和友谊也得以加强，进一步优化了课堂学习的氛围。正如老话所言，知识的分享能带来更大的丰富。在教育信息化背景下，协调性原则为学生提供了共同学习和成长的宝贵机会。

2. 指导性

协作学习作为一种教育模式，致力于培养学生的团队合作能力、创新思维和问题解决能力。为使协作学习发挥出最大作用，正确的指导性原则显得尤为关键，它能够为学生提供清晰的方向和有效的引导。指导性原则应当具备启发式的特质，意即在教师引导学生进行协作学习时，不应直接提供问题的正确答案，而是应采用启发式方法，激发学生自行探索和解决问题的路径。举个例子，在信息技术课堂上，当学生需要协作完成网页设计项目时，教师应引导学生思考如何优化网页的美观度和用户体验，而非直接指导具体操作。这种方法能够让学生通过实践和尝试，深入理解技术原理和设计理念。

同时，指导性原则还应考虑到学生的个体差异。鉴于每位学生都有其独特的学习风格和能力水平，教师在协作学习中应制定个性化的指导策略。例如，对于在信息技术方面具有较强实践能力但在沟通表达上较弱的学生，教师可以鼓励他们在协作任务中发挥技术优势，并提供必要的沟通技巧培训，帮助他们全面提升能力。此外，指导性原则还应促进学生的自主学习。协作学习强调学生的主动参与和自主探究，因此，教师的指导应以学生的需求为出发点，提供适当的帮助和支持，避免过度干预。在信息技术课堂中，教师可以设置一个开放性问题，引导学生自行寻找答案，并通过如小组讨论、专家讲座等形式促进学生之间的合作和交流，从而激发学生的自学热情和探索精神。

（二）协作学习在初中课堂的应用案例

1. 问题引导的协作学习

协作学习是一种以问题为导向的教学方法，特别在初中信息技术课程中得到了广泛的应用。这种教学方式旨在培养学生的合作意识、沟通技能和问题解决能力。传统教学模式中，教师主要扮演知识的传递者和问题的解答者，而学生则通常处于被动接受的位置。这种单向的教学流程往往难以充分激发学生的学习热情或发掘其潜力。相比之下，协作学习通过其互动性和针对性，更能满足学生的个性化学习需求。

以初中信息技术中的"文本文字编辑"为例，实施协作学习意味着将教师从传统的讲授者角色转变为学生学习的引导者和协调者。在这种模式下，教师不是直接提供答案，而是通过精心设计的问题引导学生在团队合作的过程中共同探索解决方案，以此来深化对知识的理解和掌握。学生被分配到不同的小组，每组成员共同研究问题，分享信息和知识，并协作完成指定任务。这种协作不仅促进了学生之间的相互学习，还增强了解决问题的能力和提高了学习成效。

在"文本文字编辑"的具体教学活动中，教师可以分配给学生一篇需要编辑的文章，学生在小组内进行讨论，共同决定文章的修改方向。小组成员之间可以互相检查、评价并提供反馈，以此来提高各自的编辑技能。通过这样的协作学习过程，学生不仅能够提升自己的专业技能，还能够在团队合作和有效沟通方面获得显著的成长。这种技能的提升对学生未来的职业生涯和社会生活都将产生深远的影响。

2. 网络平台在协作学习中的应用

利用网络平台进行协作学习可以显著增强学生之间的互动与交流。这种以共同主题为核心的学习活动不仅提高了学习的科学性，还促进了学生的思维发展和学习能力的提升，为他们未来的成长打下坚实的基础。教师在教学实践中应深化协作学习的应用，持续探索适合学生的教学策略，从而为学生的个人发展提供更有效的支持和帮助。

以"flash 动画"为例，这种多媒体应用技术因其生动、形象和直观的特点，极大地激发了学生的学习兴趣和积极性。协作学习进一步提升了学生的思维活跃性和主动性，使他们在探索和实践中不断增强自己的技能。在教授"flash 动画"的过程中，网络平台发挥着关键作用。学生可以在这一平台上自由地交流和合作，共同完成 flash 动画的创作。通过在线交流，学生可以发表自己的意见，相互学习，共同解决问题，这不仅加强了团队合作的能力，也有助于学生独立能力的形成。

协作学习可以分为几个关键阶段。首先，问题的提出和讨论阶段，教师可以向学生提出一个挑战性问题，激发他们的研究兴趣。学生可以利用网络平台进行头脑风暴，分享观点和思路，共同探索问题解决的途径。随后是计划制定和分工阶段，学生根据各自的技能和兴趣分工，共同制定一个详细的 flash 动画制作计划。例如，一些擅长设计的学生负责绘制角色和背景，而擅长技术操作的学生则负责动画的编程和制作。在制作过程中，学生通过网络平台进行持续的沟通和协作，共同解决遇到的难题。这种合作不仅发挥了学生的个人优势，还培养了他们的团队精神和合作意识。

最后的展示和评价阶段，学生完成 flash 动画后，可以在网络平台上展示和分享成果，互相进行评价和反馈，提出改进建议，共同提升作品的质量。这种互评过程不仅加深了学生对作品的认识，还锻炼了他们的批判性思维和分析能力。通过这种方式，网络平台作为协作学习的工具，极大地丰富了教学内容和学习体验。

3. 引导学生进行实践探究

协作学习是一种在初中信息技术教学中广泛采用的教学策略，该策略不仅引导学生进行多样化的探究活动，还帮助他们逐步掌握课程中的关键知识点。在这一教学模式下，学生能够在实践和探究中提升自身技能，并积极投入学习过程。教师的积极指导与支持是协作学习成功的关键，只有教师和学生共同努力，才能实现优异的教学成果。

第二节　单元学历案的开发流程与步骤

一、单元学历案的设计原则

在设计单元学历案时，重要的是从学生的视角出发，充分考虑他们的现有知识、经验和认知水平，确保教学内容与学生的最近发展区相匹配。教学设计应围绕具体情境，以问题为核心，设计具有逐步深入性的学习活动。这样做可以激励学生在解决问题的过程中主动构建知识，实现从简单学习到真正掌握知识的转变。通过结合个体思考和群体协作，学生能够在实际操作中不断提升其问题解决能力。

（一）站在学生立场

在教学设计中，确保学生作为主体参与到学习过程中是至关重要的。特别是在单元学历案的设计中，教师需要站在学生的立场，将他们视为信息的主动加工者和意义的建构者，而不仅仅是被动的知识接收者。这种方法能够激发学生的主动学习意识和探索欲望，从而使学习过程更具吸引力和效果。

1. 理解学生的需求和期望

首先，在设计单元学历案时，教师必须深入理解学生的需求和期望。这不仅涉及学生的年龄层次，还包括他们的认知发展水平、他们已经掌握的知识以及他们之前的学习经验。这样的理解能帮助教师识别学生在特定学科或主题上可能感兴趣的具体方面。

例如，了解学生的兴趣点可以帮助教师设计课程，以激发学生的好奇心和提高他们的学习动机。如果学生对科技和机械设备感兴趣，教师可以通过引入相关的科学实验或工程项目来满足这一需求。同样，如果学生对历史或文化有浓厚兴趣，教师可以通过实地考察或虚拟旅行来深化他们的理解。

2. 识别学习中的关键问题

这一步骤至关重要，因为教师需要明确学生在完成学习单元时可能会遇到的主要障碍和挑战。这不仅涉及对问题本身的识别，还包括理解这些问题之间的逻辑关系以及潜在的难点。例如，如果学习单元涉及复杂的数学概念，教师需评估学生对前置知识的掌握情况，并识别哪些概念可能需要额外的解释或练习。

此外，明确问题之间的逻辑关系对于设计有效的教学策略至关重要。这可以帮助教师规划课程的结构，确定哪些知识或技能应该先行介绍，以便学生能够在理解上构建正确的知识框架。例如，理解代数的基本原理是学习更高级数学运算的前提。通过这种方法，教师可以构建一个既考虑学生实际需求，又能应对他们认知挑战的学习环境，从而优化教学效果和学习体验。

3. 设计以问题为中心的学习活动

在明确了关键问题之后，单元学历案应围绕这些问题设计一系列具有挑战性和探究性的学习活动。这些活动旨在通过实践操作促进学生的学习，并通过解决实际问题来帮助学生构建和巩固知识。例如，可以利用案例研究让学生分析真实场景中的问题，并探讨可能的解决方案；通过项目任务，学生可以在小组合作中应用跨学科知识来解决复杂问题。

实验活动则允许学生通过实际操作验证理论，学习科学原理的应用，而角色扮演活动则可以增强学生的沟通能力和团队合作能力，特别是在模拟社会、经济或历史情境中。这种以问题为中心的学习方法不仅提高了学生的参与度，还激发了他们的好奇心和解决问题的热情。

此外，教师可以设计创新的学习活动，如模拟游戏或数字媒体项目，使学生能够在技术支持的环境中实践和应用新知识。通过这样的多样化学习方法，学生可以从多角度理解问题，并学习如何在不同情境下应用他们的知识和技能，从而更全面地发展其批判性思维和创新能力。

4. 强化学生的自主与协作能力

除了独立解决问题的能力，单元学历案还应鼓励学生在小组中协作，共同探索问题的解决方案。这种小组合作的方式不仅帮助学生学习如何在团队中工作，还能通过交流和讨论，大大提高他们的沟通能力和批判性思维。

在这种学习模式中，学生被鼓励分享各自的见解和策略，从而促进了知识的互补和经验的交流。通过团队合作，学生能够学习如何听取不同的意见、如何进行有效的沟通以及如何在团队中扮演不同的角色。此外，协作解决问题还能激发学生的集体创造力，使他们能够在探讨过程中相互激励，共同达到更高的思考水平。

5. 反馈与评估

最后，为了确保学习活动的有效性，教师应在学历案中设计明确的反馈和评估机制。这包括对学生学习进展的持续监控和评价，以及提供具体、建设性的反馈。通过这种方式，教师可以及时了解每位学生在学习过程中的表现和遇到的困难，从而进行适当的调整和指导。

评估机制应该是多样化的，旨在全面了解学生的知识掌握情况和技能发展。这可以包括传统的测验和考试，也可以包括项目作业、口头报告、同伴评价以及自我评估等形式。这样的混合评估方法不仅能帮助教师更准确地评估学生的学习成果，也能鼓励学生从多个角度审视自己的学习过程。

此外，提供具体和建设性的反馈是促进学生学习的关键。反馈应明确指出学生的优点和需要改进的地方，同时提供具体的建议和指导，帮助学生理解如何在未来的学习中取得进步。例如，教师可以在学生完成任务后，详细说明哪些部分做得好，哪些部分还有提升的空间，并提供实际的改进方法。

（二）基于情境学习

在教育中，基于情境的学习方法已被广泛认为是提高学生实际操作能力和问题解决技能的有效策略。通过在具体和刺激性的学习情境中浸泡，学生不仅能够提高信息处理的深度，还能够在真实世界的环境中应用他们的学习成果。因此，在设计指向问题解决的单元学历案时，情境的构建和利用是整个学习过程中不可或缺的一环。

1. 情境的初始设定

在单元学习的起始阶段，教师需要设计能够立即吸引学生注意并激发其学习兴趣的情境。这个初始情境应包含足够的刺激性信息，使学生感到好奇和兴奋，从而唤醒他们的问题意识。例如，可以通过一个与学生日常生活相关的科学现象或社会事件引入主题，如环境保护中的具体案例或历史事件的重现。通过这种方式，学生可以自然地发现并提出问题，同时也为接下来的探索和学习奠定基础。

2. 情境中的学习活动

在单元学习的中段，学生将围绕最初呈现的情境，进一步深入探讨问题。在这一阶段，教师应引导学生根据情境的特定条件和限制制定实际可行的解决方案。学生需要在这些设定的情境中实施方案，根据反馈和实际效果进行调整。这个过程中，教师的角色转变为辅导者和协调者，提供必要的资源和支持，帮助学生在尝试和错误中找到最优解决策略。例如，在一个模拟的市场环境中，学生可能需要解决如何有效推广新产品的问题，这要求他们运用市场调研、广告策略和团队合作等多种技能。

3. 情境中的评价和反思

在单元学习的最后阶段，学生的成果应在原始情境中进行评价。这不仅涉及对学生解决问题能力的评估，也包括他们如何在情境中应用学到的知识和技能。评价过程应考虑学生如何在实际情境中表现，他们的解决方案是否有效，以及他们的工作对实际问题的解决程度。此外，学生对自己的学习进行反思也同样重要。通过反思，学生可以理解自己的学习过程中哪些部分是有效的，哪些需要改进，从而在未来的学习中实现自我优化。

总之，情境不仅是学习活动的背景，更是连接学生学习与现实世界的桥梁。通过周密的情境设计，单元学历案可以更加生动、实用，同时也更能激发学生的学习热情和深化其理解。这种基于情境的学习方式，不仅增强了教育的实践性和互动性，还能有效地提升学生的综合素质。

（三）以问题为主线

在教育中，特别是科学学习领域，将问题置于学习过程的核心是极为关键的。这种方法不仅激发学生的好奇心和探究欲，还有助于培养他们的分析和问题解决能力。有效的单元学历案设计应紧紧围绕问题来构建，确保学习过程有目的、有方向。

1. 确定单元驱动问题

首先，教师需要确定一个或多个单元驱动问题，这些问题应具有挑战性，并直接关联到学习单元的核心内容。单元驱动问题应足够广泛，能够覆盖整个单元的学习目标，同时具有激发学生深入探究的潜力。例如，在一个关于生态系统的学习单元中，一个可能的驱动问题是："人类活动如何影响本地生态系统的稳定性？"这一问题不仅涉及科学知识，也触及社会责任和环境伦理，促使学生从多个角度考虑问题。

2. 拆分为子问题

将单元驱动问题拆分为一系列具体的、可管理的子问题是设计学历案的下一步。这些子问题应该是指导学生逐步解决主要问题的小步骤，每一个子问题都是一个学习的里程碑。通过解决这些小问题，学生可以逐渐构建起解决主问题所需的知识和技能。在上述生态系统的例子中，子问题可以包括："什么是生态系统的稳定性？""常见的人类活动有哪些可能影响生态系统？"以及"如何测量和评估这种影响的程度？"

3. 串联学习活动

以问题为主线要求教师设计一系列的学习活动，这些活动应围绕着子问题展开，最终汇聚到解决单元驱动问题上。每个学习活动都应设计成能够引导学生完成特定子问题的解决。这些活动可能包括实验、项目、小组讨论、现场考察等，每一种活动都应该能够帮助学生从不同角度理解问题，并提供实践中测试和应用他们知识的机会。

4. 评估和反思

问题驱动的学习过程中，持续的评估和反思是不可或缺的。教师需要定期检查学生在解决子问题和主问题过程中的进展，评估他们的理解深度和技能掌握情况。此外，鼓励学生对自己的学习过程进行反思，理解哪些方法有效，哪些需要改进，这不仅增强了学习的深度，也促进了学生的元认知能力的发展。

（四）体现学习进阶

在教育过程中，考虑学习的递进性和学生思维的发展是至关重要的。因此，在单元学历案的设计中，必须精心规划，确保学习活动能够逐步引导学生深入理解并掌握更复杂的概念和技能。这种递进式的学习设计有助于学生在认知和技能上实现阶段性的成长。

1. 设计递进式学习结构

为了有效促进学习的进阶，单元学历案的设计应采用"低结构探索—高结构指导"的模式。这种模式的核心在于先让学生在较自由的环境中探索，之后再通过教师的有目的指导帮助学生整合和深化理解。

2. 初始阶段：低结构探索

在学习单元的初始阶段，学生应该被鼓励进行低结构的探索活动。这可以是开放性的实验、自由的讨论或是基于兴趣的小组项目。这一阶段的目的是激发学生的好奇心和自主学习的动机，使他们能够在较少的限制条件下自行探索问题。在这一过程中，学生可能会遇到挑战或失败，但这正是学习过程中不可或缺的一部分，因为它为之后的教学干预奠定了基础。

在学生学习"函数"这一单元时，教师可以先让学生进行一些低结构的探索活动。例如，教师可以让学生观察生活中与函数相关的现象，如气温随时间的变化、距离随时间的变化等，并引导学生思考："这些现象有什么共同点？我们可以用什么数学模型来描述它们？"此外，教师还可以让学生自由设计一些简单的函数图象，如一次函数、二次函数等，以发展学生的直观感知和创造力。

在学生进行了初步的探索后，教师可以进行高结构的指导。首先，教师可以通过讲解和示例向学生介绍函数的基本概念、性质和应用，解答学生在探索阶段遇到的问题。然后，教师可以设计一些具体的练习题目，如求函数的取值范围、解析式等，以帮助学生巩固所学知识。此外，教师还可以引导学生将函数知识与其他数学知识相结合，如利用函数解决一元二次方程问题、利用函数图象理解不等式解集等。通过这些结构化的学习活动，学生可以在教师的指导下深入理解函数的概念和应用。

3. 进阶阶段：高结构指导

当学生在低结构的探索阶段遇到难题时，教师的角色变得尤为重要。在这一阶段，教师需要提供结构化的指导，帮助学生理解他们在探索过程中遇到的具体问题和障碍。这种指导可能包括更系统的讲解、示范或是提供更具体的学习材料和工具。通过这种高结构的指导，学生可以在原有的基础上形成新的认识和理解，重新构建他们对问题的看法，并发展出更加成熟的解决方案。

4. 整合与深化理解

在低结构探索和高结构指导的基础上，学生应能够整合所学的知识与技能，并在更高的认知水平上应用它们。教师可以设计活动，让学生将新的知识应用于类似或更复杂的情境中，以验证和巩固他们的理解。此外，通过反思讨论和评价，学生可以进一步深化对学习内容的理解，加强学习成果的内化。

二、核心素养导向的单元学历案设计策略

在新时代的教育背景下，教师的教学理念需要从传统的知识逻辑和书本逻辑转变为更加侧重于学生的学习逻辑和认知逻辑。这一转变意味着每位学生都需要积极参与到课堂学习中，成为学习过程的主动参与者。特别是在初中教育中，课堂教学应围绕实际问题展开，采用大任务和大单元的教学模式，使学生在真实的学习情境中发现问题、解决问题并能将解决方案迁移到新的情境中，从而实现真正的学习和深度学习。

（一）基于学生实际的教学单元梳理

1. 确定大单元的结构

大单元的设计包括主题、知识线、认知线、教学线等要素。在梳理大单元知识框架的过程中，首先需要明确单元的主题。这一主题通常反映了学科的核心思想、知识结构和关键点，是大单元学历案设计的中心。围绕这一核心主题，教师可以设计出与之相关的大概念和大任务。

2. 融入初中核心素养

在初中教育中，教师需要基于初中核心素养来厘清和梳理知识线，以确保教学内容与人才培养需求相匹配。教师应围绕提升初中人才培养素质、实现课程标准等目标，遵循教学规律和学科核心素养来展开单元学习的深度探究。

3. 以学生为中心的教学设计

教学的设计应从教导转向学习，以学生为中心。这要求教师基于学生的实际情况设计学习目标，并人性化地调整每个课时的教学内容和方法。教师应设计不同类型的课时，如讲授课、复习课、研讨课等，并为不同的课型设置相应的学习任务和评价标准。通过这种方法，教师可以在保持教学目标恒定的同时，适应学生多样化的学习需求。

4. 逐步推进学习深度

对于基础知识的掌握，应遵循由浅入深的原则，从易到难逐步推进，由单一知识点向复合知识结构过渡。这种层次性的学习设计有助于学生逐步建立扎实的知识基础，为深入学习打下坚实的基础。只有当学生掌握了基础知识后，才能更好地进行深入的探究和应用。

（二）围绕"教—学—评"一致的学习活动设计

在现代教育环境中，尤其是在新课程改革的背景下，"教—学—评"价一致性已经成为提升课堂教学效果的关键指标。这种一致性不仅反映了教学活动设计的准确性，还体现

了教学方法与学生核心素养培养的紧密结合。为了实现这一目标，教师必须在设计教学活动时，深入考虑学生的学习规律，并确保教学内容、学习活动和评估方法之间的高度一致性。

1. "教—学—评"一致性的重要性

"教—学—评"一致性，即教学内容、学生学习和"教—学—评"估三者之间的相互一致，是确保教学效果的关键。这一原则要求教学活动不仅要符合学科要求，而且要与学生的学习需求和评价标准相匹配。在新课改背景下，这种一致性尤为重要，因为新的课程标准强调了核心素养的培养，这要求教师在教学方法上进行相应的调整。

2. 设计以学习目标为核心的教学活动

实现"教—学—评"的一致性，首先要从明确学习目标开始。教师需要综合考虑课程内容、学生的先验知识及其学习能力，明确教学目标。接着，设计以这些目标为导向的教学活动和任务。例如，通过大情境中的大任务来引导学生发现和解决问题，这些任务应该细分为一系列小任务，每个小任务都直接贡献于大目标的实现。

3. 逐步实现教学内容与评估的统一

在教学活动的设计过程中，评价不仅作为教学结束后的总结，更应贯穿于教学的全过程，用于不断调整和优化教学策略。这需要教师在设计教学活动时，预设评价标准，这些标准应与学习目标紧密相关，确保学生在实际情境中通过完成任务来达成这些目标。有效的评价方式应能准确反映学生在关键能力、必备品格和价值观念上的成长。

4. 落实核心素养的重要途径

核心素养的落实不仅关乎知识的传授，更重视学生将知识应用于解决实际问题的能力。设计的学习活动应能促进学生在真实或模拟的情境中运用所学知识解决问题，从而培养其综合运用知识的能力。通过这种方式，教学活动的设计不仅遵循"教—学—评"一致性的原则，更能实质性地提升学生的学习质量和教学的有效性。

总之，围绕"教—学—评"一致性设计教学活动是单元学历案设计的核心，这不仅能确保教学内容、学习活动与评估方法的一致性，也是实现教学目标、提升学生核心素养的有效途径。

（三）兼顾多样性的教学评价创新

在当前的教育改革背景下，多维度评价被高度推崇，因为它在促进学生核心素养发展和提升学习质量方面发挥着关键作用。有效的评价机制不仅促进学生在学习过程中进行实时反思和自我检测，还增强了学生体验学习乐趣和成就感的机会，从而帮助学生提升学习力，学会自我反思、质疑和修正，实现教育的根本任务——立德树人。

1. 教学与评价的一致性

"教—学—评"一致性是指教学方法、学生学习和教学过程中的评价之间应该相互符合和协调。这种一致性对于确保教学质量和促进学生中心的学习环境至关重要。教师应基于学生的反馈及时调整教学行为和节奏，确保教学活动真正围绕学生的需求和发展进行。

2. 评价方式的多样性

在单元学历案的设计中，包含多样化的评价方式是必不可少的。这主要体现在评价方式和评价成果的多样性上。形成性评价和表现性评价作为两种多元化的评价方式，契合了新教育改革中多维度、多形式、多目标的评价要求，是目前学历案教学中最为常见的评价形式。以形成性评价为例，这种评价方式侧重于学生的学习过程，目的是通过评价来改善学生的学习方法，并为学生的学习成效提供实时反馈，强化学生的参与感。

3. 教学内容的任务化设计

为了更好地实施核心素养，单元学历案应将教学内容任务化、问题化、情境化、探究化，并预设学生达到学习目标的最佳路径。这种设计不仅让学生在真实或模拟的情境中解决问题，还促进了深度学习的系统设计。例如，通过分解教学目标并逐步细化，教师可以确保每个学习活动都紧密关联核心素养的实现。

4. 多样化的评价成果展示

在单元学历案的设计中，除了注重学生参与过程的评价外，还应重视多样化的学习成果展示。这包括学生在知识理解阶段制作的思维导图、表格、口头表达，以及在具体学习任务中产生的调查报告、文本、手工作品等。此外，学生通过参与辩论、表演、口头报告等活动所展示的成果也是评价的一部分。这些多种形式的展示有助于全面实现初中学科核心素养的多维度落地。

三、单元学历案设计的流程与步骤

（一）凝结单元学科核心素养

在设计任何教育课程或学习单元时，首先必须确立的是该学科的核心素养。这不仅关乎对学科知识的掌握，更涉及学科内重要概念、关键技能以及深层次价值观的综合理解。核心素养的明确和凝结是教学设计的基石，它确保学生在学习过程中能够接触并吸收到学科最为本质的部分。

1. 深入理解学科核心

核心素养的确定需要教师对学科有深入的理解。这包括学科的发展历史、基本理论、关键概念、技能要求以及学科所倡导的价值观。例如，在数学教学中，核心素养包括抽象能力、运算能力、几何直观、空间观念、推理能力、数据观念、模型观念、应用意识、创新意识。而在历史学科中，则可能强调批判性思维、历史意识和证据分析能力。

2. 识别并聚焦关键点

一旦确定了学科的核心素养，教师需要进一步识别能够体现这些素养的关键点。这些关键点是教学内容中最能代表学科精髓的部分，是学生必须掌握的基本概念和技能。教师应通过这些关键点来设计学习活动，确保教学内容不偏离核心素养的培养目标。

3. 确保素养在学习中的体现

在整个学习单元中，这些核心素养应该贯穿始终。从单元的开始到结束，每一个教学活动、每一个学习任务都应该是围绕核心素养来设置的。例如，如果批判性思维是某课程的核心素养之一，那么教师设计的讨论、分析或评估活动都应该能够促进学生在这一方面的能力提升。

4. 发展必要的思维方式和专业态度

除了传授知识，教师还需要关注学生思维方式和专业态度的发展。这意味着教学不仅仅是知识的传递，更是一种思维训练和价值观塑造的过程。通过各种教学策略，如案例研究、角色扮演、辩论等，教师可以帮助学生形成和发展适合该学科的思维模式和专业态度。

综上所述，凝结单元学科核心素养是开发学历案的基础工作，它要求教师不仅深入理解学科内涵，还需要在教学实践中创造性地设计教学活动和学习任务，确保学生能够在真正意义上掌握和内化这些核心素养。通过这种方式，学生不仅学到知识，更能发展成为具有批判性思维和专业能力的个体。

（二）确定学生的真实需求

为了确保教学设计的有效性，教师必须深入了解并满足学生的真实需求。这一过程涉及对学生的前知识水平、学习风格、兴趣点以及个人背景的综合考量。准确把握这些因素能够帮助教师制定出更符合学生实际情况的教学计划，并创建一个既具吸引力又高度适应性的学习环境。

1. 理解学生的前知识水平

学生的前知识水平是指学生在接受新知识前已经掌握的相关知识和技能。正确评估这一点可以防止教学内容过于简单或复杂，从而避免学生感到无聊或挫败。通过预测试、小测验或直接讨论，教师可以有效地评估学生的前知识水平，据此调整教学难度和深度。

2. 识别学生的学习风格

学生的学习风格多种多样，包括视觉型、听觉型、读写型和动手操作型等。了解学生的学习风格对于设计教学策略和活动具有重要意义。例如，对于视觉型学习者，使用图表、视频和视觉提示将更有效；而对于动手操作型学习者，通过实验、模型构建等实践活动可能更加合适。教师可以通过问卷调查、学生反馈或观察学生在不同类型活动中的表现来识别他们的学习风格。

3. 考虑学生的兴趣点

学生的兴趣是激发学习动力的重要因素。一个与学生兴趣相符的教学设计可以极大地提高学生的参与度和学习效果。教师应通过个别访谈、兴趣调查表或课堂讨论等方式来发掘学生的兴趣所在，并尝试将这些兴趣点融入教学内容和活动中。

4. 创建吸引力和适应性的学习环境

了解学生的真实需求后，教师需要在此基础上创建一个既能激发学生兴趣又能满足他们学习需求的环境。这可能涉及教室布局的调整、教学资源的丰富以及教学方法的多样化。例如，提供多媒体学习材料、互动式学习平台和协作学习的机会，都是增强学习环境适应性的有效方法。

（三）提炼单元教学大观念

在教学设计中，构建每个学习单元围绕一个或多个核心的教学大观念是至关重要的。这些大观念代表了课程中最根本和重要的理念，不仅体现了学科的深层次知识结构，还关系到学科的核心能力和价值观。通过明确和提炼这些教学大观念，教师能够更有效地指导学生达到学习目标，激发他们的探究兴趣，并引导学生进行系统性和批判性的深入思考。

1. 明确教学大观念的重要性

教学大观念是教学活动和学习内容的灵魂，它帮助学生理解学科的广度和深度，提供了学习的方向和焦点。例如，在历史课程中，一个可能的大观念是"历史事件是由多种复杂因素互动的结果"，这不仅帮助学生理解历史事件的多维性，还能激发他们对因果关系的深入探究。

2. 提炼教学大观念的方法

提炼有效的教学大观念需要教师深入分析课程标准和学科核心素养，从中提取关键概念和原则。这一过程包括：

（1）分析课程目标和标准：确定课程目标中隐含的宽广主题和深远意义。

（2）识别学科的关键概念和思维模式：例如，在科学课程中，探究和实验方法可能是一个关键概念。

（3）整合实际应用和理论知识：确保大观念不仅理论上重要，也能与学生的现实生活和经验相联系。

3. 教学大观念在教学中的应用

一旦教学大观念被明确和提炼，它们应贯穿于整个学习单元的设计中：

（1）设计课程内容和学习活动：所有的教学活动和课程内容都应围绕这些大观念展开，确保学生能够从多个角度和深度理解和探究这些观念。

（2）评估和反馈：教学大观念还应用于评估学生的学习成果，评估工具和方法应能够有效检测学生对这些大观念的理解和应用能力。

（3）激发学生的探究和批判性思维：通过问题驱动的学习和基于项目的方法，教师可以激发学生围绕教学大观念进行深入探究，培养他们的批判性思维能力。

总之，教学大观念的提炼不仅是构建学习单元的基础，更是激发学生深度学习和持续兴趣的关键。通过清晰且有力的大观念，学生可以更系统地理解学科知识，更积极地参与到学习过程中，从而在思维和能力上都获得显著提升。

（四）实现知识的"三化"：整体化、条件化、情境化

在教育过程中，将理论知识转化为学生能够实际理解和应用的知识是教学成功的关键。这种转化通常可以通过实现知识的"三化"来达成，即整体化、条件化和情境化。这三个方面帮助学生深入理解知识，将其应用于实际生活和工作中，从而增强其学习的实用性和有效性。

1. 整体化

整体化是教学过程中将分散的知识点联系起来，形成知识网络的过程。这一过程要求教师在教学设计时，不仅传授单个知识点，而是要展示各知识点之间的内在联系。例如，在教授生物学中的生态系统时，整体化教学会涉及物种间的相互作用、能量流动以及环境影响等多个方面，而不是孤立地教授每一个概念。通过整体化的学习，学生能够构建起更为系统和全面的知识结构，更好地理解各个部分如何共同作用。

2. 条件化

条件化涉及根据不同的学习条件和学生需求调整教学内容和方法，使教学更加符合学生的实际情况。这一策略要求教师了解学生的学习背景、兴趣和能力，以及教学环境的具体条件，然后根据这些条件调整教学策略。例如，在教授数学问题解决时，对于基础较好的学生，教师可能会使用更多的开放性问题和探究活动；对于基础较弱的学生，则可能需

要更多的指导和步骤分解，以确保他们能够跟上进度。

3. 情境化

情境化是指将抽象的知识放在具体的应用场景中教授，使学生能够在实际的或模拟的情境中运用所学知识解决问题。这种方法不仅增强了学习的趣味性，还能显著提高学生的问题解决能力和实际操作能力。例如，在教授物理的力学知识时，通过设计桥梁建设的模拟项目，让学生应用力的平衡原理来设计桥梁，可以让学生在实践中深刻理解力的作用原理和应用方法。

通过实现知识的整体化、条件化和情境化，教师不仅能提升教学的有效性，还能激发学生的学习兴趣，帮助他们建立起知识与现实世界的联系。这种教学方法使学生能够在真实的或模拟的环境中主动探究和应用知识，为他们未来的学术和职业生涯打下坚实的基础。

（五）设计学历案的技巧

设计有效的学历案是一个复杂而多维的过程，它要求教师不仅具备深厚的学科知识，还需要掌握一系列的教学设计技巧。以下五种技巧是设计高效学历案的关键，它们可以帮助教师创造出更具吸引力、更加系统化并能有效支持学生学习的教学材料。

1. 补白

在学历案中故意留出一定的"空白区域"，这并不是物理上的空间，而是指教学内容和活动的未明确指定部分，鼓励学生通过自我探索来填充这些空白。这种设计促使学生发挥主动性和创造性，探索未知领域。例如，教师可以提供一个开放性问题或未完成的实验设计，让学生自行研究并提出解决方案，这样不仅增加了学习的深度，也提高了学生对学习内容的兴趣和参与度。

2. 调序

调整学习活动的顺序可以显著影响学习效果。有时候，按照传统的线性或逻辑顺序进行教学可能不是最有效的学习方式。通过重新排序教学活动，例如采用倒序教学或以项目为中心的教学方法，可以更好地激发学生的好奇心和探究欲，从而提升整体的学习效率。这种调序技巧尤其适用于复杂概念或高级技能的教学，它可以帮助学生从整体上把握知识结构，再逐步深入到具体细节。

3. 删减

在设计学历案时，去除那些冗余的信息或活动是非常重要的。这种"精简"不仅使学历案更加清晰和易于理解，还能帮助学生集中精力在最关键的学习点上。教师应批判性地审视每一个教学元素，确保每部分内容都直接贡献于学习目标的实现，这样不仅提高了教学的效率，还能防止学生在不必要的细节上浪费时间。

4. 整合

有效的知识整合能够帮助学生看到不同概念之间的联系，形成更加完整的知识体系。在学历案设计中，教师应当努力将相关的信息和资源整合在一起，使之形成协同效应。例如，跨学科的教学活动可以连接数学、科学和工程等领域的知识，使学生能够在多个维度上理解和应用所学知识。

5. 创生

为了适应快速变化的教育需求，学历案的设计也需要不断创新。教师应在现有教学框架的基础上，创造性地设计新的学习活动和资源。这可能涉及采用新的技术工具、引入最新的研究成果或探索新的教学方法。创新不仅可以提高教学内容的时效性和相关性，还能激发学生的学习热情，为他们提供更多样化和个性化的学习体验。

第三节　单元学历案设计案例

物理单元学历案

单元名称	电功率			对应章节/课时	第十四章电功率/5课时
年级	9	科目	物理	设计者	王文章

一、你愿意接受挑战吗？A为基础型作业，B为拔高型作业，学生可根据自己情况进行选择。

活动背景一：某个宁静的夜晚，洋洋同学坐在家中的沙发上，眼睛紧盯着电视屏幕。济南电视台的《新闻》栏目正在播放一则关于"地球一小时"活动的特别报道，标题醒目地写着："熄灯一小时，环保不止六十分"。这则报道以济南广播电视台生活频道的视角，深入展现了济南市民如何热烈响应这一全球性的环保号召。画面中，万家灯火在特定的时刻逐渐熄灭，而街头巷尾的人们则纷纷走出家门，或仰望星空，或参与各种环保活动，共同为地球的未来贡献一份力量。看着这一幕幕，洋洋心中涌起一股强烈的共鸣。她放下手中的遥控器，转向身边的爸爸，眼中闪烁着好奇和期待的光芒："爸爸，你觉得'地球一小时'活动的意义是什么呢？"

	活动一
作业内容	A：阅读教材，并通过查阅文献或者网络搜索，了解电能的来源，了解各种发电厂用什么方式将其他能量转化为电能，并做好记录。（20分钟） B：通过文献或者网络了解电能的来源后，实地走访和调查当地的发电厂，并形成一个不少于100字的研究报告，体现出该电厂使用什么方式将其他形式的能量转化为电能，优缺点及对环境的影响等。（撰写报告时间20分钟）
作业要求	1. 在了解各种电厂时，需要指出发电厂在发电时消耗掉了什么形式的能量。 2. 撰写报告时，需要对比得出不同发电厂在发电时，会对环境产生怎样的影响。 3. 在完成B作业时，还需要再了解发电厂发电的效率是多少。
评价任务	1. 学生在课堂上展示自己检索到的信息，向同学们介绍各种发电厂能量转化的情况；撰写了调查报告的，跟同学们一起分享不同发电厂的优点和缺点。 2. 教师检查学生的检索信息和撰写的报告，判断学生检索的信息是否准确，以及报告中不同电厂的优缺点是否客观，效率计算是否准确。
设计意图	本单元的第一个内容的目的就是让学生了解电能的来源，使学生客观认识到电能不是凭空存在的，是需要消耗掉其他形式的能量转化而来的，在这个过程中会造成能源的浪费和环境问题。提高发电厂的效率是有效解决手段。

活动背景二：洋洋在了解了电能的来源之后，对家中的各种电能消耗产生了浓厚的兴趣。在爸爸的指导下，她开始去学习如何读取电能表的示数，并且认真掌握了自己家里面最近一个月的耗电量。两人一起开始盘点家中的各种用电器，认真对比了不同用电器消耗电能的快慢。

	活动二
作业内容	A：阅读教材，掌握电能表上各个参数的物理意义，掌握常用单位和国际单位的换算关系，并会根据电能表的数据信息算出自家一个月的耗电量。（20分钟） B：阅读教材，认识电功率的物理意义以及定义，并盘点家中常用电器的额定电功率，进行比较，找出耗电的主力军，总结规律，并根据功率大小分类。（撰写报告时间20分钟）
作业要求	1. 能正确掌握电能表上各参数的物理意义，并能正确换算千瓦时和焦耳。 2. 会根据电能表上的数据算出自家一个月的耗电量。 3. 对家中常用电器进行梳理，按照额定功率进行分类，并总结规律。
评价任务	1. 学生在课堂上介绍自己理解的关于电能表的知识，并介绍自己家里每月的耗电量是多少千瓦时，和多少焦耳；展示电器的分类情况，并适当解释电器功率大小存在什么规律。 2. 教师根据学生在介绍过程中的表现，如语言是否严谨、运算是否合理，准确给出不同的评价。
设计意图	该部分作业的设计内容涉及本单元的第一个内容和第二个内容，不仅考查学生的搜集数据的能力，还体现出学生观察、比较、总结的能力。通过学生深度参与比较，使学生对电能表的工作过程和电功率的概念有更深入的理解。

活动背景三：洋洋深入了解学习了电功率的知识后，她发现了一个非常有趣的现象：在非额定电压下，用电器的实际功率并不等于其标注的额定功率。这个发现让她和爸爸都感到十分好奇，于是他们决定进行一次小实验，通过测量家中某电器的实际功率来判断家里的电压是否达到了额定电压。

	活动三
作业内容	A：利用电能表和停表测量某用电器的实际功率，并判断出此时家中电压是不是额定电压。（30分钟） B：通过实际功率和额定功率、实际电压和额定电压的比较，总结额定电压、实际电压与额定功率、实际功率的关系。（撰写报告时间30分钟）
作业要求	1. 能够正确读出电能表在一段时间内记录用电器消耗的电能，能正确使用停表或者手表。 2. 根据公式/t，用测得的数据计算出用电器的实际功率。 3. 完成实验报告。
评价任务	1. 同学之间比较和展示测得的用电器的实际功率，探讨实验过程中出现的问题以及解决办法。 2. 教师根据学生的实验报告，给出不同维度的评价。
设计意图	该部分作业的设计内容涉及完整的设计实验、搜集数据、独立分析等环节，重点培养学生独立设计完成实验的能力，培养学生的核心素养。

活动背景四：在完成家用电器实际功率的测量后，洋洋和爸爸对电功率有了更深刻的理解。他们发现，用电器在实际功率和额定功率下，消耗电能的快慢是不同的。这引发了洋洋的好奇心，她想知道能否通过实验来准确测量出用电器的额定功率。于是，洋洋和爸爸联系了物理老师，向老师咨询了如何测量用电器的额定功率。物理老师热情地回应了他们的请求，并为他们提供了实验所需的器材。在物理老师的指导下，洋洋和爸爸开始了测量用电器额定功率的实验。他们首先学习了实验的原理和步骤，然后按照要求将实验器材连接起来。洋洋负责操作开关和记录数据，而爸爸则在一旁协助和指导。实验过程中，洋洋和爸爸认真观察家用电器在不同电压下的工作情况，并记录了相应的电流和电压值。他们根据公式 $P=UI$（功率等于电压乘以电流）计算出家用电器的实际功率，并通过调整电压，使得用电器工作在额定状态下，从而得到家用电器的额定功率。

活动四	
作业内容	利用电流表、电压表、滑动变阻器等测量小灯泡的额定功率，并探究小灯泡额定功率与额定电压之间的关系。（40分钟）
作业要求	1. 能够正确设计出测量小灯泡额定功率的电路图；并通过调节滑动变阻器，改变小灯泡两端的电压，当小灯泡两端电压等于小灯泡的额定电压，记录下电流表和电压表的数据，并观察小灯泡的亮度。 2. 根据公式 $P=UI$，用测得的数据计算出小灯泡的额定功率。 3. 完成实验报告。
评价任务	1. 在课堂上讲解自己的设计思路、操作过程以及测得的数据和计算出的小灯泡的额定功率。同学间讨论实验方案的优缺点。 2. 教师根据学生的实验报告，给出不同维度的评价。
设计意图	该部分作业的内容是本单元的重点部分，涉及实验的设计、操作和数据收集、论证和反思。培养学生科学探究精神，对学生动手能力、逻辑思维的训练大有裨益。

活动背景五：经过一系列的实验和比较，洋洋和爸爸对家用电器有了更深入的认识。他们发现，无论是烹饪美食的电磁炉、清洁卫生的洗衣机，还是提供娱乐的电视机，家用电器已经深深地融入了现代生活的每一个角落。这些用电器的便利性和高效性，让洋洋和爸爸不禁感叹电学知识的神奇和重要性。为了进一步体会用电器给人们生活带来的便利，洋洋和爸爸决定利用所学的电学知识，自己制作一个用电器——电热切割器。他们查阅了大量资料，设计了切割器的电路图和外观，并购买了所需的材料和工具。在动手制作的过程中，洋洋和爸爸遇到了不少挑战。他们需要根据设计图将各种电子元件精确地连接在一起，并确保电路的稳定性和安全性。但是，他们并没有放弃，而是相互鼓励、共同探讨，不断尝试和调整。经过几天的努力，电热切割器终于制作完成了。洋洋迫不及待地插上电源，按下开关，只见切割器的刀片迅速升温，轻松地切割开了纸张、布料等物品。看着这一切，洋洋和爸爸都感到无比的兴奋和自豪。

活动五	
作业内容	A：利用细铁丝和木质支架自制电热切割器，并利用自制的电热切割器切开泡沫，或者塑料制品。（40分钟） B：在电路中连入滑动变阻器，改变电热切割器的实际功率，观察电热切割器在切割同一物体时所需要的时间差别。（撰写报告时间30分钟）
作业要求	1. 能够自制电热切割器，并能够顺利完成切割泡沫或者塑料制品的任务。 2. 通过调节滑动变阻器，改变电热切割器的实际功率，顺利完成切割任务。

评价任务	1. 同学之间比较和展示自制的电热切割器，从能否实现目的，结实程度、外观、使用是否方便等几个维度进行评比。 2. 教师根据学生自制的器材情况，给出合理改进意见。
设计意图	该部分实验体现的是物理来源于生活，又应用于生活这一理念，使学生知道使用所学的物理知识来改变生活，学以致用。

二、你需要学习什么？

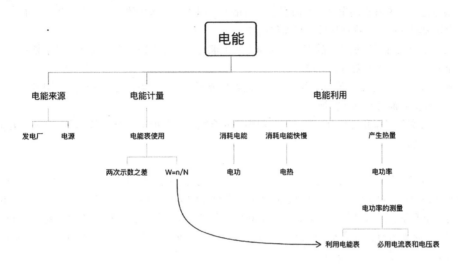

三、期望你学会什么？

物理观念

1. 能够深入理解能量转化的基本概念，并能清晰地描述各用电器在使用过程中涉及的主要能量转化过程，如电能转化为热能、光能、机械能等。

2. 能够计算并解释用电器的能量转化效率，进一步理解能量守恒定律在实际应用中的体现。

3. 通过观察和实验，能够准确了解常见用电器的额定功率，并理解额定功率与实际功率之间的区别，包括它们对用电器性能的影响。

4. 能够区分纯电阻用电器和非纯电阻用电器的特点，并理解它们在能量转化和效率方面的差异。

科学思维

1. 能够根据已学的速度、功率等物理量的定义，通过类比和推理，得出电功率的定义，并能够理解其物理意义。

2. 能够深入理解电功、电热、电能、电功率等概念之间的内在联系和区别，能够构建这些概念之间的逻辑关系图。

3. 能够将实际问题中的情境抽象为电功、电功率计算模型，并能够灵活运用相关公式进行计算，解决实际问题。

4. 能够运用所学知识，分析并解决实验过程中存在的电路故障等实际问题，培养批判性思维和解决问题的能力。

科学探究

1. 通过参与"测量小灯泡的电功率"和"探究电流通过导体时产生热量的多少与什么因素有关"两个实验，能够熟练掌握控制变量法在实验中的应用，提高实验设计和操作能力。

2. 能够掌握基本测量工具的使用方法，如电压表、电流表、功率计等，并能够准确读取和记录实验数据。

3. 通过"比较不同用电器消耗电能的快慢"以及"测量电热水壶的加热效率"两个实验，能够培养设计实验、操作实验、分析处理数据和评估实验现象的能力。

4. 能够通过实验结果的对比和分析，得出科学结论，并能够用清晰的语言和图表进行表达和交流。

科学态度与责任

1. 通过走访、调查查阅发电厂及国家电网的相关知识，能够深切体会物理学与生活、社会、科技之间的密切关联，增强对物理学科的兴趣和热爱。

2. 通过了解物理学家焦耳的故事，能够树立实事求是、坚持不懈、不畏困难的科学精神和科学态度，培养勇于探索、敢于创新的精神。

3. 通过参与"自制电热锯"等实践活动，能够形成利用所学知识进行发明创造、服务人类的社会责任感，培养实践能力和创新精神。

4. 能够在实验和探究过程中，遵守实验规则和安全规范，保护实验设备和环境，养成良好的实验习惯和职业素养。

给你支招

1.《电功率》鲁科学版九年级物理上册第十四章的内容，电路的基本知识和重要的《欧姆定律》在此之前已经学过，对于学习此部分内容起到了非常重要的铺垫作用，本章的学习将是对整个电学部分知识的一个升华，进入另一个深层次。对知识的综合程度要求较高，也很考验学生的综合能力，中考中这部分是重要考点，分值大。因此本章知识对于电学甚至整个初中物理阶段来说是十分重要的，是一个教学重点也是一个教学难点。

2. 电能的转化在我们生活中无处不在，教材列举了许多实例来说明消耗电能的过程就是转化为其他形式能量的过程，从而引出电流做功（电功）的概念。由此进一步到电流做功的快慢，通过实验测量小灯泡工作的电功率，最后通过对电流的热效应的进一步探究，找到焦耳定律。

3. 除了教材相关知识内容，你还可以通过国家中小学网络云平台或者网易公开课等平台上的网课进行自主学习。

年级	9	科目	物理	周次		设计者		序号	14-1	班级	
主题与课时	14.1 电能（1课时）		课型	新授		审核人		学校审核		姓名	
课标要求	3.4.1 从能量转化的角度认识电源和用电器的作用。 3.4.7 了解家庭电路的组成。有安全用电和节约用电的意识。										
学习目标	1. 物理观念：通过阅读"电能与我们的生活"部分，结合生活经验，知道电能的各种来源，并能够列举电能在生活中的应用。 2. 科学思维、科学探究：通过阅读"电能的计量"部分，结合观察电能表实物，能准确说出电能的单位及换算关系，能准确说出常用电能表各项参数的物理意义，能正确读出电能表示数并根据电能表转数正确计算一段时间内用电器消耗的电能。 3. 科学态度与责任：通过阅读"节约用电"部分，认识到 $1kW \cdot h$ 电能的作用，养成节约用电意识。										

评价任务	1. 评价任务一（DO1） 2. 评价任务二（DO2） 3. 评价任务三（DO3）
资源与建议	1. 本节的学习可分为三部分：电能的来源与应用、电能的单位及换算和电能表的各项参数意义以及能利用电能表计算消耗的电能、1kW·h 电能的作用及节约用电措施。课本从生活中的电源和用电器出发，引出电能的来源与应用，从而初步认识电能，通过介绍电能表的各参数，熟悉电能表的使用，会正确利用电能表计算用电器某段时间内消耗的电能并了解电能在日常生活中的作用，养成节约用电意识。 2. 通过大量的生活实例和图片，认识到电的来源与利用，进而引出计量电能的工具电能表，了解电能的单位及换算，观察生活中的电能表，了解它所标有的各项参数的含义，并能够根据电能表计算一段时间所消耗的电能，看懂电缴费单，联系生活中 1 度电的作用，对节约用电有进一步的认识。 3. 本节课的重点是知道电能和电能的计量，会用电能表计算电能，能看懂生活中的电能缴费单，并养成节约用电的意识。

学习过程

课前准备

自主预习课本 P71—P75，对本节课电能的学习进行整体把握。

任务（活动）一：电能与我们的生活（PO1）

1.【想一想 说一说】

假如生活没有电，将会怎样？

2.【学一学 填一填】

自学课本 P71，写出下列实例中的能量转化：

（1）电能的来源：将_____转化为电能

实例：干电池/铅蓄电池：_____→电能；光伏发电：_____→电能；火力发电：_____→电能；

水力发电：_____→电能；风力发电：_____→电能；地热发电：_____→电能；核能发电：_____→电能。

（2）电能的利用：将电能转化为_____

实例：电视机：电能→_____；白炽灯：电能→_____；节能灯：电能→_____；

电风扇：电能→_____；电熨斗：电能→_____；电烤箱：电能→_____；

注：用电器消耗电能的过程，就是把_____转化为_____的过程。

【评价任务一】DO1

1. 如图北京冬奥会期间，我国科研人员为运动员提供了带电源的智能控温加热手套。下列与加热手套工作原理相同的用电器是(   )。

A. 电动车 B. 电热水壶 C. 电风扇 D. 洗衣机

任务（活动）二：电能的计量（PO2）

1.【想一想 说一说】

(1) 生活中所讲的"度"是_____的单位，物理中叫作_____，符号是_____。

1kW·h=_____ J

2. 【学一学　填一填】

阅读 P72 电能的计量内容，尝试回答以下问题：

（2）电能表的作用：_____。

（3）右图是家庭电路中电能表的表盘示意图．请说明上面各个参数的含义：

① "kW·h" 表示电能表上的数字是以_____为单位来显示已经用去的电能；

② "220V" 表示这个电能表_____的电路中使用；

③ "10（20）A" 表示_____，电能表工作时的电流不应超过_____；

④ "50Hz" 表示这个电能表在_____中使用；

⑤ "3000r/（kW·h）" 表示_____。

（4）其他电能表。

电子式电能表　　IC 卡式电能表

电子式电能表独有的 "1600imp/（kW·h）" 表示_____。

3. 【议一议　算一算】

阅读 P73 生活中计算消耗电能的方法内容，尝试总结：

（5）利用电能表计算家庭电路中消耗电能的方法：

方法一：_____

方法二：_____

4. 【想一想　议一议】

阅读课本 P73 "想想议议"，小组交流讨论：

①通过观察缴费单中的相关信息，你能发现什么？

②电费是怎样计算的呢？你们那里的电费单价是多少？

【评价任务二】DO2

2. 小华 1 月末查看电能表示数为 ⑧⑤④③② ，2 月末查看电能表示数如图所示。则下列说法正确的是（　　）。

A. 他家本月消耗的电能为 903 kW·h

B. 电能表是测量电功率的仪表

C. 该电能表的标定电流为 20 A

D. 若以每度电 0.5 元计算，则本月应缴电费 45.15 元

3. 如图是小明家 4 月底时电能表的表盘上的示数，4 月共耗电 100 kW·h，则小明家 4 月初时电能表的读数应为_____kW·h，若小明观察到某段时间内电能表指示灯闪烁了 160 次，则该段时间小明家的电路消耗的电能为_____J。

任务（活动）三：节约用电（PO3）

【想一想　说一说】

①1kW·h 电能的作用。

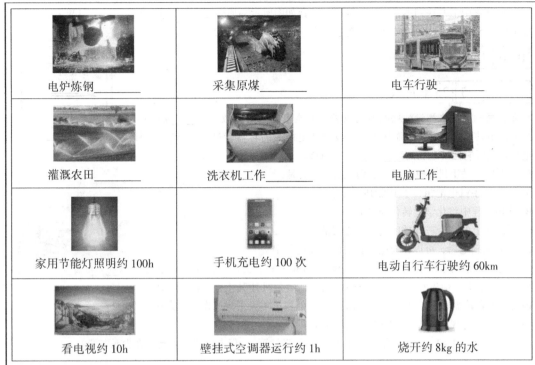

电炉炼钢_____	采集原煤_____	电车行驶_____
灌溉农田_____	洗衣机工作_____	电脑工作_____
家用节能灯照明约 100h	手机充电约 100 次	电动自行车行驶约 60km
看电视约 10h	壁挂式空调器运行约 1h	烧开约 8kg 的水

②生活中节约用电的措施有哪些?

【评价任务三】DO3

"地球一小时"是由全球自然基金会针对全球气候变化而发起的一项环保运动,提倡在每年 3 月的最后一个星期六晚上,全球的用户关上所有不必要的电灯 1 小时,借此来激发人们保护地球的责任感。关灯只是节约电能的其中一种方式,请说说生活中我们还能为节约电能做些什么?(至少列举 2 例)

检测与作业

1. 杭州亚运会期间,如图所示的"智能太阳能座椅"不仅提供了舒适的座位,还使用了太阳能面板,可实现无线充电,可支持座椅下的蓝牙音箱播放歌曲,可支持座椅上的 LED 灯在有需要时亮起。其中将其他形式能转化为电能的装置是( )。(DO1)

A. 手机 B. LED 灯
C. 蓝牙音箱 D. 太阳能面板

2. 单位换算。(DO2)

(1) 0.2 kW·h =_____ J

(2) 1.08×10⁷ J =_____ kW·h =_____ 度

3. 某同学家中上月底到本月底，电能表的示数如图所示，那么这个月他家用电_____ kW·h；若每度电按 0.5 元计算，他家这个月应缴电费是_____元。（DO2）

| 0 | 6 | 4 | 5 | 2 | 上月底 |

| 0 | 7 | 5 | 5 | 2 | 本月底 |

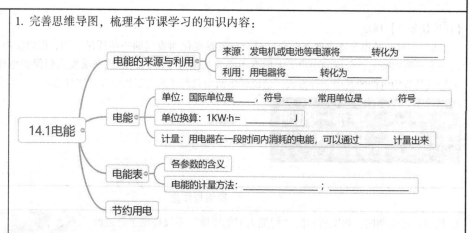

```
kW·h
0 2 3 1 6
单相电度表
220V   5A   50Hz
2500R/kW·h
```

4. 如图所示是用来测量消耗电能的仪表，电能表此时的读数是_____ kW·h，当电路中只有一个电热水壶接入时，发现此电能表的转盘转过了 500 转，则该电热水壶所消耗的电能是_____ J。（DO2）

5. 如图所示是手机充电过程，下列说法正确的是（　　）。（DO1、DO3）

A. 充电时手机电池相当于电路中的用电器

B. 充电过程中将化学能转化为电能

C. 插线排上的多个三孔插座是串联连接的

D. 手机充满电后，可以让充电线长时间接在电路中

6. （选做）小明的电能表上标有 3000r/（kW·h），为测量他家每天电视机消耗的电能，他先断开其他用电器，只打开电视机让其工作，测得 15min 内的电能表转盘转过了 90 圈。他观察到他家电视机一天平均工作时间为 6h。（DO2）

（1）小明家电视机一天消耗的电能大约是多少？

（2）若电价是 0.42 元/度，则一个月（按 30 天来计算），仅电视机就需支付多少元电费？

| 学后反思 | 1. 完善思维导图，梳理本节课学习的知识内容：

14.1电能

电能的来源与利用　　来源：发电机或电池等电源将_____转化为_____
　　利用：用电器将_____转化为_____

电能　　单位：国际单位是____，符号____。常用单位是____，符号____
　　单位换算：1KW·h=_____J
　　计量：用电器在一段时间内消耗的电能，可以通过_____计量出来

电能表　　各参数的含义
　　电能的计量方法：_____；_____

节约用电

2. 梳理本节课的物理思想和方法：

3. 小结在学习中需要求助的困惑与分享自己如何学会的经验： |

年级	9	科目	物理	周次		设计者		序号	14-2	班级	
主题与课时	14.2 电功（1课时）			课型	新授	审核人		学校审核		姓名	

课标要求	3.4.5 了解电功和电功率。知道用电器的额定功率和实际功率。
学习目标	1. 通过观察实验总结得出电流做功的实质，并能举例说明生活中电流做功的实例，及其中电能的转化，形成初步的能量观念。（物理观念、科学思维、科学态度与责任） 2. 通过实验探究影响电流做功多少的因素，归纳得出电功的概念和公式。利用公式能计算出消耗的电能。解决日常生活中的有关问题，形成将物理知识与生产生活相联系的意识。（物理观念、科学思维、科学探究、科学态度与责任）
评价任务	1. 评价任务一（DO1） 2. 评价任务二（DO2） 3. 评价任务三检测与作业（DO1、2）
资源与建议	1. 学生已掌握做功、电能，并对能量转化有一定的学习，生活中的用电器使用也非常熟悉，能分析出电能的转化。通过实验探究过程熟悉，能顺利得出公式进行相关的电功计算与日常生活联系密切，为下一节电功率学习做好准备。 2. 通过做功和观察实验得出电流做功的实质，并能进行相关实例的解释；实验探究影响电流做功多少的因素，归纳得出电功的概念和公式，进行简单的计算解决日常生活中的问题。 3. 本节课重点：实验探究得出电功的公式，进行简单的日常生活中电功的计算。

学习过程

课前准备

自主预习课本 P76—P78，对本节课电功的学习进行整体把握。

任务一：电流做功（PO1）

1.【做一做】

你把钩码提升 1m 的高度吗？利用你学习过的知识解释是什么对钩码做了功？能量是如何转化的？

2.【看一看】

仔细观察实验中是什么让钩码提升，是什么对钩码做了功？能量是如何转化的？

3.【想一想】

交流讨论上述四种用电器电流通过时是否做功？电能分别转换成什么能？

4.【评价任务一】(DO1)

电风扇、电热板、电灯、电热水器工作时是什么做功？并说明其中存在的能量转换。

任务二：影响电流做功多少的因素（PO2）

1.【实验探究】

（1）问题：电流做功多少与哪些因素有关？交流讨论提出合理猜想。

（2）证据：设计完整的实验方案，合理安排小组分工。进行实验与收集数据。

（3）解释：

电流做功多少与_____、_____和_____有关。在_____相同的情况下，_____越大，_____越大。钩码提升得越高，电流做功就越多。

（4）交流。

你通过实验有哪些收获？能分享一下吗？

2.【说一说】

电功定义：_____

电功公式：_____

单位 W：_____ U：_____ I：_____ t：_____

3.【算一算】

阅读并完成课本 P77 页例题。

4.【评价任务二】(DO2)

手机超级快充电器工作电压220V，电流0.7A，工作半小时即可充满电。电流做功是多少？消耗电能是多少？笔记本电脑正常工作电压20V，电流2A，电流做相同的功，笔记本电脑可工作多长时间？

检测与作业

1. 如图所示，电流没有做功的是(　　　)。(DO1)

A. 电视机　　　　　　B. 收音机　　　　　　C. 太阳能板　　　　　D. 血氧仪

2. 家庭用 1 匹空调一小时消耗电能 0.75kW·h，可供工作电压 220V，250mA 的电风扇工作多长时间？(DO2)

(选做) 3. 一辆新能源电动汽车具有车速提醒功能，当车速过快时，提醒驾驶员需要减速。如图甲所示为该车提醒功能的简化电路图，电源电压为 12V，定值电阻 R 为 10Ω，R_v 为阻值随车速变化的电阻，其阻值随车速变化的关系图象如图乙所示。当车速达到 120km/h 时，观察到电压表示数为 10V，且报警铃声响起。该车驶入某高速服务区充电，充电后电桩显示屏的信息为：充电电压 360V，时间 30min，单价 1.2 元/度，费用 43.2 元。求：

（1）本次充电的电流；

（2）当车速减为零时，电压表的示数；

（3）当电压表的示数为 9V 时，此车的速度。(DO1、2)

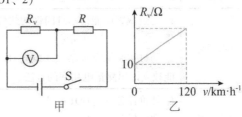

学后反思	1. 完善思维导图，梳理本节课学习的知识内容： 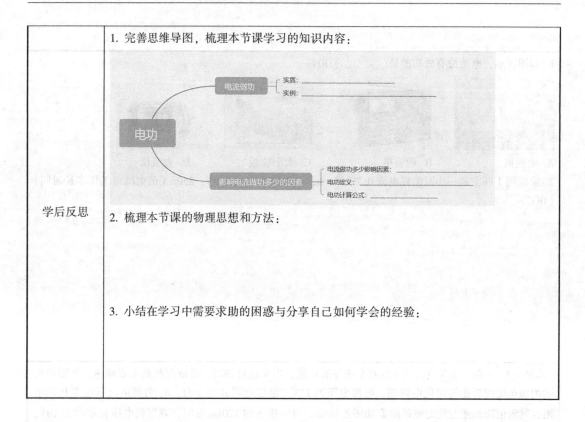 2. 梳理本节课的物理思想和方法： 3. 小结在学习中需要求助的困惑与分享自己如何学会的经验：

年级	9	科目	物理	周次		设计者		序号	14-3	班级	
主题与课时	14.3电功率（1课时）			课型	新授	审核人		学校 审核		姓名	
课标要求	结合实例了解电功和电功率，知道用电器的额定功率和实际功率。										
学习目标	1. 通过观察电能指示灯闪烁的快慢，了解电功率的物理意义，能利用电功率公式解决生活中的一些简单问题； 2. 通过实验探究观察在不同电压下灯泡的亮度，知道用电器的额定功率和实际功率，能独立说出测量电功率的方法。										
评价任务	1. 评价任务一（DO1） 2. 评价任务二（DO2） 3. 评价任务三检测与作业（DO1、2）										
资源与建议	1. 电功率是继电流、电压、电阻、电功之后的电学中的一个重要物理量，也是生活中各类用电器铭牌上的一个重要指标，在生产和生活中有广泛应用。 2. 本节课的重点是电功率，难点是额定电压、额定功率与实际电压、实际功率的区别以及灵活应用学过的知识解决简单的电功率问题。学习过程中涉及比值定义法、"从生活走向物理，从物理走向社会"等物理理念。 3. 本节课的学习，需依次研究3个问题：电功率→额定电压、额定功率→电功率的测量。可以通过活动一和活动二的学习突破以上重难点；可以通过"走进生活""检测与作业"的完成情况来判断自己对学习目标的掌握程度。										

	学习过程

课前准备

　　把一只灯泡和一台电暖器分别接入装有电能表的电路，观察一下电能表指示灯的闪烁情况，你有什么发现呢？

活动一：了解电功率（PO1）

【自主学习】

要求：请阅读课本 P79 "电流做功的快慢" 部分，填写下表后小组交流：

物理量	机械功率	电功率
物理意义		
定义		
公式		
推导式		
单位		

【走近生活】

观看一段微课（多媒体播放），了解生活中常见用电器的电功率。

【学以致用】

例题：1000W 的电暖器正常工作 1h，消耗的电能是多少呢？

【方法指点】类比速度，速度是表示的_____物理量，电功率是表示的_____物理量。

评价任务一（DO1）

播放一段记者的采访视频：

一位电视记者在讲到某工厂上半年共节电 5000 kW·h 的时候，手举一只理发用电吹风机说："我这只电吹风是 500 瓦的，也就是 0.5 千瓦，这个厂节省的电力可以开动 10000 个这样的电吹风。"这位记者错在哪里？应该怎么说？

【小组合作互助】小组组内成员独立完成相关问题，分享讨论完成结果得出自己的看法，并进行各小组成果展示。

【表述性评价】能流利地回答出问题，评价等级为 A；在小组成员的帮助下完成，评价等级为 B；无法完成或结论不正确，评价等级为 C。

评价等级：_____

任务二：知道用电器的额定功率和实际功率（PO2）

将 25 W 和 100 W 的台灯接入电路，调节旋钮，观察台灯的亮度，思考 100 W 的台灯一定比 25 W 是台灯亮吗？说出你的看法。

【认一认】用电器的铭牌。

上图中的 220 V 表示_____，100 W 表示_____。

【合作探究】

分组实验：探究在不同电压下灯泡亮度的变化。

取一个"3.8 V 1.2 W"的小灯泡，把它接入电路，使其两端的电压分别为 3.8 V、2.5 V、4 V，观察小灯泡的发光情况，并计算电功率。

要求：规范操作，分工合作，认真观察，记录详细。

电压 U/V	电流 I/A	电功率 P/W	小灯泡的亮度

根据以上实验事实，可以得到：

1. 在不同电压下，同一用电器的电功率_____；

2. 用电器的实际电功率随着它两端_____的变化而变化；

3. $U_实 = U_额$，则 $P_实$_____$P_额$；用电器正常工作；

$U_实 < U_额$，则 $P_实$_____$P_额$；用电器_____正常工作；

$U_实 > U_额$，则 $P_实$_____$P_额$；可能_____用电器。

实验小结：_____。

【交流反思】

操作中有没有什么失误或问题？你是如何解决的？

【表述性评价】能流利地描述实验中出现的问题，并能反思总结原因，评价等级为 A；语言表达不够流利，但能说出实验问题，基本能解释原因，评价等级 B；小组团队合作单独评价积分。

评价等级：_____

【走近生活】

在夏天用电高峰时会发现家里的灯泡忽亮忽暗，这是为什么呢？

评价任务二（DO2）

下列关于电功率的说法，请你判断对错。

(1) 用电器消耗的电能越多，它的电功率越大。（　　　）

(2) 用电器工作的时间一定时，消耗的电能越多，它的电功率越大。（　　　）

(3) 额定功率越大的用电器，电流通过它所做的功就越多。（　　　）

(4) 用电器工作过程中实际电功率一定小于它的额定功率。（　　　）

(5) 额定功率大的用电器，实际功率不一定大。（　　　）

【评价标准】五个问题全部回答正确评价等级为 A；错两个以内评价等级 B；其余评价等级为 C。

评价等级：＿＿＿＿＿＿＿

任务三：测量电功率的方法（PO2）

结合学过的电功率计算公式和电能表的知识，小组讨论测量电功率的方法有哪些呢？

【走近生活】

实践作业：周末利用电能表及计时器测量电饭锅的电功率，可以先尝试着写出自己的测量步骤。

【表述性评价】能正确写出测量步骤，评价等级为 A；在小组成员的帮助下完成，评价等级为 B；无法完成或不正确，评价等级为 C。

评价等级：＿＿＿＿＿＿＿

检测与作业

1. 小明利用电能表测量某个家用电器的电功率，当电路中只有这个电器连续工作时，测得在 1h 内，消耗的电能为 1.2 kW·h，那么这个用电器是（　　　）。（DO1）

A. 空调　　B. 电冰箱　　C. 日光灯　　D. 收音机

2. 甲、乙两个普通白炽灯泡铭牌上分别标着 "220V 40W" "110V 40W" 字样，正常发光相同时间，它们消耗的电能（　　　）。（DO2）

A. 甲灯多　　　B. 乙灯多　　　C. 一样多　　　D. 不能确定

3. 一个标有 "12V，6W" 的小灯泡若把它接入 18V 的电路中，若使灯能正常工作应该怎么连入一个电阻？阻值是多大？（DO1、2）

4. 如图所示，将标有"220V 60W"的用电器 R_1 和"220V 15W"的用电器 R_2，分别连接成以下四种电路。请比较四种电路的总功率 $P_甲$、$P_乙$、$P_丙$、$P_丁$ 的大小关系，并说明理由。（DO1、2）

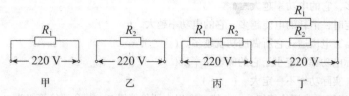

甲　　　　　乙　　　　　丙　　　　　丁

（选做）5. 某家用电能表的表盘标有"600r/kWh"的字样，在电路中只接入一个标有"220V，1210W"的用电器，电能表表盘在1min内转了10转，则该用电器的实际电功率是多少？实际电压是多少？（DO1、2）

分层评价：小组①②号：能正确完成所有必做题，并能解释，评价等级为 A；正确完成 3 个评价等级为 B；其他情况评价等级为 C。小组③④号：能正确完成 3 个必做题并能解释，评价等级为 A；正确完成 2 个评价等级为 B；其他情况评价等级为 C。选做题正确完成评价等级上升一级。

评价等级：_____

学后反思	【回扣目标　反思悟学】 1. 完善思维导图，梳理本节课学习的知识内容。 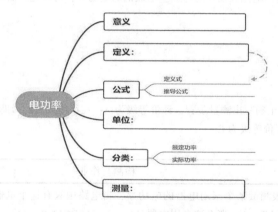 2. 本节课的学习目标，你都完成了吗？还有哪些疑惑或新的发现吗？ 【综合评价　反思悟学】 评价任务自我量化表 <table><tr><td colspan="2">评价任务</td><td>等级</td><td>评价标准</td></tr><tr><td colspan="2">评价任务一</td><td></td><td rowspan="6">本节课过程性评价等级中共获得 _____个 A 级；小组①②号获得 4 个 A 级及以上、小组③④号获得 3 个 A 级及以上的被评为本节课学习标兵。</td></tr><tr><td colspan="2">任务二表述性评价</td><td></td></tr><tr><td colspan="2">评价任务二</td><td></td></tr><tr><td colspan="2">任务三表述性评价</td><td></td></tr><tr><td colspan="2">评价任务三</td><td></td></tr></table>

年级	9	科目	物理	周次		设计者		序号	14-4	班级	
主题与课时	14.4 测量小灯泡的电功率（1课时）			课型	新授	审核人		学校审核		姓名	
课标要求	会测小灯泡的电功率。										
学习目标	1. 通过实验并利用公式 $P=UI$ 能够测出小灯泡的电功率。 2. 通过实验对比小灯泡的亮度和实际功率，进一步理解额定功率和实际功率的区别，并认识实际功率与灯泡亮度的关系。										
评价任务	1. 独立完成评价任务一（DO1） 2. 独立完成评价任务二（DO2）										
资源与建议	1. 测量小灯泡的电功率是在"伏安法测电阻"之后的一个综合性的延伸实验，它与"伏安法测电阻"中的内容具有许多相似的特征，因此，我们应该充分利用这些资料来深入理解。 2. 在这一节课中，我们将重点关注三个方面：实验目的、原理、器材和设计实验。我们将通过"评价任务""检测与作业"来评估我们对这些内容的掌握情况。 3. 本节课的重点是用伏安法测量小灯泡的电功率的方法及步骤，进一步区分额定功率与实际功率。难点是学生设计实验方案、实验步骤及得出实验结论。										

学习过程

任务一：实验目的、原理和器材、设计实验（PO1）

1.【想一想】

通过实验，我们该如何测量小灯泡的电功率，实验原理是什么？这一过程需要测量的物理量有哪些，需要哪些器材来进行测量？

2.【做一做】

（1）你能根据实验要求画出电路图吗？并试着连接实物图。（所用灯泡的额定电压是多少？怎样使小灯泡两端的电压达到额定电压？）

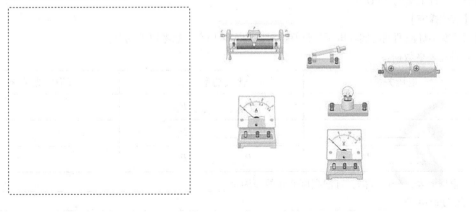

（2）实验中，应记录哪些实验数据？请设计记录表格。

（3）实验步骤。

（4）进行实验。

（5）小组汇报实验结果。小灯泡的额定功率为_____。

3.【评价任务一】（D01）

在测量小灯泡电功率的实验中，电路如图甲所示，小灯泡标有"2.5V"字样，电源电压6V保持不变。

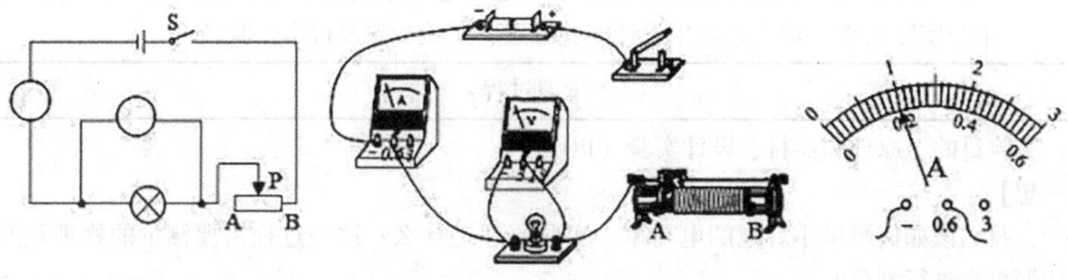

甲　　　　　乙　　　　　丙

（1）在图甲电路图中的○内标出电表的符号，并用笔画线代替导线将图乙的实物图补充完整。
（要求：当滑动变阻器滑片向右移动时，灯泡变亮）

（2）当滑动变阻器的滑片移到某一位置时，电压表示数为2V，若要测量小灯泡的额定功率，应将滑动变阻器的滑片向_____移（选填"左"或"右"），直到电压表示数为_____V，小灯泡正常发光，若此时电流表示数如图丙所示，为_____A，则小灯泡的额定功率是_____W。

任务二：自主探究（PO2）

1.【实验探究】

尝试改变小灯泡两端的实际电压，计算出对应的实际功率。思考以下问题：

（1）补充表格数据：

电压关系	比较功率关系	灯泡发光情况
$U_{实}$_____$U_{额}$	$P_{实}$_____$P_{额}$	
$U_{实}$_____$U_{额}$	$P_{实}$_____$P_{额}$	
$U_{实}$_____$U_{额}$	$P_{实}$_____$P_{额}$	

（2）根据上表，分析数据，灯泡亮度变化的原因是_____，
灯的亮度取决于_____。

（3）小灯泡实际消耗的电功率一定等于额定功率吗？_____。

2. 【交流评估】

在实验中你遇到了哪些问题，是如何解决的？

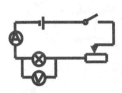 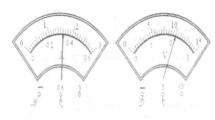

3. 【评价任务二】（DO2）

测量"小灯泡的功率"的实验电路如图所示。

(1) 开关闭合后，若发现灯泡不亮，电流表无示数，电压表有示数，则电路中可能出现的故障是(　　)。

A. 滑动变阻器断路　　　B. 电压表短路　　　C. 灯泡短路　　　D. 灯泡断路

(2) 故障排除后，再次闭合开关，并移动滑片使灯泡正常发光。若要使小灯泡变得更亮一些，变阻器的滑片 P 应向_____移动（"左"或"右"）。当滑动变阻器的滑片移到某一点时，电流表和电压表的示数如图所示，此时电流表的示数为_____ A，电压表的示数为_____ V，小灯泡的实际功率为_____ W。

检测与作业
1. 在测量小灯泡的电功率的实验中，若电源电压为 6V、小灯泡额定电压为"3.8V"且功率不超过 1.5W，则电压表和电流表的量程选择正确的是(　　)。（DO1） A. 0~3V　　　0~0.6A　　　B. 0~15V　　　0~0.6A C. 0~15V　　　0~3A　　　D. 0~3V　　　0~3A 2. 小灯泡的亮度决定于(　　)。（DO2） A. 灯泡的电阻　B. 灯泡的额定电压　C. 灯泡的额定功率　D. 灯泡的实际功率 3. 在"测量小灯泡的电功率"的实验中，小刚用一个电压表、一个电流表、一个开关、一个滑动变阻器、电压为 6V 的电源和额定电压为 3.8V 的小灯泡，设计了如图甲所示的电路。（DO1、2） (1) 实验中需要依据图甲所示的电路图，将图乙所示器材进行连线，请用笔画线代替导线，将图乙所示电路连接完整。 (2) 正确连接好电路后，闭合开关，当滑动变阻器的滑片向左移动时，电流表示数_____（选填"变大""变小"或"不变"）。当电压表的示数为_____ V 时，小灯泡正常发光，此时电流表指针如图丙所示，其示数为_____ A。小灯泡的额定功率为_____ W。 4. 小明按同一电路图连接电路，当连接最后一根导线时，灯泡立即发出明亮耀眼的光很快熄灭。检查后发现连线正确，请你指出实验操作中的不当之处：①_____　②_____。 （选做）5. 小珍在"测量小灯泡额定功率"的实验时，老师只给她提供了如下器材：标有"2.5V"的小灯泡、电源（电压不变）、滑动变阻器、开关、单刀双掷开关、电压表、阻值为 10Ω 的定值电阻 R_0、导线若干. 她根据所给定的器材经过认真思考后，设计了如图 4 所示的实验电路。（DO1、DO2） (1) 该实验的原理是_____。 (2) 小珍连接电路时，开关处于_____状态；闭合开关前滑片 P 应置于滑动变阻器的最_____（选填"左"或"右"）端。 (3) 闭合开关 S，将 S1 拨到触点_____（选填"a"或"b"），移动滑片 P，使电压表的示数为_____ V。

（4）在确保整个电路安全情况下，保持滑片 P 位置不变，将开关 S1 拨到另一触点，此时电压表的示数如图 5 所示，其数值为_____V；通过计算可知小灯泡的额定功率是_____W。（DO1、2）

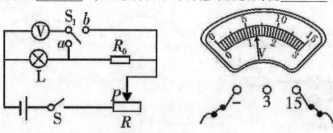

学后反思	1. 完善思维导图，梳理本节课学习的知识内容：
	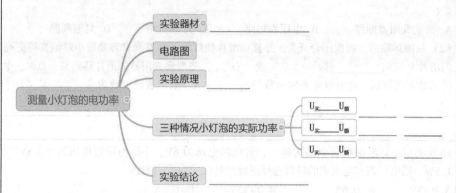
	2. 梳理本节课的物理思想和方法：
	3. 小结在学习中需要求助的困惑与分享自己如何学会的经验：

年级	9	科目	物理	周次		设计者		序号	14-5	班级	
主题与课时	14.5 焦耳定律（1 课时）			课型	新授	审核人		学校审核		姓名	
课标要求	3.4.1 从能量转化的角度认识电源和用电器的作用。 例 1 定性说明电热水壶、电风扇工作时能量转化的情况。 3.4.6 通过实验，了解焦耳定律。能用焦耳定律说明生产生活中的有关现象。										

学习目标	1. 物理观念：观看直流融冰视频，认识电流的热效应，结合同学们自己的实际生活，能够列举出日常生活中利用电流的热效应工作的各种各样的用电器。 2. 科学思维、科学探究：能够根据电炉子发热情况和生活实际进行科学猜想，体验科学探究过程，了解控制变量的物理方法，能在探究实验的基础上得出电热的大小与电流、电阻有关，知道焦耳定律，提高科学探究能力和科学思维能力；会用焦耳定律解决实际问题和进行简单计算。 3. 科学态度与责任：通过观看直流融冰视频，培育对祖国的自豪感，深入理解焦耳的生平，并树立热爱科学、敢于面对挑战的信念；通过举例说明电热的应用和预防方法，学习如何从辩证的角度看待问题。
评价任务	1. 评价任务一，至少说出 3 种日常生活中有关电流热效应的例子。（DO1） 2. 说出影响电流热效应的因素及焦耳定律的内容、公式、单位。（DO2） 3. 熟练地运用焦耳定律公式进行计算；完成评价任务二、三。（DO2） 4. 至少说出 3 种生活中电热的利用和防止的例子；完成评价任务四。（DO3）
资源与建议	1. 焦耳定律构成了九年级物理课程中第十四章第五节的核心内容，它被视为该章的关键主题，同时也是中学物理学习的核心任务的一部分，它是能量守恒原理在电能及热能转换中的实际应用。按照学生的学习理解顺序，教科书把焦耳定律放在了电功和电功率后面，这非常合理。这一课分为三个主要部分："电流产生的热量""焦耳定律及其运用"以及"如何有效地使用并避免过多的电热消耗"。 2. 本节课的学习要从生活入手，从生活中的现象发现规律提出疑问，根据已有的科学探究方法，用科学思维设计实验探究理解焦耳定律，并且对生活中电热的利用和防止进行辩证看待。 3. 通过观看直流融冰视频，培育对祖国的自豪感，深入理解焦耳的生平，并树立热爱科学、敢于面对挑战的信念；通过举例说明电热的应用和预防方法，学习如何从辩证的角度看待问题。

学习过程

任务一：电流的热效应（PO1）

活动1：观看课件上直流融冰的视频和课本 85 页图 14-5-1，完成填空。

图 14-5-1　使用这些用电器时，热量是从哪里来的

电流通过导体时会把电能转化成_____的现象叫作电流的热效应。同学们家中的电热水器就是利用_____工作的。

【评价任务一】（DO1）

下列事例中，将电能全部转化为热能的是(　　)。

工作的电机　　B. 工作的投影仪　C. 充电的电池　D. 电热毯工作

【说一说】至少说出3种日常生活中有关电流热效应的例子？

【议一议】冬天，家里的取暖小太阳通过导线连接到电路里，导线与取暖小太阳通过的电流相同，为什么取暖小太阳会热得发红，而导线却不怎么热？

任务二：电流通过导体时产生热量的多少与什么因素有关？（PO2）

活动2：自学课本P86-87页内容并观看演示实验后小组讨论完成填空：

1. 本实验用到的实验探究方法有_____和_____。

2. 图甲装置将A、B两段电阻丝串联的目的是_____。

3. 该实验是通过观察_____变化反应煤油吸收热量的多少，该实验采用的方法是_____。

4. 图中甲装置可以用来探究电流产生的热量的多少与_____的关系，通电工作一段时间后，_____（选填"右"或"左"）侧容器中温度计的示数的变化比较大。

图乙中装置可用来探究电流产生的热量与_____的关系。

用图甲装置进行实验可以得到的结论是：_____。

用图乙装置进行实验可以得到的结论是：_____。

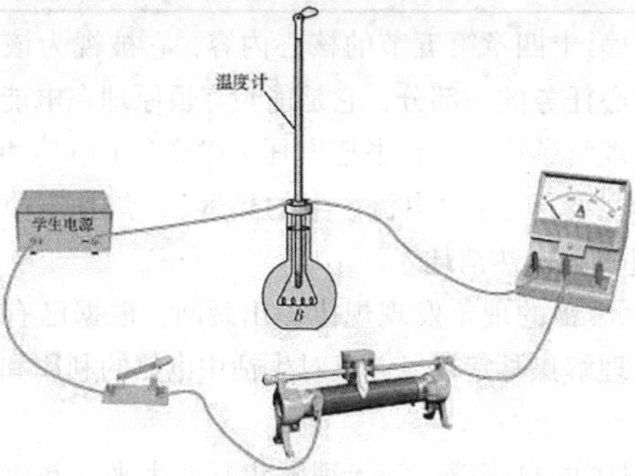

甲 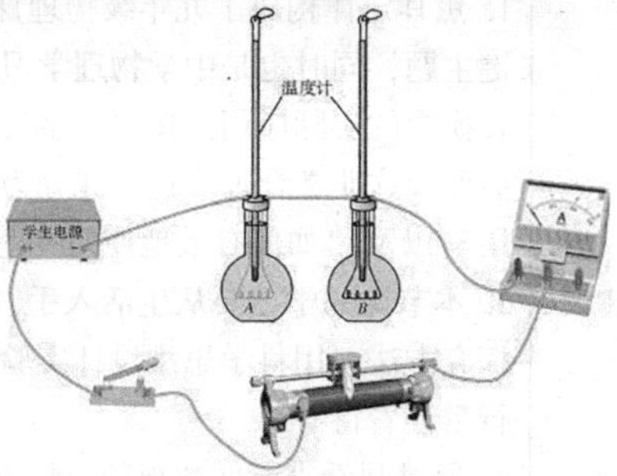　　　　　　　　　　乙

任务三：焦耳定律（PO2）

活动3：自学课本P87页内容，完成填空：

1. 焦耳定律的内容：

_____

_____

2. 焦耳定律公式：_____

3. 请写出公式中各物理量的单位：_____、_____、_____、_____

4. 当电路中，有电流通过某导体时，如果把电能全部转化为内能，而没有同时转化成其他形式的能量，那么电流做功产生的热量 Q 就等于消耗的电能 W，即 Q = W = _____ = _____ = _____

活动4：自学课本P88页例题，完成下列练习：

1. 【评价任务二】某同学找到一根50Ω的电阻丝，现在把它接在100V的电源两端，请问：工作5min会产生多少热量？（DO2）

2. 【评价任务三】某工厂的一台电动机，需要在 220V 的电压下才能正常工作，电机线圈的内阻为 4Ω，现在电动机正常工作，通过线圈的电流为 8A，工作了 1s，请计算：（1）消耗的电能是多少？（2）产生的热量又是多少？（DO2）

任务四：电热的利用与防止（PO3）

活动5：自学课本 88 页内容，完成填空。

1. 电热器等是利用电流的_____制成的用电器，如：电热水器、_____、电热毯等。

优点：热效率非常高、很方便控制温度、清洁卫生没有环境污染。

2. 电热的防止：在用电器上开散热窗、加散热片、安装_____，都是为了_____。

3. 【评价任务四】电的热效应有时对我们有益，我们利用它；有时对我们有害，需要减小电流导致的发热，或者尽快把发出的热散发掉。下列实例中是利用电流热效应的是(   )。（DO3）

A. 投影仪后盖有很多散热小孔　　　　　　　　B. 装有散热小风扇的台式电脑主机

C. 利用翼状散热片增大散热面积的电动机　　　D. 养鸡场采用电热孵化器

检测与作业

1. 以下电器的标准功率都是 100W，如果让它们在正常运行 10 分钟后，产生的热量最多的是(   )。（DO1、2）

A. 电饭煲　　　B. 电风扇　　　C. 洗衣机　　　D. 电视机

2. 甲、乙两电热器通过的电流之比为 3∶2，通电时间之比为 2∶3，电阻之比为 4∶3，则产生热量之比为(   )。（DO2）

A.1∶2　　　B.2∶9　　　C.2∶1　　　D.9∶2

3. 为了探究电流通过导体时产生热的多少跟什么因素有关，老师带领班级内的探究小组设计了如图所示的两组与课本不同的实验装置：（DO2）

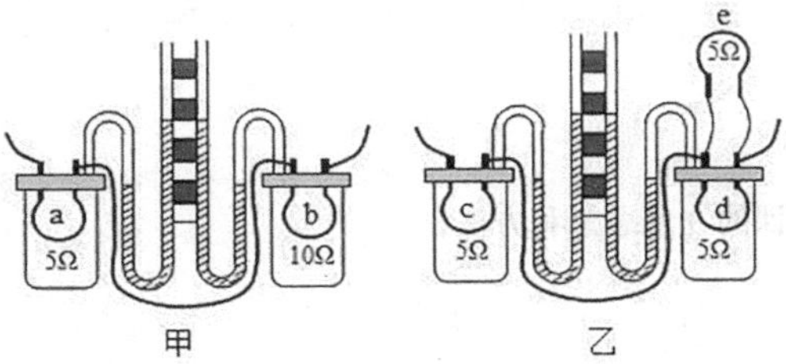

(1) 实验的创新之处是，通过观察 U 形管中_____变化来比较电流通过电阻丝产生的热量的多少。这种设计采用了怎样的思想？_____；

(2) 甲装置可探究电流产生的热量与_____的关系；乙装置可探究电流产生的热量与_____的关系；

(3) 生活中我们发现：电热小太阳通过导线接到电路里，小太阳热得发红，而导线却几乎不热。其中_____装置能够解释这一现象；

(4) 乙装置接到电路中工作一段时间后_____（选填"左侧"或"右侧"）容器内的电阻丝产生的热量多；

(5) 让乙装置冷却到初始状态，把右侧并联的两根电阻丝都放入容器内，接通电源此时该装置可以探究电流产生的热量跟＿＿＿＿的关系。

4. （选做）根据图甲展示的是一款名为"无油空气炸锅"的产品，它的工作方式是通过持续的热气流来烹饪食品。而该产品的内部电路设计则如图乙所示。负责推动气体流通的风扇标有"220V 44W"的标签，同时，R_1 和 R_2 代表了用于加热的电热丝。在此产品中，R_1 的电阻值设定为 50Ω。在一个特定的烘焙薯条过程里，计时器一直保持开启状态，直到温控器在五分钟后切换至关闭再过一分钟后再度打开，这样反复操作直至结束。在这个问题中，我们需要计算（不考虑温度对电阻的影响）。（DO2、3）

(1) 温控开关闭合，R_2 调为零，干路的电流为多大？

(2) 闭合温控开关，使 R_2 两端电压为20V，求整个电路总功率为多少？

(3) 将 R_2 调为零，当定时开关工作360s，R_1 产生多少热？

(4) 说一说生活中使用空气炸锅有哪些注意事项？

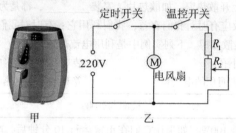

甲　　　　　　乙

学后反思	1. 完善思维导图，梳理本节课学习的知识内容：
	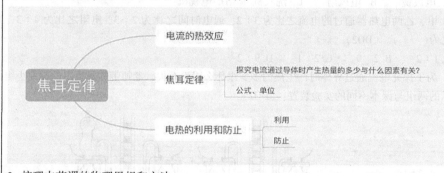
	2. 梳理本节课的物理思想和方法：
	3. 小结在学习中需要求助的困惑与分享自己如何学会的经验：

电功率　单元检测与作业

一、单选题

1. 下列图中的用电器在正常工作时，1s 内做功最接近 1000J 的是(　　)。

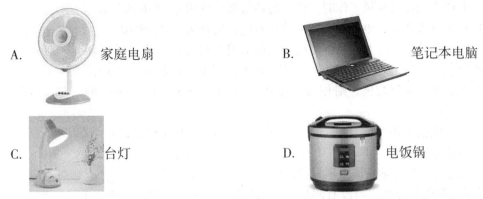

A.　　　　家庭电扇　　　　　　　　B.　　　　笔记本电脑

C.　　　　台灯　　　　　　　　　　D.　　　　电饭锅

2. 如图甲所示，会哄娃的小黄鸭电动玩具爆红网络，其简化电路如图乙所示。该玩具由两节五号干电池作电源，闭合开关后，"0.3V 0.3W"的指示灯正常发光，线圈电阻为 0.5Ω 的电动机正常工作，则(　　)。

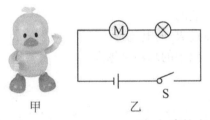

甲　　　　　　　　乙

A. 指示灯的灯丝电阻为 1Ω　　　　　　B. 电路的电流为 4.6A

C. 电动机的额定功率为 2.7W　　　　　　D. 电路的总功率为 5W

3. 如图是定值电阻甲和乙的 I 与 U 关系图象，如果将这两个电阻串联在 6V 的电路中，并且两个电阻同时工作 5min，则两个电阻发热量 $Q_甲$ 和 $Q_乙$ 之比为(　　)。

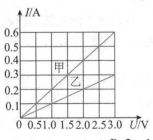

A. 1 : 2　　　　　　　　　　　　　　B. 2 : 1

C. 1 : 4　　　　　　　　　　　　　　D. 4 : 1

4. 有一只标有"220V　5A"的电能表，按规定最多可接"220V　40W"的电灯(　　)。

A. 25 盏　　　　　　　　　　　　　　B. 27 盏

C. 28 盏　　　　　　　　　　　　　　D. 30 盏

5. 小明在家里发现电热水壶和电吹风的铭牌都标有"220V　800W"，根据所学电学知识，他做出如下判断，其中正确的是(　　)。

　A. 800W 表示电热水壶或电吹风 1 秒内消耗电能 800J

　B. 电热水壶与电吹风相比，电流做功一样快

　C. 电热水壶与电吹风工作时，产生的热量都可以用 $Q=I^2Rt$ 来计算

　D. 都正常工作时，电热水壶和电吹风将电能转化为内能一样快

6. 夏天到了，相比于空调，使用电风扇对身体更好些，也更节能环保。如图所示，是一款电风扇的"挡位"旋钮，当由 2 挡位调至 3 挡位时，能够吹出更强劲的风。则相较于 2 挡，下列关于 3 挡说法正确的是(　　)。

　A. 消耗电能更多　　　　　　　　　　B. 消耗电能更快

　C. 消耗电能更少　　　　　　　　　　D. 消耗电能更慢

7. 测量身高是中学生体检项目的其中一项，右图是电子身高测量仪的简化原理图。当没有测量身高的时候，滑片 P 在 b 端，闭合开关 S 后，电路中各元件都能正常工作。下列说法正确的是(　　)。

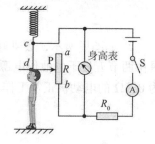

　A. 去掉电阻 R_0 电路仍可以正常工作

　B. 身高表是由电流表改装的

　C. 测量的身高越高，流过 R_0 的电流越小

　D. 测量的身高越高，电路中的总功率越大

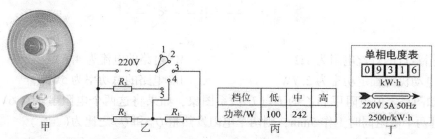

档位	低	中	高
功率/W	100	242	

8. 斌斌家有个烤火器如图甲，其铭牌上的电路如图乙且电阻 $R_3=80\Omega$，挡位信息如图丙（部分数字已磨损掉），他家电能表如图丁所示，以下分析正确的是(　　)。

　A. 电阻 R_1 的阻值为 484Ω

　B. 接通 3、4 触点让烤火器工作 5s，它消耗的电能为 500J

　C. 图丙中磨损掉的数字是 342

　D. 电压 200V 时仅用此烤火器中温档工作 36s，电能表转盘转 5 圈

9. 为了探究"电流通过导体产生的热量的多少的影响因素"，李雷设计了如图所示的电路（其中烧瓶内是用电阻丝加热空气），闭合开关后一段时间，发现甲气球膨胀得更大，则下列判断正确的是(　　)。

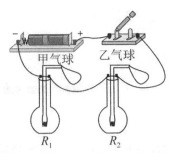

A. 通过 R_1 的电流 I_1 与通过 R_2 的电流 I_2 的大小关系为 $I_1 > I_2$

B. 两个电阻丝的阻值 $R_1 > R_2$

C. 上图中所设计的电路图是为了探究 Q 与 I 之间关系的

D. 闭合开关，电阻 R_1、R_2 两端的电压关系为 $U_1 < U_2$

10. 随着科技的发展，新能源汽车逐渐成为热门。图是某充电桩为某新能源汽车充电的情景。已知将该汽车的电池充满电所需要的电能为 44kW·h，表为该充电桩的部分参数。若在正常电压下充电且不计充电过程中的能量损耗，下列说法正确的是（　　）。

表充电桩的部分参数

输入电压	220V
输出电压	220V
输出电流	20A

A. 充电桩对汽车的电池充电时，将化学能转化为电能

B. 充电桩为汽车的电池充电时，汽车的电池相当于电源

C. 该充电桩的输出功率为 44kW

D. 将该新能源汽车的电池充满最多需要 10h

二、填空题

11. 随着网购人越来越多，对物流公司的需求量也越来越大，某快递公司拿到了"无人机快递"使用权，如图所示，无人机智能飞行电池容量为 5000mAh，正常工作的电压为 20V，一次充电储存的电能为_____J。

12. 电热水器是利用电流的_____效应工作的。小明利用电能表测量电热水器实际功率来判断家里的电压是否正常。他观察家中的电能表示数如图甲电能表所示为_____kW·h，现电路中仅让图乙所示的电热水器工作，观察到电能表指示灯 60s 内闪烁 80 次，则 60s 内消耗电能为_____J，其两端电压_____（高于/等于/低于）220V。

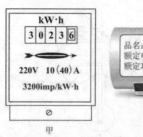

13. 2024 年 5 月 11 日，我国首个大容量钠离子电池储能电站——伏林钠离子电池储能电站在广西南宁市武鸣区双桥镇正式投入运营，相当于给南宁市配备了一个超大充电宝。充电时钠离子电池相当于电路中的_____（选填"用电器"或"电源"），对同一个钠电池充电，充电功率越大，需要的充电时间越_____（选填"长"或"短"）。

14. 如图所示，这是小明家新买的一台电烤箱，他发现电烤箱的电源线比一般的小功率用电器粗得多，这是因为电烤箱工作时通过电源线的_____较大，用粗的导线在相同时间内产生的_____较小，电路更安全。

15. 如题图甲所示的手机的电池容量为 57600J，快充时的功率为 40W，如果不考虑快充时的电能损耗，把这款手机电池从电量 0% 充到 100%，需要的时间是_____s。图乙中电能表示数是_____ kW·h，若该手机充电全过程电能表表盘转了 60 转，则消耗了_____ kW·h 电能。

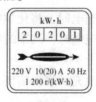

甲　　　　　乙

16. 图为汕头南澳勒门海上风电，是亚洲最大的海岛风电场。某次风力发电设备测试时，风机叶片转动一圈用时 10s，发电功率约为 7200kW，则风机叶片转动一圈的发电量为_____ kW·h，这些电能可供"220V 40W"的日光灯正常工作_____ h。若这些电能可供一台空调单独工作 8 小时，则空调的功率是_____ W。

17. 有两只灯泡，L_1 规格为"12V 6W"、L_2 规格为"12V 12W"，它们的电流随电压的变化关系如图，若将 L_1、L_2 并联接在 8V 的电源上，此时 L_1、L_2 的电功率之比为_____。

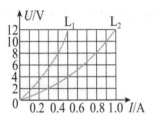

18. 如图所示，手艺人利用电流的＿＿＿＿＿＿＿效应刻蚀竹筒表面形成精美的画，为使效果更好，需要较大的电流，可通过增大＿＿＿＿＿＿来实现。

三、作图题

19. 如图甲所示是"测量小灯泡额定功率"实验的实物图，请在图乙右侧的虚线框内画出其对应的电路图。

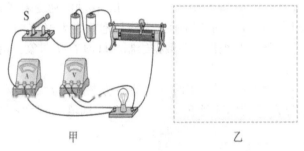

20. 如图所示，请你将图中各元件连接完整，完整的电路可用于探究电流产生的热量与电流大小的关系。

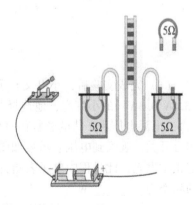

四、实验题

21. 小巴准备利用以下实验器材：电源（电压恒为6V）、开关、电压表、电流表各一个、导线若干、滑动变阻器，测量额定电压为 3.8V 小灯泡的额定功率。

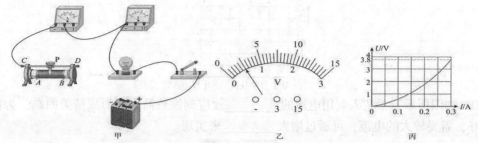

（1）测量小灯泡电功率的实验原理是_____；

（2）请用笔画线代替导线，完成图甲中实验电路的连接_____；（要求滑片向左移动时电流表示数变大）；

（3）小巴正确连接了电路，并将滑动变阻器的滑片移至_____端（选填"A"或"B"），再闭合开关，发现电流表、电压表有示数，但灯泡不亮，接下来操作最合理的是_____；（填字母）

A. 更换小灯泡　　　　　　　　　　　　B. 更换电压表

C. 更换电流表　　　　　　　　　　　　D. 移动滑动变阻器的滑片

（4）若某时刻电压表示数如图乙所示，为使灯泡正常发光应向_____端移动滑片（选填"A"或"B"）。图丙是根据实验数据绘制的灯泡 U-I 图象，由图象可知小灯泡的额定功率为_____W；

（5）若把实际电压为额定电压一半时灯泡的电功率记为 P_1，实际电流为额定电流一半时灯泡的电功率记为 P_2，请你判断 P_1 _____ P_2（选填">""<"或"="）；

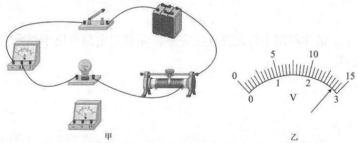

（6）完成实验后，小巴又有了新的思路，已知实验室有规格分别为"2.2V 0.3A"和"3.8V 0.3A"的小灯泡，他选择其中一个灯泡连接了如图甲的电路（电压表的连接未画出），电源电压为 2 伏的整数倍且保持不变，他先将滑动变阻器的滑片 P 移至最大阻值处，闭合开关，观察到电压表示数如图乙所示，然后移动滑动变阻器滑片 P 至某位置，使小灯泡正常发光，此过程中电压表指针向左偏转了 6 小格。问小灯泡正常发光时，滑动变阻器的功率为_____W。

22. 在实验中，为了探究"电流通过导体产生的热量与哪些因素有关"，按照如图一、二所示安装实验器材，其中甲、乙玻璃瓶内装有初始温度相同、质量相等的煤油，内部各装有电阻 R_1 和 R_2（R_1 的阻值大于 R_2）。

（1）图一中的实验装置可探究 Q 与 R 的关系。电流通过电阻时产生热量的多少是通过观察_____判断的，通过图一实验操作，可以得到的结论是_____；

（2）由于实验室煤油储备不够，有一组同学将玻璃瓶内的煤油换成了水，加热一段时间后，这组同学发现温度计示数变化几乎无差别，则出现这一现象的主要原因是：_____；

（3）另一组同学利用实验装置探究 Q 与 I 的关系时，将电阻 R_1 和电阻 R_2 并联后接入到了电路中，连接好后的装置如图二，将开关闭合通电一段时间后，此过程中，通过电流大的电阻是_____，产生热量多的电阻是_____，于是小明便得出了结论。小明的这一做法可行吗？说明你的理由，答_____（选填："可行"或"不可行"），理由：_____。

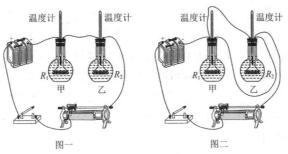

图一　　　　　图二

五、计算题

23. 图甲是同学们自制的调光小台灯，图乙是台灯的电路原理图。电源电压为 3V，R 是调节亮度的变阻器，最大阻值为 10Ω。灯 L 标有"2.5V；0.5W"字样。忽略温度对电阻的影响。求：

（1）灯 L 正常发光时的电阻；

（2）灯 L 正常发光时，变阻器 R 工作 10min 产生的热量；

（3）电源电压降为 2.7V 后，灯 L 的最小实际电功率。

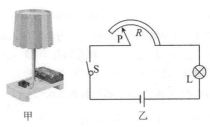

甲　　　　　乙

24. 小明家有一款两挡位加热坐垫，如图甲所示，加热坐垫内有两根加热电阻丝 R_1、R_2，简化电路如图乙所示，电源电压恒为 24V，R_1 的阻值为 32Ω，加热坐垫的高温挡功率为 36W。求：

（1）加热坐垫在高温挡工作 100s 产生的热量；

（2）加热坐垫低温挡的功率；

（3）小明想只利用图乙所示的元件将加热坐垫改装为 3 个挡位，请你帮他在图丙的虚线框内设计出电路图并计算改装后的加热坐垫高温挡的电功率。

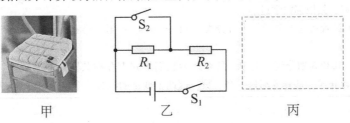

甲　　　　　乙　　　　　丙

25. 阅读短文，回答问题

2024年4月搭载HarmonyOS4.2操作系统、拥有自主知识产权新麒麟9010芯片的某品牌Pura70Ultra手机发布。该手机一上市就得到了极大的关注，双卫星通信是它的最大卖点，且具有大容量，配合100W有线和80W无线双超级快充，极速蓄能。还支持反向充电，随时为其他设备补能，成为国产手机的骄傲。如图为官网部分信息，请回答下列问题：

部分参数：
电池类型：锂离子聚合物电池
电池电压：3.7V
电池容量：5200mAh
输入：220V 50Hz
充电：
　有线充电：超级快充100W(20V/5A)、兼容20V/4.4A或11V/6A
　　　　　　或10V/4A或10V/2.25A
　无线充电：支持80W无线超级快充，支持20W无线反向充电

（1）制作自主知识产权新麒麟9010芯片的主要材料主要是利用_____（选填"导体""半导体"或"超导体"）在导电性能上的特殊性来工作的。在给其他设备充电时，该款手机相当于电路中的_____（选填"电源""开关"或"用电器"）；

（2）如果锂离子聚合物电池电量剩余10%时，以20V 5A超级快充模式充电，直到电量充满，至少需要的时间为_____。

数学单元学历案

单元名称	反比例函数			对应章节/课时	第一章　/5课时
年级	9	科目	数学	设计者	李晓琳

一、你愿意接受挑战吗?

情境：植树节当天，全校多名学生从学校出发步行去大王林场植树，该林场与学校的距离是7km，问题　已知学生步行全程的平均速度是7km/h，你能写出步行路程 s（单位：km）与步行时间（单位：h）之间的表达式吗?（根据路程=时间×速度，可得 $s=7t$）

问题2　已知学生步行全程的平均速度是7 km/h，你能写出距离大王林场的路程 s（单位：km）与步行时间（单位：h）之间的表达式吗?（$s=7-7t$）

问题3　你能写出步行时间 t（单位：h）与步行速度 v（单位：km/h）之间的表达式吗?（$t=\dfrac{7}{v}$）

问题4　师生步行抵达大王林场后，学生迫不及待地开始准备植树了，已知红红在地面挖出一个圆形土坑你能写出圆形土坑的面积 S 与半径 r 间的表达式吗?（$S=\pi r^2$）

问题5　若学校计划植树480棵，参加植树的学生共有 x 人，且平均每人植树 y 棵，你能写出 y 与 x 间的表达式吗?（$y=480v$）

问题6　回答上述五个问题可得如下表达式：①$s=7t$，②$s=7-7t$，③$t=\dfrac{7}{v}$，④$S=\pi r^2$，⑤$y=\dfrac{480}{x}$上述5个表达式是否都是函数?（从函数概念的角度着手判断均为函数。）

问题7　既然可以根据概念判断是否为函数，那上述表达式中你熟悉的函数又有哪些?（①是正比例函数，②是一次函数，其他都没学过。）

问题8　现在请你试着将这五个函数进行分类（可分为三类：第一类有①和②；第二类有④；第三类有③和⑤）

问题9　为什么将③和⑤划分到一类中?是否因为它们形式上存在共同点?（这两个函数都有两个变量；等号右边都为分式，且分子都是一个常数；这两个变量的积为一个定值，即 $vt=7$，$xy=480$。）

问题10 还能写出具有上述特征的函数吗？

问题11 既然这样的例子有无数个，那你是否可以用一个式子表示具有此类特征的关系式？其中 k 是常数，且 $k\neq0$。

问题12 此处 k 有取值范围"$k\neq0$"，那 x 有范围限制吗？y 呢？

老师将在你们学完反比例函数相关知识后进行一次"我来出出考试题"的试题征集活动，请你思考学过的反比例函数的相关知识，设计三个与反比例函数知识有关的题目要求如下：

1. 自己设计试题之后，需另附一份解答过程；

2. 题型包含选择题、填空题、解答题；

3. 每一题的题目，逻辑条件清晰，语言表述准确；

4. 可以与其他学科知识相结合，创设有意思的题目背景。

二、你需要学习什么？

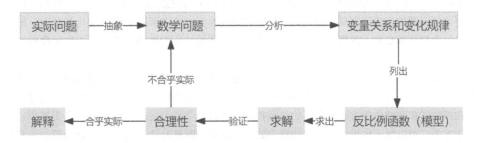

本章学习流程

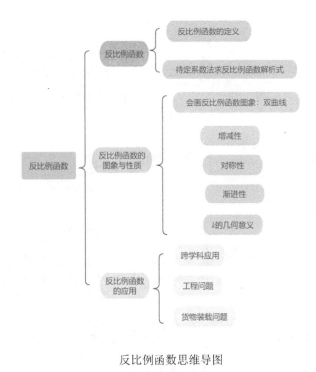

反比例函数思维导图

三、期望你学会什么？

1. 通过对具体的问题情境中变量的分析，体会反比例函数的意义，并能抽象出反比例函数的概念，能根据已知条件确定反比例函数的解析式。（抽象能力、模型观念）

2. 借助平面直角坐标系，能用描点法画出反比例函数的图象，并能说出函数图象与解析式的对应关系。依据图象和解析式，总结出反比例函数的性质。在探索的过程中体会数形结合思想和分类思想。（几何直观）

3. 能综合运用反比例函数知识解决实际问题，进一步体会函数是描述变量之间关系的模型。经历用数学的语言表达现实世界的过程，提升学习数学的兴趣培养分析问题和解决问题的能力。（抽象能力、模型观念、应用意识）

4. 通过类比研究一次函数概念、图象和性质的学习过程，感受类比思想在数学学习中的重要作用。

四、给你支招

1. 反比例函数是初中主要学习的三类函数之一，它与之前学过的正比例函数不同，但我们可以借助之前研究正比例函数的方法研究反比例函数。反比例函数的学习可以帮助强化"变化与对应"的函数思想，通过抽象概念的形成，图象性质的探索，总结研究函数的一般思路，为后续二次函数的学习奠定了基础。

2. 反比例函数这一单元主要包括了四部分知识：一是反比例函数的概念，你可以通过对具体情境实例的分析、讨论，加深对反比例函数概念的理解；二是反比例函数的图象和性质，你可以通过类比之前研究一次函数图象和性质的方法研究反比例函数；三是其他学科中的反比例函数，主要是和物理的力学与电学有关，可以帮助你更好地理解物理中的一些知识；四是反比例函数与实际问题，主要包括了施工问题和装载货物问题，你可以通过小组交流的方式学习。

3. 除了教材相关知识内容，你还可以通过国家中小学网络云平台或者网易公开课等平台上的网课进行自主学习。

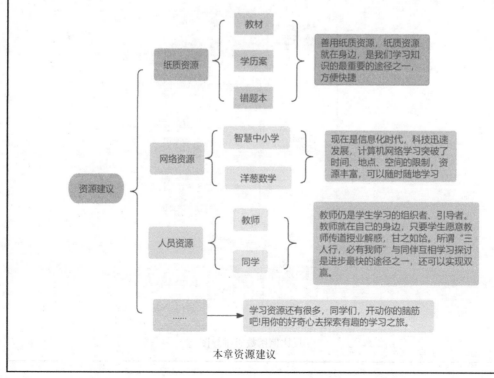

本章资源建议

年级	9	科目	数学	周次	1	设计者		序号	1	班级	
主题与课时	反比例函数（1课时）			课型	新授	审核人		学校审核		姓名	

课标要求	结合具体情境体会反比例函数的意义，能根据已知条件确定反比例函数的表达式。
学习目标	1. 了解反比例函数的概念，领悟反比例函数的意义，能判断一个函数是否为反比例函数，能写出实际问题中反比例函数的表达式。 2. 根据反比例函数的概念及意义，会判断一个函数是不是反比例函数。 3. 了解反比例函数的定义及三种表示方法并灵活应用，并用待定系数法确定反比例函数表达式。
评价任务	1. 完成考点一（DO1） 2. 完成考点二（DO2） 3. 完成考点三（DO2、DO3）
资源与建议	1. 反比例函数是学生在对函数已经初步认识的基础上，学习认识的又一种函数，通过学习，让学生掌握函数概念，进一步对函数所蕴含的"变化和对应"思想有了深层的理解。 2. 反比例函数是刻画很多现实问题中变量之间关系的重要数学模型。学生掌握反比例函数的定义，会根据情景条件确定反比例函数的表达式。

学习过程

课前准备

复习：什么是函数？我们学过哪些函数？它们的定义是什么？函数的研究思路是什么？

任务一：认识反比例函数（PO1）

问题1：电流 I（A）、电阻 R（Ω）、电压 U（V）之间满足关系式 $U=IR$，当 $U=220$ V 时：

（1）你能用含有 R 的代数式表示 I 吗？

（2）利用你写出的关系式完成下表：

（3）变量 I 是 R 的函数吗？为什么？

R/Ω	20	40	60	80	100
I/A					

问题2：京沪高速铁路全长约为1318km，列车沿京沪高速铁路从上海驶往北京，列车行完全程所需要的时间 t（h）与行驶的平均速度 v（km/h）之间有怎样的关系？变量 t 是 v 的函数吗？为什么？

问题3：已知两个实数的乘积为 -8，如果其中一个因数为 p，另一个因数为 q，则 q 与 p 之间的函数关系式是什么？

$$I=\frac{U}{R} \qquad q=\frac{-8}{p} \qquad t=\frac{1318}{v}$$

观察上面列出的三个函数关系式，你发现他们有什么共同特点？

考点一 反比例函数的意义（DO1）

1. 下面的三个问题中都有两个变量：

①矩形的面积一定，一边长 y 与它的邻边 x；

②某村的耕地面积一定，该村人均耕地面积 S 与全村总人口 n；

③汽车的行驶速度一定，行驶路程 s 与行驶时间 t。

其中，两个变量之间的函数关系可以用如图所示的图象表示的是（　　　）。

A.①② 　　B.①③ 　　C.②③ 　　D.①②③

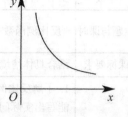

任务二：反比例函数定义（PO2）

1. 反比例函数的概念：

一般地，如果两个变量 x，y 之间的关系可以表示成＿＿＿＿＿＿＿的形式，那么称 y 是 x 的反比例函数。

2. 反比例函数的三种形式：

定义形式＿＿＿＿＿＿　　　　　　乘积形式＿＿＿＿＿＿

负指数幂形式＿＿＿＿＿＿

考点二 判断是否为反比例函数（DO2）

判断下列函数中哪些是反比例函数？若是反比例函数，请指出 k 的值。

（1）$y = \dfrac{3}{x}$ 　　　　（2）$xy = 5$ 　　　　（3）$y = x - 5$

（4）$y = 3x^{-1}$ 　　　　（5）$y = -\dfrac{2}{3x}$ 　　　　（6）$y = \dfrac{x}{3}$

任务三：求反比例函数的表达式（PO3）

待定系数法求表达式步骤：1）审：2）设：3）代：4）写：

考点三 待定系数法求表达式（DO2、3）

例：已知 y 是 x 的反比例函数，当 $x = -3$ 时，$y = 4$。

写出 y 与 x 之间的函数关系式；

求当 $x = 6$ 时 y 的值。

检测与作业

一、单选题

1. 下列函数是反比例函数的是（　　　）。（DO2）

A. $y = -\dfrac{2}{x}$ 　　　　B. $y = \dfrac{1}{x}$ 　　　　C. $y = x2$ 　　　　D. $y = x - 4$

2. 已知 $M(-2, m)$ 为反比例函数 $y = -\dfrac{6}{x}$ 的图象上的一点，若将这个反比例函数的图象向右平移 4 个单位，则点 M 的对应点的坐标为（　　　）。（DO2、3）

A.（-2，3） 　　B.（-2，-1） 　　C.（2，3） 　　D.（2，7）

3. 若点 $A(1, a)$ 在反比例函数 $y = -\dfrac{1}{2x}$ 的图象上，则 a 为（　　　）。（DO2、3）

A. -2 　　　　B. 2 　　　　C. $\dfrac{1}{2}$ 　　　　D. $-\dfrac{1}{2}$

4. 已知圆柱体体积 V（m3）一定，则它的底面积 Y（m2）与高 x（m）之间的函数图象大致为（　　　）。（DO1、2）

A. 　　B. 　　C. 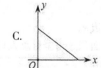 　　D.

5. 下列各点在反比例函数 $y=-\dfrac{8}{x}$ 的图象上的是(　　)。(DO3)

A. $(-2, -4)$　　　　B. $(2, 4)$　　　　C. $\left(\dfrac{1}{3}, 24\right)$　　　　D. $\left(-\dfrac{1}{2}, 16\right)$

6. 古希腊著名的科学家阿基米德发现了杠杆平衡，后来人们把它归纳为"杠杆原理"，即"阻力×阻力臂＝动力×动力臂"（$F_1 \times L_1 = F_2 \times L_2$），如图，铁架台左侧钩码的个数与位置都不变，在保证杠杆水平平衡的条件下，右侧力 F 与力臂 L 满足的函数关系是(　　)。(DO1、2)

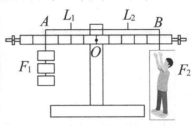

A. 正比例函数　　　　B. 一次函数　　　　C. 反比例函数　　　　D. 二次函数

二、填空题

7. 当 k _____ 时，关于 x 的函数 $y=\dfrac{k-1}{x}$ 是反比例函数。(DO1)

8. 反比例函数 $y=\dfrac{2}{x}$ 的图象同时过 A $(-2, a)$、B $(b, -3)$ 两点，则 $(a-b)^2=$ _____。(DO2、3)

9. 如果函数 $y=kx^{2k2+k-2}$ 是反比例函数，那么 $k=$ _____，此函数的解析式是 _____。(DO1、3)

10. 如果 x 与 y 成反比例，而 y 与 $\dfrac{1}{z}$ 成反比例，那么 x 与 z 之间的关系式为 _____。(DO2、3)

三、解答题

11. 下列 y 关于 x 的函数中，哪些是反比例函数？是反比例函数的，指出它的比例系数。(DO2)

(1) $y=\dfrac{\pi}{x}$　　　　(2) $y=\sqrt{2}x$　　　　(3) $y=-\dfrac{4}{x}$　　　　(4) $y=\dfrac{k}{x2}$（$k \neq 0$）

12. 已知 $y-1$ 与 $x+2$ 成反比例函数关系，且当 $x=-1$ 时，$y=3$。求：(DO2、3)

(1) y 与 x 的函数关系式；

(2) 当 $x=0$ 时，y 的值。

(选做) 13. 某小型开关厂准备投入一定的经费用于现有生产设备的改造以提高经济效益。通过测算，开关的年产量 y 万只与投入改造经费 x 万元之间满足：$(3-y)$ 与 $(x+1)$ 成反比例，且当投入改造经费 1 万元时，年产量是 2 万只。求年产量 y 与投入改造经费 x 之间的函数表达式。(DO1、2、3)

学后反思	1. 反比例函数的定义是什么？ 2. 如何求反比例函数的表达式？ 3. 本节课研究反比例函数概念的思路是什么？ 4. 本节课体现了什么思想方法？在哪个环节中应用到了这些思想方法？

【评价任务自我量化表】

评价任务	得分	总得分	等级	评价标准
评价任务 1				本课时评价任务总分共 100 分， A 级：达到总分的 80%（80 分）及以上； B 级：达到总分的 60%（60 分）及以上； C 级：达到总分的 60%（60 分）以下。
评价任务 2				
评价任务 3				

对于 A、B 两级的学生完成 1-13 题选作 14 题。
对于 C 级的学生完成 1-13 题并巩固知识点。

年级	9	科目	数学	周次	1	设计者		序号	2	班级	
主题与 课时		反比例函数的图象 与性质（1）（1 课时）		课型	新授	审核人		学校 审核		姓名	
课标要求		1. 会用描点法画出反比例函数的图象； 2. 知道当 $k>0$ 和 $k<0$ 时反比例函数 $y=\dfrac{k}{x}$（$k\neq0$）图象的整体特征。									
学习目标		1. 回顾一次函数内容，进一步熟悉作函数图象的步骤，会画反比例函数的图象，知道反比例函数的图象是双曲线； 2. 根据图象，逐步提高从函数图象中获取信息的能力，探索并理解反比例函数的主要性质，并会运用性质解决问题。									

评价任务	完成考点一（DO1） 完成考点二（DO2）
资源与 建议	1. 反比例函数及其图象是在学生已经初步掌握研究函数的基本方法的基础上，有别于正比例函数和一次函数的另一类函数。通过本节课的学习为后续的反比例函数与实际问题以及二次函数的学习作好铺垫，在初中函数的学习中起到承上启下的作用。研究反比例函数体现了数形结合这一重要的数学思想，把前面所学的方程、不等式等知识有机结合起来，成为解决代数知识的"桥梁"。 2. 研究函数的性质可从自变量范围→图象分布→增减性→渐进性→对称性等方面结合图象进行分析。

学习过程

任务一：描点法画图象（PO1）

1. 在下面网格中分别画出 $y=\dfrac{4}{x}$，$y=-\dfrac{4}{x}$ 的函数图象。

	……	4	2	1	−1	−2	−4	……
	……							……
	……							……

2. 观察反比例函数 $y=\dfrac{4}{x}$，$y=-\dfrac{4}{x}$ 的图象，它们有什么相同点和不同点？

（1）观察图象：$k>0$，图象在第_____象限；　　$k<0$，图象在第_____象限。

（2）$k>0$ 时，每个象限内，y 随 x 的增大而_____；$k<0$ 时，每个象限内，y 随 x 的增大而_____。

（3）反比例函数是中心对称图形还是轴对称图形？

考点一反比例函数的图象分布（DO1）

1. 已知反比例函数 $y=-\dfrac{1}{x}$ 的图象，当 $x>0$ 时，这个函数图象位于(　　)。（DO1）

A. 第一象限　　　　　　　　　　　B. 第二象限

C. 第三象限　　　　　　　　　　　D. 第四象限

2. 已知反比例函数 $y=\dfrac{a-1}{x}$ 的图象位于第一、三象限，则 a 的取值范围是(　　)。（DO1）

A. $a=1$ 　　　　　　　　　　　　B. $a\neq 1$

C. $a>1$ 　　　　　　　　　　　　D. $a<1$

任务二：反比例函数的图象与性质（PO2）

	图象特征	1）反比例函数的图象是双曲线，它有两个分支，它的图象与 x 轴、y 轴都没有交点，即双曲线的两个分支无限接近坐标轴，但永远达不到坐标轴。 2）反比例函数的图象既是轴对称图形，又是中心对称图形，其对称轴为直线 $y = \pm x$，对称中心为原点。
性质	表达式	$y = \dfrac{k}{x}$（k 为常数，$k \neq 0$）
	图象	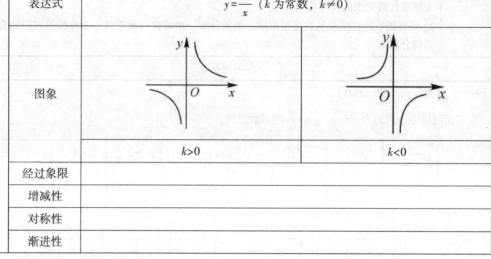
		k>0　　　　　　　　　　　　　　k<0
	经过象限	
	增减性	
	对称性	
	渐进性	

考点二 反比例函数的图象与性质（DO2）

1. 当长方形的面积 S 是常数时，长方形的长 a 与宽 b 之间关系的函数图象是（　　　）。（DO2）

A. 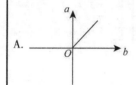　　　　　　　　B.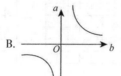

C. 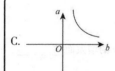　　　　　　　　D.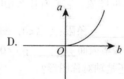

2. 如图，直线 $y = kx$（$k>0$）与双曲线 $y = \dfrac{4}{x}$ 交于 A，B 两点，若 $A(2，m)$，则点 B 的坐标为（　　　）。（DO1、2）

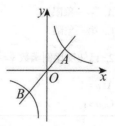

A. $(2，2)$　　　　　　　　　　B. $(-2，-1)$

C. $(-2，-2)$　　　　　　　　D. $(-1，-4)$

3. 已知反比例函数 $y = -\dfrac{5}{x}$，则下列描述正确的是（　　　）。（DO1、2）

A. 图象位于第一、三象限　　　　　　B. y 随 x 的增大而增大

C. 图象不可能与坐标轴相交　　　　　D. 图象必经过点 $\left(\dfrac{3}{2}，-\dfrac{5}{3}\right)$

4. 反比例函数 $y=\dfrac{a+3}{x}$ 的图象在每个象限内，y 随 x 的增大而增大，则 a 的取值范围是(　　)。(D02)

A. $a \geqslant -3$　　　　　　B. $a>-3$　　　　　　C. $a \leqslant -3$　　　　　　D. $a<-3$

5. 若点 $A(-2,y_1)$、$B(-1,y_2)$、$C(1,y_3)$ 都在反比例函数 $y=\dfrac{k^2+1}{x}$（k 为常数）的图象上，则 y_1、y_2、y_3 的大小关系为(　　)。(D02)

A. $y_1<y_2<y_3$　　　　B. $y_2<y_3<y_1$　　　　C. $y_2<y_1<y_3$　　　　D. $y_3<y_1<y_2$

6. 已知 $A(-1,p)$ 与 $B(2,p-3)$ 是反比例函数 $y=\dfrac{k}{x}$ 图象上的两个点，则 k 的值为_____。(D02)

检测与作业

1. 在同一直角坐标系中，$y=\dfrac{a}{x}$ 与一次函数 $y=ax-a$（$a \neq 0$）的图象大致是(　　)。(D01)

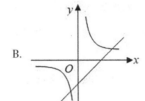

2. 函数 $y=\dfrac{k}{x}$ 与 $y=kx+1$（$k \neq 0$）在同一坐标系内的图象大致为图中的(　　)。(D01)

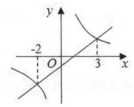

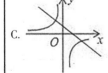

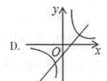

3. 直线 $y=k_1x+b$ 与双曲线 $y=\dfrac{k2}{x}$ 在同一平面直角坐标系中的图象如图所示，则关于 x 的不等式 $\dfrac{k2}{x}>k_1x+b$ 的解集为_____。(DO1、2)

4. 反比例函数 $y=(m-1)x^{m^2-2}$，当 $x>0$ 时，y 随 x 的增大而增大，则 m 的值为(   )。(DO1、2)

A. 1   B. -1   C. ±1   D. 2

5. 函数 $y=\dfrac{k}{x}$ 的图象经过点 $A(-2,6)$，则下列各点中也在该函数图象上的是(   )。(DO1、2)

A. (2, 6)   B. (1, -12)   C. (-3, -4)   D. (4, 3)

6. 若点 $A(x_1,1)$，$B(x_2,-5)$，$C(x_3,3)$ 均在反比例函数 $y=\dfrac{k}{x}(k<0)$ 的图象上，则 x_1，x_2，x_3 的大小关系是(   )。(DO1、2)

A. $x_3<x_2<x_1$ B. $x_1<x_3<x_2$ C. $x_2<x_3<x_1$ D. $x_1<x_2<x_3$

7. 关于反比例函数 $y=-\dfrac{2024}{x}$，下列说法不正确的是(   )。(DO1、2)

A. 点 (2024, -1) 在它的图象上   B. 它的图象在第二、四象限

C. 当 $x<0$ 时，y 随 x 的增大而增大   D. 当 $x>2$ 时，$y<-1012$

8. 正比例函数 $y=2x$ 和反比例函数 $y=\dfrac{2}{x}$ 的一个交点为 (1, 2)，则另一个交点为(   )。(DO1、2)

A. (-1, -2)   B. (-2, -1)   C. (1, 2)   D. (2, 1)

9. 已知正比例函数 $y=k_1x$ $(k_1\neq0)$ 与反比例函数 $y=\dfrac{k2}{x}$ $(k_2\neq0)$ 的图象有一个交点的坐标为 (-2, -1)，则它们的另一个交点的坐标是(   )。(DO2)

A. (2, 1)   B. (-2, -1)   C. (-2, 1)   D. (2, -1)

10. 已知点 $(-1,y_1)$，$(-2,y_2)$，$(\dfrac{1}{2},y_3)$ 都在反比例函数 $y=\dfrac{-2}{x}$ 的图象上，则 y_1、y_2、y_3 的大小关系是(   )。(DO1、2)

A. $y_1<y_2<y_3$ B. $y_3<y_1<y_2$ C. $y_2<y_1<y_3$ D. $y_3<y_2<y_1$

11. 关于反比例函数 $y=\dfrac{2}{x}$，下列说法不正确的是(   )。(DO1、2)

A. 函数图象分别位于第一、第三象限

B. 当 $x>0$ 时，y 随 x 的增大而减小

C. 若点 $A(x_1,y_1)$，$B(x_2,y_2)$ 都在函数图象上，且 $x_1<x_2$，则 $y_1>y_2$

D. 函数图象经过点 (1, 2)

12. 已知一个函数中，两个变量 x 与 y 的部分对应值如下表：

如果这个函数图象是轴对称图形，那么对称轴可能是(   )。(DO1)

A. x 轴   B. y 轴   C. 直线 $x=1$ D. 直线 $y=x$

13. 对于反比例函数 $y=\dfrac{2}{x}$，下列说法正确的是(   )。(DO1、2)

A. 图象经过点 (2, -1)   B. 图象位于第二、四象限

C. 当 $x<0$ 时，y 随 x 的增大而减小   D. 当 $x>0$ 时，y 随 x 的增大而增大

14. 在反比例函数 $y=\dfrac{k-3}{x}$ 图象的每一支曲线上，y 都随 x 的增大而减小，则 k 的取值范围是_____。

(DO2)

（选做）15. 如图，一次函数 $y_1 = kx+b$ 与反比例函数 $y_2 = \dfrac{m}{x}$ 的图象交于 A（1，4），B（4，n）两点。

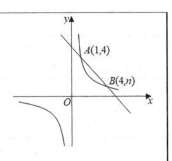

（1）求反比例函数的解析式和一次函数的解析式；

（2）点 P 为 x 轴上一动点，试确定点 P 并求出它的坐标，使 $PA+PB$ 最小；

（3）利用函数图象直接写出关于 x 的不等式 $\dfrac{m}{x} < kx+b$ 的解集。

学后反思	1. 完善思维导图，梳理本节课学习的知识内容。 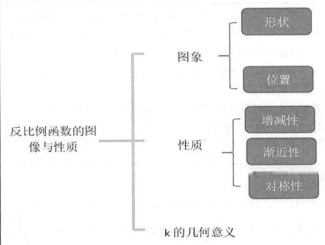 2. 梳理本节课的数学思想和方法。 3. 针对本节课的表现，在以后的数学学习中我还能怎样改进？

【评价任务自我量化表】

评价任务	得分	总得分	等级	评价标准
评价任务 1				本课时评价任务总分共 100 分，
评价任务 2				A 级：达到总分的 80%（80 分）及以上； B 级：达到总分的 60%（60 分）及以上；
评价任务 3				C 级：达到总分的 60%（60 分）以下。

对于 A、B 两级的学生完成 1–14 题选做 15 题。

对于 C 级的学生完成 1–14 题并巩固知识点。

年级	9	科目	数学	周次	1	设计者		序号	3	班级	
主题与课时		反比例函数的图象与性质（2）（1课时）		课型	新授	审核人		学校审核		姓名	

课标要求	1. 会用描点法画出反比例函数的图象； 2. 知道当 $k>0$ 和 $k<0$ 时反比例函数 $y=\dfrac{k}{x}$（$k\neq0$）图象的整体特征。
学习目标	1. 根据图象，逐步提高从函数图象中获取信息的能力，探索并理解反比例函数的主要性质，并会运用性质解决问题； 2. 通过对数学模型的观察和小组讨论，认识反比例函数的 k 与几何图形的关系，掌握反比例系数 k 的几何意义。
评价任务	完成考点一（DO1、2）
资源与建议	1. 反比例函数及其图象是在学生已经初步掌握研究函数的基本方法的基础上，有别于正比例函数和一次函数的另一类函数。通过本节课的学习为后续的反比例函数与实际问题以及二次函数的学习作好铺垫，在初中函数的学习中起到承上启下的作用。研究反比例函数体现了数形结合这一重要的数学思想，把前面所学的方程、不等式等知识有机结合起来，成为解决代数知识的"桥梁"。 2. 研究函数的性质可从自变量范围→图象分布→增减性→渐进性→对称性等方面结合图象进行分析。根据图象进一步观察面积与 k 值的关系。

学习过程

任务一：反比例系数 k 的几何意义（PO1）

在反比例函数 $y=\dfrac{k}{x}$ 图象上任取两点 P，Q，过点 P 分别作 x 轴、y 轴的垂线，与坐标轴围成的矩形面积为 S_1；过点 Q 分别作 x 轴、y 轴的垂线，与坐标轴围成的矩形面积为 S_2。S_1 与 S_2 有什么关系？为什么？

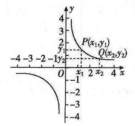

对于一般的反比例函数 $y=\dfrac{k}{x}$ 呢？综上可知，对于 $y=\dfrac{k}{x}$（$k\neq0$），S_1 _____S_2 _____ $|k|$。（填">""<"或"="）

典型图：

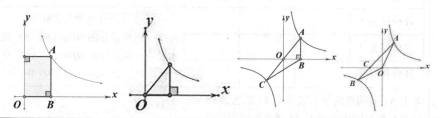

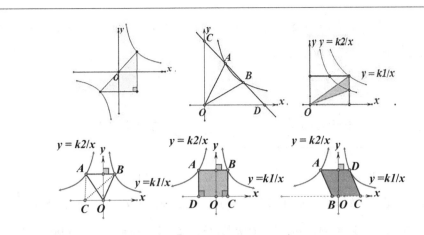

考点一：反比例系数 k 的几何意义（DO1、2）

1. 如图，A 是反比例函数 $y=\dfrac{k}{x}$ 的图象上一点，$AB \perp y$ 轴于 B，点 C 在 x 轴上，若 $\triangle ABC$ 面积为 2，则 k 的值为（　　）。（DO1、2）

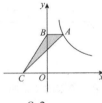

A. -4　　　　　　　　B. 1　　　　　　　　C. 2　　　　　　　　D. 4

2. 若图中反比例函数的表达式均为 $y=\dfrac{4}{x}$，则阴影部分面积为 2 的是（　　）。（DO1、2）

A.

B.

C.

D.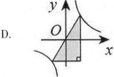

3. 如图，四边形 $OABC$ 是矩形，$ADEF$ 是正方形，点 A、D 在 x 轴的正半轴上，成 C 在 y 轴的正半轴上，点 F 在 AB 上，点 B、E 在反比例函数 $y=\dfrac{k}{x}$ 的图象上，$OA=1$，$OC=6$，则正方形 $ADEF$ 的边长为（　　）。（DO1、2）

A. 1　　　　　　　　B. 2　　　　　　　　C. 3　　　　　　　　D. 4

4. 如图，直线 $y=mx$ 与双曲线 $y=\dfrac{k}{x}$ 交于 A、B 两点。过点 A 作 $AM\perp x$ 轴，垂足为 M，连结 BM。若 $S_{\triangle ABM}=2$，则 k 的值是(　　)。(DO1、2)

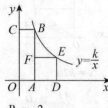

A. 2　　　　　　　B. $m-2$　　　　　　　C. m　　　　　　　D. 4

5. 如图，点 A 是反比例函数 $y=\dfrac{m}{x}$（$m<0$）图象上一点，$AC\perp x$ 轴于点 C，与反比例函数 $y=\dfrac{n}{x}$（$n<0$）图象交于点 B，$AC=3BC$，连接 OA，OB，若 $\triangle OAB$ 的面积为 2，则 $m+n=$（　　）。(DO1、2)

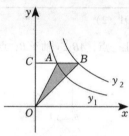

A. -4　　　　　　B. -8　　　　　　C. -10　　　　　　D. -12

6. 反比例函数 $y_1=\dfrac{4}{x}$　$y_2=\dfrac{k}{x}$（$k\neq 0$）在第一象限的图象如图，过 y_1 上的任意一点 A，作 x 轴的平行线交 y_2 于点 B，交 y 轴于点 C，连接 OA、OB，若 $S_{\triangle AOB}=2$，则 k 的值为_____。(DO1、2)

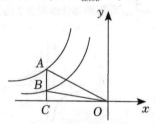

检测与作业

1. 如图，在平面直角坐标系中，点 $A(m，6)$、$B(3，n)$ 均在反比例函数 $y=\dfrac{k}{x}$（$k>0$）的图象上，若 $\triangle AOB$ 的面积为 8，则 k 的值为（　　）。(DO1、2)

A. 3
C. 9

B. 6
D. 12

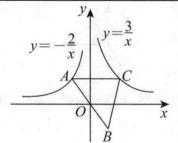

2. 如图，在平面直角坐标系中，函数 $y=kx$ 与 $y=-\dfrac{2}{x}$ 的图象交于 A，B 两点，过 A 作 y 轴的垂线，交函数 $y=\dfrac{3}{x}$ 的图象于点 C，连接 BC，则 $\triangle ABC$ 的面积为（ ）。（DO1、2）

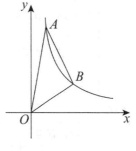

A. 1　　　　　　　　　　　　　B. 3

C. 5　　　　　　　　　　　　　D. 7

3. 如图，正比例函数 $y=x$ 与反比例函数 $y=\dfrac{k}{x}(k\neq0)$ 的图象相交于 A，C 两点，过 A 作 x 轴的垂线交 x 轴于 B，连接 BC，若 $\triangle ABC$ 的面积为 3，则 k 的值为_____。（DO1、2）

4. 如图，直线 $x=t$（$t>0$）与反比例函数 $y=\dfrac{k}{x}$（$x>0$）、$y=\dfrac{-1}{x}$（$x>0$）的图象分别交于 B、C 两点，A 为 y 轴上任意一点，$\triangle ABC$ 的面积为 3，则 k 的值为（ ）。（DO2）

A. 2　　　　　B. 3　　　　　C. 4　　　　　D. 5

5. $Rt\triangle ABO$ 中，$\angle AOB=90°$，点 A 在第一象限，点 B 在第二象限，且 $AO:BO=1:2$，若经过点 A 的反比例函数解析式为 $y=\dfrac{1}{x}$，则经过点 B（x，y）的反比例函数解析式为（ ）。（DO2）

A. $y=\dfrac{2}{x}$　　　　　B. $y=\dfrac{-2}{x}$　　　　　C. $y=\dfrac{-4}{x}$　　　　　D. $y=\dfrac{-8}{x}$

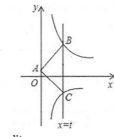
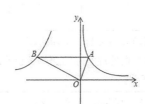
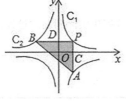

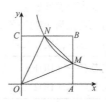

6. 函数 $y=\dfrac{1}{x}$ 和 $y=-\dfrac{3}{x}$ 的图象分别是 C_1 和 C_2。点 P 在 C_1 上，$PC\perp x$ 轴，垂足为点 C，与 C_2 相交于点 A，$PD\perp y$ 轴，垂足为点 D，与 C_2 相交于点 B，则 $\triangle PAB$ 的面积为_____。（DO1、2）

（选做）7. 如图，在平面直角坐标系中，$\triangle AOC$ 的边 OA 在 y 轴上，点 C 在第一象限内，点 B 为 AC 的中点，反比例函数 $y=\dfrac{k}{x}$（$x>0$）的图象经过 B，C 两点．若 $\triangle AOC$ 的面积是 6，则 k 的值为_____。（DO1、2）

（选做）8. 如图，在平面直角坐标系中，反比例函数 $y=\dfrac{k}{x}$（$k>0$）的图象与边长是 6 的正方形 $OABC$ 的两边 AB，BC 分别相交于 M，N 两点，$\triangle OMN$ 的面积为 10。则 kk 的值是（ ）。（DO1、2）

A. 12　　　　　B. 10　　　　　C. 8　　　　　D. 24

学后反思	1. 画出思维导图，梳理本节课学习的知识内容。 2. 梳理本节课的数学思想和方法。 3. 针对本节课的表现，在以后的数学学习中我还能怎样改进？ 【评价任务自我量化表】

评价任务	得分	总得分	等级	评价标准
评价任务1				本课时评价任务总分共100分， A级：达到总分的80%（80分）及以上；
评价任务2				B级：达到总分的60%（60分）及以上；
评价任务3				C级：达到总分的60%（60分）以下。

对于A、B两级的学生完成1-6题选做7、8题。
对于C级的学生完成1-6题并巩固知识点。

年级	9	科目	数学	周次	1	设计者		序号	4	班级	
主题与课时	反比例函数的应用（1）（1课时）			课型	新授	审核人		学校审核		姓名	

课标要求	1. 能用反比例函数解决简单实际问题。 2. 学会用函数观点处理实际问题的关键在于分析实际情境，建立函数模型，并进一步提出明确的数学问题。
学习目标	1. 经历分析实际问题中两个变量之间的关系，建立反比例函数模型解决物理问题的过程，进一步体会模型思想，发展应用意识。 2. 经历将实际问题抽象成数学问题，用反比例函数解决实际问题的过程，进一步体会数形结合思想，发展几何直观。
评价任务	完成考点一（DO1） 完成考点二（DO2）
资源与建议	1. 本主题是在掌握了反比例函数的概念、图象与性质，已具备了对反比例函数图象初步的观察、操作等活动经验的基础上学习的。这一节课是利用反比例函数解决简单的实际问题，通过本主题的学习，有助于培养我们的模型思想和应用意识，体会数学来源于生活，服务于生活，激发学习数学的兴趣。 2. 本主题的学习按以下流程进行：利用反比例函数解决物理问题→即时评价→利用反比例函数解决其他实际问题→即时评价→课堂达标检测。 3. 本主题的重点与难点是反比例函数在实际中的简单应用。通过数形结合的思想来突破难点。
学习过程	

任务一：利用反比例函数解决物理问题（PO1）

例1：某校科技小组进行野外考察，途中遇到片十几米宽的烂泥湿地。为了安全、迅速通过这片湿地，他们沿着前进路线铺垫了若干块木板，构筑成一条临时通道，从而顺利完成了任务。你能解释他们这样做的道理吗？当人和木板对湿地的压力一定时，随着木板面积 S（m^2）的变化，人和木板对地面的压强 P（Pa）将如何变化？如果人和木板对湿地地面的压力合计600N，那么：

(1) 用含 S 的代数式表示 P，P 是 S 的反比例函数吗？为什么？

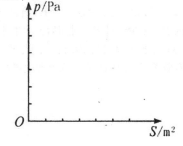

(2) 当木板画积为 0.2m^2 时。压强是多少？

(3) 如果要求压强不超过6000Pa，木板面积至少要多大？

(4) 在直角坐标系中，作出相应的函数图象。

(5) 请利用图象对（2）和（3）作出直观解释，并与同伴进行交流。

考点一：利用反比例函数解决物理问题（DO1）

1. 某气球内充满了一定质量的气体，当温度不变时，气球内气体的气压 P（kPa）是气体体积 V（m^3）的反比例函数，其图象如图。当气球内的气压大于120kPa时，气球将爆炸，为了安全起见，气球的体积应（　　）。

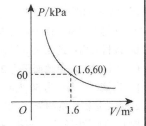

A. 大于 0.8m^3 　　　　　　　 B. 小于 0.8m^3

C. 大于 1.25m^3 　　　　　　 D. 小于 1.25m^3

2. 蓄电池的电压为定值。使用此电源时，电流 I（A）与电阻 R（Ω）之间的函数关系如下图所示：

(1) 蓄电池的电压是多少？你能写出这一函数的表达式吗？

(2) 完成下表，并回答问题：如果以此蓄电池为电源的用电器限制电流不得超过10A，那么用电器的可变电阻应控制在什么范围内？

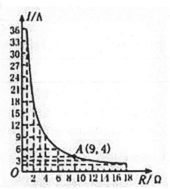

你的得分是_____ （评价标准：第1题5分，第二题10分，每问5分，共计15分。）

任务二：利用反比例函数解决其他实际问题（PO2）

例2：某校对教室采用药薰法进行灭蚊，根据药品使用说明，药物燃烧时，室内每立方米空气中含药量 y（mg/m³）与药物点燃后的时间 x（min）成正比例关系，药物燃尽后，y 与 x 成反比例关系（如图）。已知药物点燃8min燃尽，此时室内每立方米空气中含药量为6mg。

（1）分别求药物燃烧时和药物燃尽后，y 与 x 之间函数的表达式。

（2）根据灭蚊药品使用说明，当每立方米空气中含药量低于1.6mg时，对人体是安全的。那么从开始药薰，至少经过多少时间后，学生才能进教室？

（3）根据灭蚊药品使用说明，当每立方米空气中含药量不低于3mg且持续时间不低于10min时，才能有效杀灭室内的蚊虫，那么此次灭蚊是否有效？为什么？

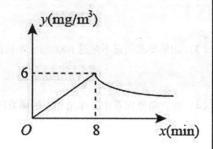

考点二：利用反比例函数解决其他实际问题（DO2）

1. 某村耕地总面积为50公顷，且该村人均耕地面积 y（单位：公顷/人）与总人口 x（单位：人）的函数图象如图所示，则下列说法正确的是(　　)。

A. 该村人均耕地面积随总人口的增多而增加

B. 该村人均耕地面积 y 与总人口 x 成正比例

C. 若该村人均耕地面积为2公顷，则总人口有100人

D. 当该村总人口为50人时，人均耕地面积为1公顷

2. 需要运输一批物资，如图是货车在某高速公路上匀速行驶时，速度 v（千米/时）与行驶时间 t（小时）的函数图象，请根据图象提供的信息回答问题：货车最慢用_____小时可以到达；如果要在4小时内到达，货车的速度应不低于_____千米/时。

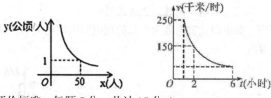

你的得分是_____（评价标准：每题5分，共计15分。）

检测与作业

一、基础巩固题（指向全体学生）

1. 已知蓄电池的电压为定值，使用蓄电池时，电流 I（单位：A）与电阻 R（单位：Ω）是反比例函数关系，它的图象如图所示。下列说法正确的是(　　)。（DO1）

A. 函数解析式为 $I=\dfrac{13}{R}$ B. 蓄电池的电压是18V

C. 当 $I \leqslant 10A$ 时，$R \geqslant 3.6\Omega$ D. 当 $R=6\Omega$ 时，$I=4A$

2. 用电器的输出功率 P 与通过的电流 I、用电器的电阻 R 之间的关系是 $P = I2R$，下面说法正确的是（　　）。（D01）

A. P 为定值，I 与 R 成反比例
B. P 为定值，$I2$ 与 R 成反比例
C. P 为定值，I 与 R 成正比例
D. P 为定值，$I2$ 与 R 成正比例

3. 近视眼镜是一种为了矫正视力，让人们可以清晰看到远距离物体的凹透镜片。研究发现，近视眼镜的度数 y（度）与镜片焦距 x（m）的函数关系如图所示，则下列说法中错误的是（　　）。（D01）

A. 当 x 的值增大时，y 的值随之减小
B. 当焦距 x 为 0.2m 时，近视眼镜的度数 y 为 500 度
C. 当焦距 x 为 0.3m 时，近视眼镜的度数 y 约 300 度
D. 某人近视度数 400 度，镜片焦距应该调试为 0.5m

4. 在化学课上，老师教同学们配制食盐溶液，已知有食盐 50g，则溶液的浓度 y 与加水后溶液质量 x 之间的函数图象大致是下图中的（　　）。（D02）

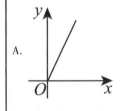

A.

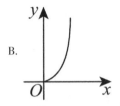

B.

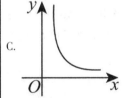

C.

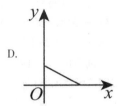

D.

5. 某市举行中学生党史知识竞赛，如图用四个点分别描述甲、乙、丙、丁四所学校竞赛成绩的优秀率（该校优秀人数与该校参加竞赛人数的比值）y 与该校参加竞赛人数 x 的情况，其中描述乙、丁两所学校情况的点恰好在同一个反比例函数的图象上，则这四所学校在这次党史知识竞赛中成绩优秀人数最少的是（　　）。（D02）

A. 甲　　　　　B. 乙　　　　　C. 丙　　　　　D. 丁

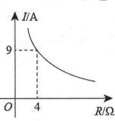

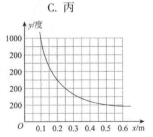

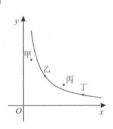

6. 收音机刻度盘的波长 l 和频率 f 分别是用米（m）和千赫兹（kHz）为单位标刻的。波长 l 和频率 f 满足关系式 $f = \dfrac{300000}{l}$，这说明波长 l 越大，频率 f 就越_____。（D01）

二、能力提升题（指向等级为 A 和 B 的学生）

7. 某蔬菜生产基地的气温较低时，用装有恒温系统的大棚栽培一种新品种蔬菜。如图是试验阶段的某天恒温系统从开启到关闭后，大棚内的温度 y（℃）与时间 x（h）之间的函数关系，其中线段 AB、BC 表示恒温系统开启阶段，双曲线的一部分 CD 表示恒温系统关闭阶段。（D01、2）

请根据图中信息解答下列问题：

（1）求这天的温度 y 与时间 $x(0 \leqslant x \leqslant 24)$ 的函数关系式；

（2）解释线段 BC 的实际意义；

（3）若大棚内的温度低于10℃时，蔬菜会受到伤害。问这天内，恒温系统最多可以关闭多少小时，才能使蔬菜避免受到伤害？

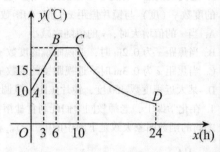

8. 某综合实践活动小组设计了一个简易电子体重秤，已知装有踏板（踏板质量忽略不计）的可变电阻 R_1 与踏板上人的质量 m 之间满足一次函数关系，其图象如图1所示；图2的电路中，电源电压恒为3伏，定值电阻 R_0 的阻值为40欧，接通开关，人站上踏板，电压表显示的读数为 U_0，然后把 U_0 代入相应的关系式，该读数就可以换算为人的质量 m。（DO1、2）

（1）求可变电阻 R_1 与人的质量 m 之间的函数关系；

（2）用含 U_0 的代数式表示 m；

（3）当电压表显示的读数 U_0 为0.75伏时，求人的质量 m。

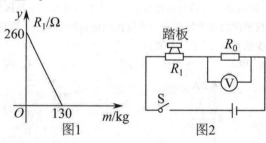

三、创新实践题（选做）

每四名同学为一个团队，查阅互联网资料，寻找其他应用反比例函数解决的跨学科问题，并制作PPT，分享给同学们。

学后反思	1. 完善思维导图，梳理本节课学习的知识内容。  2. 梳理本节课的数学思想和方法。 3. 针对本节课的表现，在以后的数学学习中我还能怎样改进？

【评价任务自我量化表】

评价任务	得分	总得分	等级	评价标准
评价任务 1				本课时评价任务总分共 100 分，
评价任务 2				A 级：达到总分的 80%（80 分）及以上； B 级：达到总分的 60%（60 分）及以上； C 级：达到总分的 60%（60 分）以下。

年级	9	科目	数学	周次	1	设计者		序号	5	班级	
主题与课时	反比例函数的应（2） （1 课时）			课型	新授	审核人		学校审核		姓名	
课标要求	解决一次函数与反比例函数的综合题。										
学习目标	1. 学会确定一次函数与反比例函数综合问题中表达式，判断图象，求解交点。 2. 学会反比例函数中围成三角形的面积的计算方法，会通过图象比较两个函数的大小。 3. 在解决一次函数与反比例函数综合问题的过程中，体会数形结合的思想方法，培养几何直观。										
评价任务	完成考点一（DO1、3） 完成考点二（DO2、3）										
资源与建议	1. 一次函数和反比例函数是刻画实际生活中数量关系的两个有效模型，在实际生活中有着广泛运用。一次函数与反比例函数的综合题是中考的热点问题，常考查的题型有用待定系数法求一次函数与反比例函数的解析式、交点问题、线段的数量关系问题、三角形的面积问题、求不等式的解集问题等，解题的关键是灵活运用所学的知识，通过画图分析，应用分类讨论和数形结合的思想思考并解答问题。 2. 本主题的学习按以下流程进行：探究解析式、图象和交点问题→即时评价→探究有关三角形面积和不等式解集问题→即时评价→课堂达标检测。 3. 本主题的重点与难点是一次函数与反比例函数综合问题，通过数形结合的思想来突破难点。										

学习过程

任务一：探究解析式、图象和交点问题。（PO1、3）

例1：如右图，正比例函数 $y=k_1x$ 的图象与反比例函数 $y=\dfrac{k_2}{x}$ 的图象相

交于 A，B 两点，其中点 A 的坐标为 $(\sqrt{3}$，$4)$。

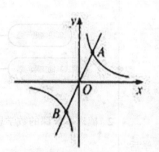

（1）分别写出这两个函数的表达式；

（2）你能求出点 B 的坐标吗？你是怎样求的？与同伴进行交流。

总结归纳： 当 k 的符号相同时，正比例函数与反比例函数会有_____个交点，它们关于_____对称。

考点一：求解析式、判断图象和求解交点问题。（DO1、3）

1. 在同一平面直角坐标系中，一次函数 $y=kx+k$ 与反比例函数 $y=\dfrac{k}{x}$ 的图象可能是（　　）。

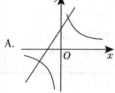

A.

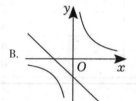

B.

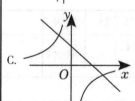

C.

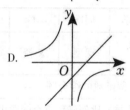

D.

2. 正比例函数 $y_1=k_1x$ $(k_1>0)$ 的图象与反比例函数 $y_2=\dfrac{3}{x}$ 的图象相交于 A、B 两点，其中 A 点的横坐标为 3，当 $y_1<y_2$ 时，x 的取值范围是（　　）。

A. $x<-3$ 或 $x>3$　　　　　　B. $x<-3$ 或 $0<x<3$

C. $-3<x<0$ 或 $0<x<3$　　　D. $-3<x<0$ 或 $x>3$

3. 如图，一次函数 $y=kx+6$ 和反比例函数 $y=\dfrac{m}{x}$ 图象交于

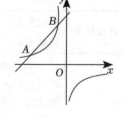

A $(n$，$2)$，B 点坐标为_____。

你的得分是_____（评价标准：每题5分，共计15分。）

任务二：探究有关三角形面积和不等式解集问题。（PO2、3）

例2. 如图，在直角坐标系中，直线 $y_1=-\dfrac{2}{3}x+b$ 与双曲线 $y_2=\dfrac{k}{x}$ $(k\neq0)$ 分别相交于第二、四象限内

的 A $(m$，$4)$，B $(6$，$n)$ 两点，与 x 轴相交于 C 点。已知 $OC=3$。

（1）求 y_1，y_2 对应的函数表达式；

（2）求 $\triangle AOB$ 的面积；

（3）直接写出不等式 $-\dfrac{2}{3}x+b>\dfrac{k}{x}$ 的解集。

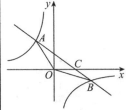

总结归纳：数形结合，函数值比大小，图象比高低，谁高谁大。

考点二：反比例函数中三角形面积和不等式解集。（DO2、3）

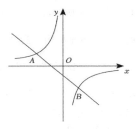

1. 如图所示，双曲线 $y=\dfrac{k}{x}$ （$k\neq0$）的图象与一次函数 $y=-\dfrac{1}{2}x-1$ 的图象

交于 A （m，1），B （2，n）两点。

（1）求反比例函数的解析式；

（2）观察图象，直接写出不等式 $-\dfrac{1}{2}x-1>\dfrac{k}{x}$ 的解集；

（3）设直线 AB 与 x 轴交于点 C，若 P 为 y 轴正半轴上一点，

当 △APC 的面积为 3 时，求点 P 的坐标。

你的得分是_____ （评价标准：每题 15 分，共计 15 分。）

检测与作业

1. 在同一直角坐标系中，函数 $y=-kx+k$ 与 $y=\dfrac{k}{x}$ （$k\neq0$）的大致图象可能为（　　）。（DO1、3）

A. 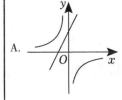　　　　B.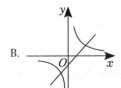

C. 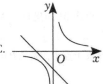　　　　D.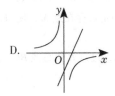

2. 一次函数 $y=ax+b$ 与反比例函数 $y=\dfrac{ab}{x}$ （a，b 为常数且均不等于 0）在同一坐标系内的图象可能是

（　　）。（DO1、3）

A. 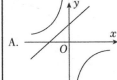　　　　B.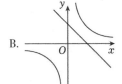

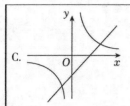 C.

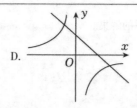 D.

3. 如图，直线 $y = kx$ （$k > 0$）与双曲线 $y = \dfrac{2}{x}$ 交于 A，B 两点，若 A，B 两点的坐标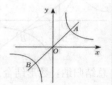

分别为 A （x_1，y_1），B （x_2，y_2），则 $2x_1^2y_2 - 5x_2y_1$ 的值为（ ）。（DO1、3）

A. −3   B. 5   C. 6   D. 7

4. 已知正比例函数 $y = mx$ （$m \neq 0$）的图象与反比例函数 $y = \dfrac{k}{x}$ （$k \neq 0$）的图象

的一个交点坐标为 （2，4），则它们的另一个交点坐标是_____。（DO1、3）

5. 如图，一次函数 $y_1 = kx + b$ 的图象与反比例函数 $y_2 = \dfrac{m}{x}$ 的图象相交于 A （−2，n）、

B （3，−1）两点，与 y 轴相交于点 C。（DO1、2、3）

（1）求一次函数与反比例函数的解析式； （2）若点 D 与点 C 关于 x 轴对称，求
$\triangle ABD$ 的面积；

（3）根据图象直接写出 $y_2 > y_1$ 的 x 的取值范围。

6. 如图，A 为反比例函数 $y = \dfrac{k}{x}$（$k < 0$）的图象上一点，$AP \perp y$ 轴，垂足为 P。（DO1、2、3）

（1）连接 AO，当 $S_{\triangle APO} = 2$ 时，求反比例函数的解析式；

（2）连接 AO，若 $A(-1，2)$，y 轴上是否存在点 M，使得 $S_{\triangle APM} = S_{\triangle APO}$，若存在，求出 M 的坐标；若
不存在，说明理由；

（3）点 B 在直线 AP 上，且 $PB = 3PA$，过点 B 作直线 $BC \parallel y$ 轴，交反比例函数的图象于点 C，若 $\triangle PAC$
的面积为 4，求 k 的值。

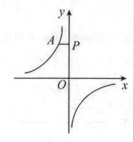

7. 如图，在平面直角坐标系中，点 A 是反比例函数 $y = \dfrac{k}{x}$（$k \neq 0$）图象上一点，$AB \perp x$ 轴于 B 点，一次函数 $y = ax + b$（$a \neq 0$）的图象交 y 轴于 D（0，-2），交 x 轴于 C 点，并与反比例函数的图象交于 A，E 两点，连接 OA，若 $\triangle AOD$ 的面积为 4，且点 C 为 OB 中点。（DO1、2、3）

（1）分别求双曲线及直线 AE 的解析式；（2）若点 Q 在双曲线上，且 $S_{\triangle QAB} = 4S_{\triangle BAC}$，求点 Q 的坐标。

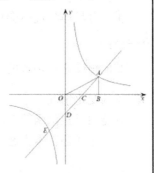

三、创新实践题（选做）

请查阅资料，求反比例函数和一次函数交点坐标的方法并比较它们的优缺点。

学后反思	1. 完善思维导图，梳理本节课学习的知识内容。

	2. 梳理本节课的数学思想和方法。
	3. 针对本节课的表现，在以后的数学学习中我还能怎样改进？

【评价任务自我量化表】

评价任务	得分	总得分	等级	评价标准
评价任务1				本课时评价任务总分共100分， A级：达到总分的80%（80分）及以上；
评价任务2				B级：达到总分的60%（60分）及以上； C级：达到总分的60%（60分）以下。

（反比例函数）作业与检测

课标要求：

①结合具体情境体会反比例函数的意义（例72），能根据已知条件确定反比例函数的表达式。

②能画反比例函数的图象，根据图象和表达式 $y=\dfrac{k}{x}$（$k\neq0$）探索并理解 $k>0$ 和 $k<0$ 时图象的变化情况。

③能用反比例函数解决简单实际问题。

一、选择题：本大题共 10 题，每题 4 分，共 40 分。

1. 下列函数：① $y=x-2$，② $y=\dfrac{3}{x}$，③ $y=x^{-1}$，④ $y=\dfrac{2}{x+1}$，⑤ $xy=11$，⑥ $y=\dfrac{k}{x}$，⑦ $y=\dfrac{5}{x^2}$，⑧ $\dfrac{y}{x}=1$。其中 y 是 x 的反比例函数的有（   ）。

A. 1 个　　　　　　B. 2 个　　　　　　C. 3 个　　　　　　D. 4 个

2. 对于反比例函数 $y=-\dfrac{5}{x}$，下列说法错误的是（   ）。

A. 图象经过点（1，−5）

B. 图象位于第二、第四象限

C. 当 $x<0$ 时，y 随 x 的增大而减小

D. 当 $x>0$ 时，y 随 x 的增大而增大

3. 反比例函数 $y=-\dfrac{4}{x}$ 的图象一定经过的点是（   ）。

A.（1，4）　　　　B.（−1，−4）　　　　C.（−2，2）　　　　D.（2，2）

4. 若点 $A(-1，y_1)$，$B(1，y_2)$，$C(3，y_3)$ 在反比例函数 $y=-\dfrac{3}{x}$ 的图象上，则 y_1，y_2，y_3 的大小关系是（   ）。

A. $y_3<y_2<y_1$　　B. $y_2<y_3<y_1$　　C. $y_3<y_1<y_2$　　D. $y_2<y_1<y_3$

5. 下列命题：①在函数：$y=-2x-1$；$y=3x$；$y=\dfrac{1}{x}$；$y=-\dfrac{2}{x}$；$y=\dfrac{1}{3x}$（$x<0$）中，y 随 x 增大而减小的有 3 个函数；②对角线互相垂直平分且相等的四边形是正方形；③反比例函数图象是两条无限接近坐标轴的曲线，它只是中心对称图形；其中是真命题的个数是（   ）。

A. 0 个　　　　　　B. 1 个　　　　　　C. 2 个　　　　　　D. 3 个

6. 如图，点 $P(x，y)$ 在反比例函数 $y=\dfrac{k}{x}$ 的图象上，$PA\perp x$ 轴，垂足为 A，$PB\perp y$ 轴，垂足为 B，若矩形 $OAPB$ 的面积为 4，则 k 的值为（   ）。

A. 2 　　　　　　　　　　　　　B. -2

C. 4 　　　　　　　　　　　　　D. -4

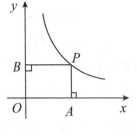

7. 如图，在函数 $y = \dfrac{2}{x}$ ($x>0$) 的图象上任取一点 A，过点 A 作 y 轴的垂线交函数 $y = -\dfrac{8}{x}$ ($x<0$) 的图象于点 B，连接 OA，OB，则 $\triangle AOB$ 的面积是(　　　)。

A. 4 　　　　　B. 5 　　　　　C. 8 　　　　　D. 10

8. 下面的三个问题中都有两个变量：

①京沪铁路全程为 1463km，某次列车的平均速度 y（单位：km/h）与此次列车的全程运行时间 x（单位：h）；

②已知北京市的总面积为 $1.68 \times 10^4 \text{km}^2$，人均占有面积 y（单位：$\text{km}^2/$人）与全市总人口 x（单位：人）；

③某油箱容量是 50L 的汽车，加满汽油后开了 200km 时，油箱中汽油大约消耗了 $\dfrac{1}{4}$。油箱中的剩油量 yL 与加满汽油后汽车行驶的路程 $x$km。

其中，变量 y 与变量 x 之间的函数关系可以用如图所示的图象表示的是(　　　)。

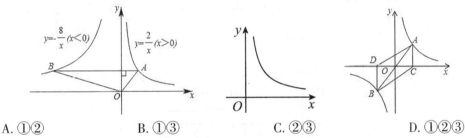

A. ①② 　　　　　B. ①③ 　　　　　C. ②③ 　　　　　D. ①②③

9. 已知闭合电路的电压为定值，电流 I（A）与电路的电阻 R（Ω）是反比例函数关系，根据下表判断以下选项正确的是(　　　)。

I (A)	5	…	a	…	…	b	…	…	…
R (Ω)	20	30	40	50	60	70	80	90	100

A. I 与 R 的关系式为 $I = \dfrac{R}{100}$ 　　　　　B. $a = 25$

C. ? $a<b$ 　　　　　D. 当 $2<I<a$ 时，$40<R<50$

10. 如图，A、B 是函数 $y = \dfrac{1}{x}$ 的图象上的点，且 A、B 关于原点 O 对称，$AC \perp x$ 轴于 C，$BD \perp x$ 轴于 D，如果四边形 $ADBC$ 的面积为 S，则(　　　)。

A. $S=1$　　B. $1<S<2$　　C. $S>2$　　D. $S=2$

二、填空题：本大题共 10 题，每题 4 分，共 40 分。

11. 已知反比例函数 $y = \dfrac{k}{x}$ ($k \neq 0$)，当 $x=2$ 时，$y = \sqrt{3}$，则比例系数常数 k 的值为_____。

12. 双曲线 $y=\dfrac{k}{x}$ $(k\neq0)$ 经过点 $(m, 2)$、$(5, n)$，则 $\dfrac{m}{n}=$ _____。

13. 已知函数 $y=(5m-3)x^{2-n}+(n+m)$，当 m _____，n _____，函数为反比例函数。

14. 如图，点 A 在双曲线 $y=-\dfrac{2}{x}$ $(x<0)$ 上，连接 OA，作 $OB\perp OA$，交双曲线 $y=\dfrac{k}{x}$ $(k>0)$ 于点 B，若 $OB=2OA$，则 k 的值为 _____。

15. 如图，直线 AB 分别交反比例函数 $y=\dfrac{10}{x}$ $(x>0)$ 与 $y=\dfrac{6}{x}$ $(x>0)$ 的图象于 A、B 两点，且 $AB\parallel y$ 轴，连接 OA、OB，则 $\triangle AOB$ 的面积为 _____。

16. 某物体对地面的压强 P（Pa）与物体和地面的接触面积 S（m^2）成反比例函数关系（如图），当该物体与地面的接触面积为 $0.25m^2$ 时，该物体对地面的压强是 _____ Pa。

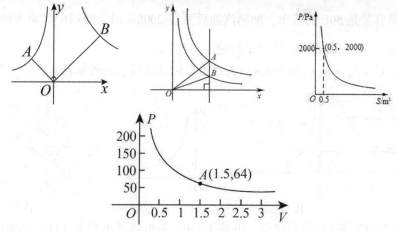

17. 某气球内充满了一定质量的气体，当温度不变时，气球内的气压 P（单位：kPa）是气体体积 V（单位：m^3）的反比例函数，其图象如图所示。当气球内的气压大于 160kPa 时，气球将爆炸，为了安全起见，气球的体积应不小于 _____ 立方米。

18. 如图，四边形 QABC 是矩形，ADEF 是正方形，点 A、D 在 x 轴的正半轴上，点 C 在 y 轴的正半轴上，点 F 在 AB 上，点 B、E 在反比例函数 $y=kx$ 的图象上，$OA=1$，$OC=6$，则正方形 ADEF 的边长为( )。

19. 如图，已知菱形 OABC，OC 在 x 轴上，AB 交 y 轴于点 D，点 A 在反比例函数 $y_1=\dfrac{k}{x}$ 上，点 B 在反比例函数 $y_2=-\dfrac{2k}{x}$ 上，$OD=2$，则 k^2 的值为 _____。

20. 如图，一次函数 $y=kx+1$ 与反比例函数 $y=\dfrac{6}{x}$ $(x>0)$ 的图象交于点 $P(2, t)$，过点 P 作 $PA\perp x$ 轴于点 A，连接 OP，下列结论正确的是 _____。
①$t=3$　②$k=1$　③$\triangle OAP$ 的面积是 3　④点

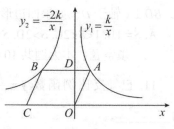

$B(m,n)$ 在 $y=\dfrac{6}{x}(x>0)$ 上，当 $m>2$ 时，$n>t$

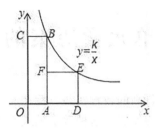

三、简答题：本大题共 2 题，每题 10 分，共 20 分。

21. 如图，在平面直角坐标系 xOy 中，直线 $y=ax+b$ 与双曲线 $y=\dfrac{k}{x}(x>0)$ 交于 A（1，3），B（3，m）两点，与 x 轴交于点 C，与 y 轴交于点 D，连接 OA，OB。

（1）求一次函数和反比例函数的表达式；

（2）求 $\triangle OAB$ 的面积；

（3）$ax+b>\dfrac{k}{x}$ 时，x 的取值范围是_____；

（4）在 x 轴上是否存在点 P，使 $\triangle PCD$ 的面积等于 $\triangle OAB$ 的面积的 3 倍。若存在，请直接写出所有符合条件的点 P 的坐标；若不存在，请说明理由。

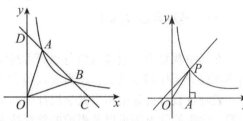

22. 第 31 届世界大学生运动会于 2023 年 8 月 8 日在成都落下帷幕，吉祥物"蓉宝"系列产品深受人们喜爱。据某电商平台统计，某款蓉宝公仔自 7 月发售以来，其销售量呈直线上升趋势；大运会期间热度增大，日销售量较前段时间增大；大运会结束后，销售量与时间呈反比例关系。日销售量 y（万件）随时间 x（天）变化的函数图象如图所示，大运会前为线段 OA，大运会期间为线段 AB，大运会后曲线 BC。

（1）求线段 AB 和反比例函数的表达式并写出自变量的取值范围；

（2）已知日销售量不低于 4 万件时，为畅销期，请求出畅销期持续的天数。

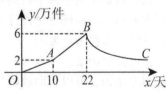

第四章 单元学历案的实施策略

单元学历案教学，作为一种创新的教育实践，旨在通过综合和系统化的教学活动，促进学生深层次的学习和全面的能力发展。这种教学模式不仅强调知识的传授，更重视学生思维能力的培养和实践技能的提升。为了有效实施单元学历案，教师必须采用一系列策略，确保教学活动能够精准地满足学生的学习需求，同时激发他们的探究兴趣和创新精神。

第一节 教师角色与职责

教师在单元学历案教学中扮演的各种角色，包括教学设计师、学习促进者、评估者、沟通者和协调者，以及变革推动者。这些角色反映了教师在现代教育中的复杂性和多功能性，也突出了教师如何通过各种策略和方法，有效地实施学历案，以达到教学目标。

一、教学设计师

在初中教育中，教师的角色和职责是实现学历案成功实施的关键。一个高效的单元学历案不仅需要仔细地策划，还需要教师在实施过程中发挥多种重要角色。

教师在教育过程中担当教学设计师的角色尤为重要。这一角色要求教师深入理解课程内容、学生的学习需求以及当前的教育技术，从而设计出既高效又能激发学生兴趣的教学活动。具体而言，这一角色主要涉及以下几个关键方面。

（一）开发有效课程

在学历案教学中，课程开发是一个核心环节，要求教师综合考虑多个关键因素来设计符合教育目标的单元学历案。这个过程不仅涉及对学科知识的深入理解，还需要教师考虑学生的具体需求和学习条件，以确保教学设计的有效性和适应性。

教师需要全面掌握学科的基础理论和核心概念，以及这些概念之间的逻辑关系。这种深层次的知识结构理解是设计有效学历案的前提，它帮助教师识别哪些知识点是学生学习中的关键，哪些是次要的。

在设计学历案前，教师应评估学生的前知识水平。了解学生在开始新单元学习之前已经掌握的知识，可以帮助教师建立更加连贯和适宜的学习桥梁。这一评估也包括识别学生的错误概念和常见误区，从而在教学中加以纠正和强调。为了增加学历案的吸引力和实用性，教师需要考虑学生的兴趣点和能力水平。选择与学生生活经验相关联或他们已显示出浓厚兴趣的主题，可以显著提高学生的参与度和学习动机。课程设计应以学生为中心，这意味着教学活动、学习材料和评估方式都应该围绕学生的学习需求和认知发展阶段进行调整。这包括提供不同层次的挑战、适应不同学习风格的材料和活动，以及设置可以促进所有学生积极参与的学习环境。教师在设计学历案时，还必须确保课程内容与国家或地区的教育标准一致。这涉及将广泛的教育目标转化为具体的教学目标，并通过各种教学活动和评估策略加以实现。这不仅有助于维持课程内容的标准化和高质量，也确保学生能在更广泛的教育体系中取得成功。通过这样全面而细致的课程开发过程，教师可以确保单元学历案不仅符合教学目标，而且能够激发学生的学习热情，促进他们的全面发展。

（二）进行线上线下资源整合

在当今的教育体系中，一个混合式的学习模式（结合线上和线下资源）被广泛认为能够显著提升教学质量和学习效果。教师在这一过程中承担着至关重要的角色，他们不仅需要识别和搜集各种有效的教学资源，更要在线上和线下环境中进行有机整合，确保资源的最优使用。

教师需利用传统的文本资料、视频、多媒体演示以及在线互动工具等资源，创造一个内容丰富且多样化的教学环境。例如，他们可以将线下的实体书籍和文档与线上的数字化学习材料结合起来，为学生提供无缝衔接的学习体验。此外，利用视频和虚拟实验工具不仅可以帮助视觉学习者更好地理解复杂的科学概念，也能通过实时互动增强学习的吸引力和参与感。

另一方面，通过互动讨论板和在线合作平台，教师可以搭建一个促进学生之间以及师生之间交流与合作的网络平台。这些平台不仅便于实时互动、疑问解答和知识分享，也能够扩展到线下的小组讨论和协作项目，从而实现线上线下资源的高效融合。

在整个资源整合过程中，教师需评估各种教学工具和资源的适用性，确保它们能够针对不同学生的需求进行个性化的调整。这种整合不仅增加了教学手段的灵活性，也极大地丰富了教学内容，有助于满足不同学生的学习风格和需求，最终提升教育成果的质量和效率。

（三）活动规划

在设计教学活动时，教师必须确保这些活动不仅与教学大纲紧密相连，而且能够有效支持学习目标的实现，并促进学生的全面发展。活动的设计应当围绕核心教学观念组织，每个设计出来的活动都应直接有助于核心学习目标的达成，确保学习的每一步都是目标导向的。

教师应当创造多样化的学习情景，包括探究型学习、项目式学习以及基于问题的学习等。例如，探究型学习可以让学生在探索过程中自主寻找信息和解决方法，从而提升他们的研究技能和自学能力。项目式学习鼓励学生通过完成具体的项目来应用所学知识，这种方式非常适合培养项目管理能力和团队合作精神。而基于问题的学习则强调从实际问题出发，培养学生的问题解决能力和批判性思维。

此外，教师在活动设计时还应考虑到适时的反馈和调整机制。有效的反馈机制可以让学生了解自己在学习过程中的进展和存在的不足，同时也为教师提供了调整教学策略的依据。例如，可以通过定期的学习评估、同学之间的互评以及教师的即时反馈等方式，确保学生在学习过程中能够得到持续的关注和必要的指导。

在活动规划中，还应注意活动的可持续性和实际操作性。设计的活动应适合学生的年龄和认知水平，同时考虑课程时间和资源的可用性。通过这种全面且细致的规划，教师能够更好地促进每位学生的个性化发展，帮助他们在不同领域中达到更高的成就。

综上所述，教师作为教学设计师的角色非常关键，他们的工作不仅是传授知识，更是创造一种环境，让学生能够在其中积极学习并达到教学目标。通过精心设计的学历案，教师可以极大地提升教学效果，帮助学生实现长期的学术和个人成长。

二、学生学习促进者

教师在教育过程中不仅是知识的传递者，更是学习的促进者。这一角色要求教师采取主动策略，以激发学生的内在动机，培养关键技能，并针对每位学生的独特需求提供支持。

（一）激发兴趣

1. 问题驱动学习

设计吸引人的问题或挑战，是激发学生学习热情的有效手段。教师可以通过设置与现实世界紧密相关的复杂问题来鼓励学生进行深入的研究和讨论。这些问题应该具有挑战性，能够引起学生的好奇心，并推动他们运用批判性思维去探索解决方案。例如，可以在课程中引入当前的社会问题、科学发现或技术创新，让学生围绕这些主题进行小组探讨或独立研究。

2. 情境学习

通过创造真实或模拟的学习环境，学生可以在具体和有意义的上下文中进行学习。这种方法特别适合法律、医学、商业和工程等应用密集型领域。例如，教师可以设计基于真实案例的研究活动，或者设置模拟市场的商业游戏，让学生在仿真环境中应用理论知识。此外，角色扮演活动不仅增强了学生的情境感知能力，也促进了他们在特定环境下的决策能力和团队互动。

3. 利用多媒体资源

在现代教育中，多媒体技术的使用已成为一种常见且有效的教学手段。通过视频、互动软件、虚拟现实（VR）和增强现实（AR）等技术，可以使抽象的教学内容变得直观和易于理解。例如，使用互动视频讲解复杂的科学原理，或通过虚拟现实技术模拟历史事件，这些体验不仅增强了学生的感官体验，还大大提高了他们的参与度和学习动力。通过这样的技术，学生可以在一个富有吸引力和互动性的学习环境中，更加积极地探索和吸收新知识。

（二）技能培养

1. 批判性思维

批判性思维是学生们必须掌握的一项关键技能，它使他们能够更加深入和全面地分析信息。通过组织辩论、分析不同的观点和信息来源，以及设计解决开放式问题的活动，教师可以有效培养学生的这一能力。例如，教师可以安排一些情景模拟活动，让学生从不同角色的视角审视问题，或者进行案例分析，让学生探讨和评估不同决策的后果。这类活动不仅提高学生的思辨能力，还激励他们对信息进行深入探究和有效评估。

2. 解决问题的能力

解决问题的能力是学生未来成功的关键。设计需要学生找出问题解决方案的活动，如项目式学习和设计思维挑战，可以有效地锻炼和提高这一能力。在项目式学习中，学生需要将理论知识应用于实际情况，解决从简单到复杂的各种问题。设计思维挑战则鼓励学生从用户或问题受益者的角度出发，通过创造性思考找到创新的解决方案。这些活动促使学生在实践中学习和应用他们的知识和技能，从而提升他们解决实际问题的能力。

3. 跨学科学习

跨学科学习是提高学生综合应用能力的重要教育方法。通过整合数学、科学、语言艺术等不同学科的知识，教师可以帮助学生学会如何在更广泛的学术和现实生活框架内应用所学知识。例如，通过一个关于气候变化的项目，学生可以结合科学（了解气候系统），数学（数据分析和统计预测），以及语言艺术（撰写报告和展示）的知识来提出解决方案。这种跨学科的学习方式不仅增强了学生的学科知识，还培养了他们的整合思维和创新能力，使他们能够更全面地理解和解决复杂的现实问题。

（三）个性化支持

1. 适应学习风格

每位学生的学习方式都是独一无二的，教师的任务是识别每位学生的个别学习风格，如视觉、听觉、动手操作等，并据此设计相应的教学活动。例如，对于视觉学习者，教师可以增加图表、视频和图象等视觉元素；对于听觉学习者，则可以利用讲解、讨论和听力练习；而对于动手操作的学习者，则可以通过实验、模型制作等活动来增强其学习体验。通过这种方式，教育不仅更加符合学生的个性化需求，也更能提高他们的学习效率和兴趣。

2. 及时反馈

提供即时和具体的反馈是帮助学生理解自己的学习进度和面临挑战的关键。教师应定期检查学生的作业和测试，及时给予正面和建设性的反馈。这种反馈应具体到学生在某个概念或技能上的表现，而非泛泛而谈。这样的实践不仅帮助学生清晰地认识到自己的强项和待改进的领域，也为他们提供了具体的改进方向和策略，从而更好地指导他们的学习路径。

3. 学习策略的调整

教师应根据学生的表现和反馈动态调整教学策略和内容。这可能意味着修改课程难度，引入新的教学工具或方法，或者重新设计课程结构和活动。例如，如果多数学生在某个具体概念上表现不佳，教师可以考虑采用不同的解释方法，或者安排额外的辅导和练习。通过这种灵活的教学方法，教师可以确保教学活动更加贴合学生的实际需要和学习速度，最大程度地支持他们的学习和发展。这种教学的适应性不仅有助于提升学生的学习成果，还能增强学生的学习自信和满足感。

三、学生学习评估者

作为评估者，教师的职责是持续监测和评估学生的学习进展，确保教学目标的实现，并通过反馈促进学生的进一步发展。这一角色涉及形成性评价和总结性评价的应用，以及教师对自己教学策略的持续自我反思和调整。

（一）形成性评价

1. 持续监测

为了有效地支持学生的学习进程，教师需要通过日常的观察和互动，持续跟踪学生的学习表现和行为。这包括注意学生在课堂上的参与度、作业完成情况以及他们在小组活动中的互动。通过这种持续的监控，教师能够实时了解学生的学习状态和情绪，从而及时调整教学策略，确保学习活动能够有效地促进学生的个人发展。

2. 多样化的评价工具

运用多种评价工具是获取学生学习详细信息的关键。这些工具包括但不限于问卷、小测试、日常作业和口头提问等。每种工具都有其独特的优势，例如，问卷可以帮助教师了解学生对课程内容的理解和感受；小测试可以快速检测学生对特定知识点的掌握程度；日常作业则反映学生的学习习惯和应用能力；口头提问则能够即时检测学生的思维活跃程度和即兴反应能力。通过这些多样化的工具，教师可以全面地收集学生的学习数据，识别学生在学习过程中遇到的具体问题和挑战。

3. 及时反馈

为学生提供及时且具体的反馈对于促进其学习进步至关重要。这种反馈应当具有建设性，详细指出学生在哪些方面表现优异，哪些方面有待提高，并提供具体的改进建议。例如，对于作业中出现的错误，教师可以指出错误所在，并解释正确的方法；对于表现出色的部分，则应给予表扬和鼓励。这样的反馈不仅有助于学生清晰地认识自己的长处和短板，也激励他们根据反馈调整学习策略，持续改进学习效果。通过这种方式，形成性评价成了一个持续的学习和教学对话，帮助学生在学习旅程中不断前进。

（二）总结性评价

1. 核心概念和技能的评估

总结性评价的目的是确保学生对单元或课程中的核心概念和技能有深刻的理解和掌握。为此，教师可以设计标准化的测试、终极项目或综合报告来进行评估。这些评价方式不仅测试学生的记忆和理解能力，还检验他们将知识运用于实际问题解决中的能力。例如，标准化测试可以覆盖广泛的课程内容，确保学生掌握了所有重要的知识点；终极项目则能评估学生在实际操作中应用课程内容的能力；综合报告则要求学生深入分析和反思所学知识，展示他们的批判性思维和综合能力。

2. 全面评估

总结性评价的设计应确保能全面测试学生的多方面能力，包括理解力、分析能力、应用能力和创造力。这要求评价活动不仅限于传统的笔试形式，还包括案例分析、实际操作、创造性任务等多种形式。这种多元化的评价方式有助于全面了解学生的综合素质和能力水平，同时也使评价过程更加公平和有效，能够真实反映学生的学习成果。

3. 公正透明

确保评价过程的公正性和透明性是总结性评价的重要原则。评价过程中的每一步，从评价标准的制定到最终的评分过程，都应该公开透明，确保没有偏见和不公。教师需要向学生清晰地解释评价的标准和评分细则，让学生明白如何在各项评价中取得分数。同时，教师也应对评价结果提供充分的反馈，解释评分的理由，这不仅能增强评价的可接受度，也有助于学生对自己的表现有更深的理解和认识，从而在未来的学习中取得更好的成绩。

（三）推动学生自我反思

在课堂教学过程中，积极的互动是推动学生自我反省的关键环节。学生被鼓励积极表达自己的观点，并且要认真倾听并评价他人的意见。这种互动不仅促进了思想的交流和碰撞，也使学生在思考问题的过程中逐渐学会自我反省。例如，通过角色扮演活动，学生可以身处不同的决策者角色，体验不同视角下的思考过程和决策压力。这种方法使学生能从多个角度全面理解情境，促使他们反思自己在实际生活中的价值观和判断标准。

此外，为了加深学生的学习体验，教师可以设计一系列的反思活动，如编写反思日志或参与反思讨论环节。这要求学生在每次案例学习后记录下自己对案例的理解、感受以及从中得到的启示。这些活动不仅帮助学生更好地消化和吸收新知识，还能显著提高他们的自我觉察能力和批判性思维能力。通过这些结构化的反思实践，学生能够更系统地审视和评估自己在解决问题过程中的表现，识别自己的优势和不足。

通过定期的自我反思，学生可以更清晰地了解自己在知识应用、情感处理和社交互动中的表现。这种连续的自我评估和反思不仅有助于学生在学术上取得进步，也是他们个人成长和职业发展的重要部分。自我反思使学生能够构建起对自我认识的深度和广度，为他们未来的学习和生活提供了坚实的基础和宝贵的指导。

（四）教师自我反思

1. 教学策略的调整

教师自我反思的一个重要方面是根据学生的反馈和教学成果的评估来及时调整教学策略。这可能意味着改变教学风格，以适应学生的学习需求和反应。例如，如果教师发现讲授式教学不足以激发学生的兴趣，他们可能会转向更加互动或项目导向的教学方法。此外，教师可能需要引入新的教学资源，如更新的教科书、在线互动工具或实践活动，以提高教学效果。调整课程内容的深度和难度也是必要的，以确保所有学生都能在课堂上成功和充分理解材料。

2. 专业成长

教师的自我反思不仅关注教学方法的即时调整，还涉及自身的长期专业发展。教师应利用学生的反馈和评价结果作为自我改进的动力，持续学习新的教学理论和技术。这可能包括参加专业发展研讨会、在线课程或获取进一步的学历。通过这样的持续学习和实践改进，教师能够不断提升自己的教学技巧，更好地满足学生的需求，并适应教育领域的变化。

3. 同行评议

同行评议是教师专业成长的一个重要组成部分。通过参与教育研讨会或同行评议会议，教师可以与其他教育工作者交流教学经验和策略。这种交流不仅能提供宝贵的反馈，帮助教师识别自己教学中的盲点和弱点，也能激发新的教学想法和创新。从同行那里获得的反馈和建议可以帮助教师进一步优化教学设计和实施，确保教学方法能够有效地适应学生的变化需求。通过这种专业的交流和合作，教师可以在教学实践中获得支持，增强教学自信，同时推动整个教育团队的发展。

四、沟通者和协调者

在教育过程中，教师作为沟通者和协调者的角色至关重要，他们不仅是信息的传递者，还是各方利益的协调者。通过有效的沟通和协作，教师可以为学生创造一个支持性强、资源丰富的学习环境。

（一）与学生沟通

1. 开放式沟通渠道

有效的学生教师沟通是教育成功的关键。为了鼓励学生自由表达，教师需要建立一个开放和包容的沟通环境。这可以通过多种方式实现，如定期安排课堂讨论时间，提供一对一的会谈机会，或利用电子通信工具如电子邮件、教学平台的论坛等，确保学生在需要时都能找到表达自己意见的途径。在这样的环境中，学生不仅感到自己的声音被听到，而且也更加积极参与到学习过程中。

2. 积极倾听

与学生交流时，教师的积极倾听至关重要。这意味着在对话中不仅要听取学生的话语，更要注意理解他们的非语言表达，如语调、面部表情和身体语言。通过这种深入的倾听，教师可以更好地把握学生的情绪和需求，从而做出适当的反应和调整教学策略。积极倾听不仅让学生感到被尊重和理解，而且还能帮助教师更准确地评估学生的学习进度和心理状态。

3. 鼓励自我表达

教师应通过多种教学活动鼓励学生表达自己的观点和创意。例如，可以在课程中安排项目展示和课堂讨论，让学生有机会展示自己的工作成果和分享个人见解。此外，教师可以引入辩论、角色扮演等活动，这些活动不仅能增强学生的自我表达能力，还能提高他们的批判性思维和公共演讲技巧。通过这些活动，学生能够在安全和支持的环境中练习和提升自我表达，这对他们的个人成长和学术成功都是非常有益的。

（二）与家长协作

1. 定期更新

为了使家长了解他们孩子的学校生活，教师应通过各种沟通渠道定期更新学生的学习进展和行为表现。这可以通过组织家长会议，定期发送电子邮件汇报，或通过电话联系等方式进行。这种定期的沟通不仅帮助家长掌握孩子在学校的表现，还增强了家长对教育过程的信任和参与感。例如，教师可以在每个学期末向家长提供一份详细的学生表现报告，或在需要时与家长进行一对一的交流，确保信息的透明度和及时性。

2. 共享学习资源

教师可以向家长提供必要的学习资源和家庭作业指导，以便家长能更有效地在家支持孩子的学习。这些资源可能包括访问在线教育平台的方法、推荐阅读材料以及如何帮助孩子有效完成家庭作业的策略等。此外，教师可以定期举办工作坊或讲座，教授家长如何使用这些资源和技巧，从而使他们能够更加积极地参与到孩子的学习过程中。

3. 伙伴关系

建立与家长的伙伴关系对于学生的整体教育体验至关重要。教师应与家长密切合作，共同参与学生的教育过程。这种合作可以通过定期的会议来讨论学生的长期教育规划，个人兴趣和职业发展等方面。通过这种方式，教师和家长可以共同制定支持学生个人发展的策略和计划，确保学生在学校的学习与家庭的支持之间形成良好的互动和衔接。这种伙伴关系不仅有助于学生在学术上取得成功，还有助于其社会情感技能的发展。

（三）与同事合作

1. 资源共享

在教育领域中，资源共享是提高教学质量和创新性的重要方式。教师可以与同科或跨学科的同事共享教学资源和策略，这不仅增强了课程内容的多样性，还可以激发新的教学灵感。例如，教师们可以共同开发跨学科的项目，如结合科学与数学的实验项目，或结合历史与文学的分析讨论。此外，教师们可以在教学中引入其他学科的内容，例如在语文课上引入音乐或美术元素，使学习体验更加丰富和综合。

2. 团队教学

参与团队教学是提高教学效果的有效策略。通过与其他教师共同策划和执行课程，每位教师可以根据自己的专长和视角贡献独特的教学方法。这种协作不仅可以解决单一教师可能遇到的挑战，还能通过多样化的教学风格和技术，更好地满足学生的学习需求。例如，一位擅长创新教学方法的教师可以与一位对学科内容有深入了解的教师合作，共同创造一个动态和互补的教学环境。

3. 专业发展

持续的专业发展是教师职业生涯中不可或缺的一部分。教师应积极参与校内外的专业发展活动，如研讨会、工作坊和专业会议等。这些活动不仅提供了一个了解和讨论最新教育趋势的平台，还允许教师与同行交流教学经验和挑战。通过这种交流，教师可以获得新的教学策略，同时也能从同事那里获得支持和反馈，这对于个人和团队的专业成长都是极为有益的。此外，这些活动也促进了教师间的社交联系，有助于建立一个支持和合作的职业网络。

通过上述策略，教师作为沟通者和协调者可以有效地提升学生的学习经验，增强家校合作，并在教师团队中推动教学创新和改进。这些努力共同促进了教育环境的整体健康和学生学习成果的优化。

五、变革推动者

在教育领域中，教师不仅承担着传授知识的任务，也应成为推动教育变革的积极参与者。作为变革推动者，教师可以通过创新教学实践、不断提升自身专业技能，并扩大自己的影响力来引领教育的前进方向。

（一）教育创新

1. 采用新技术

在现代教育中，利用最新技术提高课堂互动性和学生参与度是至关重要的。教师应积极探索并应用诸如虚拟现实（VR）、增强现实（AR）以及各种在线学习平台这样的前沿技术。这些技术可以创建沉浸式学习环境，帮助学生通过虚拟模拟体验复杂概念或历史事件。例如，使用VR技术进行地理或历史教学可以使学生仿佛身临其境，增加学习的趣味性和实效性。在线学习平台则通过提供定制化学习路径和实时反馈机制，使学习更加个性化和灵活。

2. 实验性教学方法

为了促进学生的主动学习和深入理解，教师应该尝试新的教学方法，如翻转课堂、项目式学习或基于游戏的学习。翻转课堂通过让学生在家预习新内容，将课堂时间用于讨论和解决问题，从而提高学生的课堂参与度和学习效果。项目式学习鼓励学生通过完成具体项目来应用所学知识，这种方法特别适用于培养解决问题的能力和团队合作技能。基于游戏的学习则利用游戏机制增加学习的动力和乐趣，使抽象的知识点变得更直观和易于理解。

3. 持续改进

为了确保教学方法与学生的多样化学习需求相匹配，教师需要根据学生的反馈和教学效果不断调整和改进教学策略。这要求教师持续收集和分析教学活动的反馈，如学生的成绩、课堂参与情况以及他们的满意度等。通过这种反馈，教师可以识别哪些教学方法最有效，哪些需要改进或替换。此外，教师还应参与专业发展活动，以保持对最新教育理论和实践的了解，确保教学策略的持续创新和适应性。

（二）职业发展

1. 参与专业培训

为了保持自己的教学方法与时俱进，教师应定期参加教育培训和工作坊。这些活动提供了一个学习和实践最新教育理论和教学方法的平台，例如学习如何有效地整合科技工具进课堂，或者掌握新兴的学生评估技术。通过参与这些培训，教师不仅能够更新自己的教学技巧，还能与其他教育工作者交流经验，从而在教学实践中获得新的视角和灵感。

2. 学习新知识

在教育领域，持续学习和适应新的学术发展是非常重要的。教师应致力于不断扩展自己的学科知识和教学技巧。这可以通过参加高等教育课程、订阅相关的学术期刊、参与在线学习平台或自我指导的研究来实现。通过这种持续的专业成长，教师不仅可以提升自己的教学质量，还能更有效地激发学生的兴趣和学习潜力。

3. 同行评审

同行评审是一种极具价值的职业发展工具。通过参与同行评审活动，教师可以将自己的教学方法和材料提交给其他教育专家的评审。这一过程不仅可以帮助教师从同行那里获得宝贵的反馈，还能使他们了解到其他教师在类似教学场景中的成功经验和挑战。同行的反馈可以指出教学中的盲点和改进空间，从而帮助教师进一步提升其教学技能和整体教育实践。

这些职业发展策略的实施有助于教师在教育行业中保持竞争力，确保他们能够提供符合当前教育标准的高质量教学。此外，通过这些活动，教师将能更好地应对快速变化的教育需求，从而更有效地支持学生的学习和成长。

（三）影响力扩展

1. 教学反思与分享

为了提升自身的教学实践并对外扩展影响力，教师应定期撰写关于教学的反思和案例研究。这些文档不仅是个人教学经验的总结，也可以成为同行学习和启发的资源。通过在教育博客、学术期刊或研讨会上分享这些内容，教师不仅能够得到同行的反馈，还能提升自己作为教育思想领袖的形象。此外，这种分享还有助于激发教育界的对话和创新，推动教学方法的发展。

2. 参与教育研讨会

积极参加地区、国家或国际级的教育研讨会是扩大专业影响力的有效途径。这些研讨会提供了一个与其他教育专家交流思想的平台，教师可以在这里分享自己的研究成果，学习别人的先进经验，并探讨教育领域的最新动态和挑战。通过这些活动，教师不仅可以获得新的知识和灵感，还能建立起广泛的专业网络，这对未来的职业发展极为有利。

3. 影响政策制定

教师拥有从一线教学中获得的独特视角和经验，这使他们在教育政策的讨论和制定中扮演着重要角色。通过积极参与相关的政策讨论、工作组或顾问委员会，教师可以将自己的实际教学经验和观点引入更广泛的教育改革中。这不仅有助于教育政策更贴近教学实际，还能确保政策决策过程中考虑到一线教师的声音和需求，从而在更大范围内影响教育的发展方向和质量。

从教学设计师到学习促进者，再到学习评估者和变革推动者。每一角色都凸显了教师在塑造学生未来和推动教育创新中的关键作用。通过积极地参与专业培训，不断学习新知识，以及与同行进行深入交流，教师不仅提升了个人职业技能，还广泛扩展了其教育影响力。

在未来，随着教育领域的不断进步和变化，教师的角色将会更加重要。他们不仅是知识的传递者，更是引导学生批判性思维和终身学习的关键人物。综上所述，教师的每一项努力都不仅影响着学生的学习成果，更深远地影响着社会对知识和学习的整体看法。因此，我们每位教育工作者都应当不断追求教学上的卓越，不懈努力地为学生的全面发展和教育改革作出贡献。

第二节 学生互动与参与

在单元学历案的实施过程中，有这样几个关键问题：首先，许多教师将学历案仅作为实验记录单使用，没有充分发挥其潜在的教学功能。其次，学历案的应用过于侧重于教师的"教"，忽视了学生信息的自我转化，导致教师代替学生学习，学生则表面上学习而实际上未真正吸收知识。第三，教师在教学中过分强调知识点的掌握，而忽略了培养学生的问题解决能力。

为解决这些问题，我们提出了一种"三阶五步"的单元学历案实施策略。这一策略包括三个阶段：导学、学会、会学。具体的五个步骤包括：认知激发和整体规划；学生与学历案的互动，进行低结构探索；学生间及师生间的互动，进行高结构指导；学生与学历案的再次互动，加深理解；以及评价反思和策略提炼。通过这种策略，我们希望能够更有效地利用学历案，提升学生的学习质量，确保学生不仅掌握必要的知识点，同时也能够提升其解决问题的能力。

一、导学——认知激发，整体规划

在乡镇初中教育中，启动学习的第一阶段是至关重要的，它涉及对学生认知的激发和对学习任务的整体规划。教师在这个阶段的目标是创造一个真实的学习环境，通过这种环境让学生体验到学习的价值，从而激发他们的学习兴趣和动力。

（一）认知激发

为了提高学生的学习效率和动机，教师需要在课堂上创设与学生日常生活紧密相关的真实情境。这样的教学方法可以帮助学生明确他们的学习目标，并认识到学习内容在实际生活中的直接应用价值。例如，在教授健康饮食的单元中，教师可以设置一个以学校郊游为背景的场景，让学生参与到计划和准备适合野餐的健康便当的活动中。这种情境不仅增加了学习的趣味性，也加强了学习的实用性。下面以初中科学课为例说明学生认知冲突激发策略。

1. 设置单独交流和小组活动，了解学生认识程度

要真正理解科学知识的本质，教师需首先了解学生对这些知识的掌握程度。这要求教师深入分析学生对科学概念的理解，特别是他们的错误认识和偏差。基于这些信息，教师可以设计具有针对性的教学活动，设置知识上的冲突，引导学生通过解决这些冲突来深化理解，这是真正的学习过程。

为了精确掌握学生的认识水平，教师可以通过单独交流和小组活动来收集信息。例如，在探讨"牛顿第一定律"之前，教师可以让学生基于个人的生活经验进行小组讨论，这样学生可以自由表达他们对物体运动和力的关系的理解。通过这种方式，教师可以发现学生之间对同一科学问题的不同看法，从而激发出认识上的冲突。

接下来，教师应继续引导学生通过实际操作来验证他们的理论。例如，可以设计一个

实验，让学生比较有布和无布覆盖的桌面上，小车的滑行情况如何变化。这种实验不仅帮助学生观察到小车在无外力作用下仍能继续滑行的现象，还能让他们从实践中理解物体运动的自然状态。通过这样的实验和合作交流，学生能够更清楚地认识到自己对科学概念的误解，从而逐步校正并加深对科学理论的理解。

通过这种结合理论讨论与实际操作的教学方法，学生不仅能够修正原有的误解，还能通过亲身体验和同伴间的互动，加深对科学原理的认识和理解，达到教学的最终目的。

2. 运用科学实验，制造认识冲突

在科学教学中，进行实验是激发学生探索欲望的关键。它不仅展示了科学的神奇魅力，还能激发学生的学习积极性。更为重要的是，科学实验可以引发学生在体验前后的认知冲突，帮助他们更快融入科学世界的学习。例如，在学习饱和溶液的课程中，教师可以通过设计实验，帮助学生理解饱和溶液的定义和特性。

①实验一：探究固体在水中的溶解限度。在此实验中，学生向一定量的水中逐渐添加硝酸钾固体，观察溶解过程。通过实验，学生将发现水中固体溶质的溶解有一个限度，超过这个限度后溶液便达到饱和状态，不能继续溶解更多的固体。

②实验二：探索如何改变溶解条件以继续溶解固体。在这个实验中，学生将探索改变温度或增加溶剂量如何影响溶液的饱和状态。通过实验操作，学生将观察到温度的提高或溶剂量的增加如何使原本饱和的溶液能继续溶解更多的硝酸钾。

③实验三：研究饱和溶液是否能溶解其他类型的溶质。对于已经理解饱和溶液概念的学生，教师可以进一步提问是否可以在氯化钠的饱和溶液中继续溶解其他溶质，如高锰酸钾。通过实验，学生将观察到即使氯化钠的溶解已达饱和状态，添加的高锰酸钾仍能在溶液中溶解，使溶液颜色变成紫红色，从而认识到不同溶质间的相互作用和溶解特性。

通过这三个实验，学生不仅能够通过亲身实践理解科学概念，还能通过讨论和交流，结合实验结果进行分析，最终归纳出饱和溶液的定义和特性。这样的教学方法能够有效地提高学生的科学理解力，同时通过解决实验中遇到的问题，增强其问题解决能力。

3. 设计矛盾情境以激发认知冲突

在初中学科的教学中，创建合适的学科情境至关重要。教师可以通过设计包含内在矛盾的情境来激发学生的探索精神和求知欲。这意味着教师需要精心挖掘课程内容与日常生活实践中存在的潜在矛盾，构建引人入胜的学习情境。这样的情境设计使学生在学习过程中遇到认知上的困惑，迫使他们想要解决这些矛盾，从而激发深层次的认知冲突。

例如在浮力单元教学中，教师可以引用经典的"盐水浮蛋"实验。教师首先邀请学生观察一个鸡蛋放入普通自来水中会沉到底部，然后逐渐向水中加入盐，并观察鸡蛋的变化。随着盐分的增加，学生会惊奇地发现原本沉底的鸡蛋开始慢慢浮起来。为什么同一个鸡蛋在纯水中会沉下去，而在盐水中却能浮起来？这种矛盾激发学生的好奇心，引发他们探索背后的学科原理——浮力的变化。通过这种实验，学生被引导去探索水的密度如何因溶解盐分而增加，以及这一密度变化如何影响物体的浮力。教师可以进一步引导学生讨论和思考密度与浮力关系的其他实际应用，如海水和淡水中物体浮沉的差异，以及这一原理在船只设计和潜水艇调整浮沉中的应用。

4. 采用多元化训练模式以巩固学科知识

学科教学内容应具有针对性、逻辑性和趣味性。对于学生新学的学科知识，教师应重视针对性的重复训练，尤其是那些容易混淆或常出错的知识点。相关联的知识点应结合进行练习，以加强记忆。对于新学的知识点，及时进行练习是必要的，而对于重点知识，则需通过重复练习和实验验证，促使学生对实验结果进行深入的分析、讨论和总结。这不仅帮助学生熟练掌握知识，也培养了他们的逻辑思维能力。

5. 运用实际案例来激发认知冲突

在教学中引入实际案例可以有效帮助学生深入理解抽象的学科知识。由于学科概念往往较为抽象，学生可能会将其与日常生活中的不相关例子联系起来，这可能会干扰他们正确的理解。因此，教师应帮助学生避免这些干扰，引导他们发现知识的本质，不被细节迷惑。通过将知识点与相关的实际案例结合分析，学生不仅能从中提取本质，还能全面理解知识点。如在利润率教学过程中，我们可以给学生创设一个实际的购买环境，让学生身临其境地去感受打折的问题，让学生计算节省的金额，并讨论不同折扣策略对消费者的影响。

6. 设计多种情境以完善知识点的理解

学科教学是一个动态的解决问题的过程。教师应在课堂中不断设立各种问题情境，通过向学生抛出问题或回答学生的问题来激发他们的思考。教师需要根据课程内容设计合理有效的问题情境，以提升课堂教学的效果。这些情境不仅需要与课程内容相关，还应具有足够的灵活性和吸引力，使学生能亲身体验活动过程，从而激发他们的参与意识和主动性。如在历史教学中，模拟历史事件，如"中世纪市场"，让学生扮演商人、顾客和官员等角色。通过角色扮演，学生可以更深入地理解中世纪社会的经济和政治结构。

7. 通过作业习题激发认知冲突

学科知识点往往不是孤立存在的，它们与许多理论和其他知识点相互关联。教师应帮助学生建立系统的认知框架，帮助他们归纳并明确知识点之间的联系和区别。完成知识学习后，通过有效的习题练习加深理解是必不可少的。教师应鼓励学生大胆尝试不同的解题方法，并通过实验验证他们的认知。当学生发现实验结果与自己的预期不一致时，这种认知冲突可以极大地激发他们的学习动力。

通过以上措施，教师可以帮助学生建立联系实际的认知框架，激发他们的好奇心和探索欲，从而促进对学科知识的深入理解和应用。

（二）整体规划

在教育过程中，整体规划对于学生的学习成效至关重要。一旦学生意识到问题的重要性，教师的角色便是引导他们制定全面的学习计划。这一计划应涵盖明确的学习目标、问题解决的标准，并进一步将这些标准拆分为更具体、可执行的子问题。

随后，教师应指导学生探讨实现这些标准的具体方法。这可能包括选择合适的食材、设计适当的营养搭配、考虑食物的保鲜方法等。在这个过程中，学生将学习如何将一个较大的任务分解为多个小任务，并逐一解决。这不仅帮助学生实现具体的项目目标，也锻炼了他们的问题识别和解决技能。

通过这种方法，学生不仅能够对学习内容有一个更深入的理解，而且能够提高自我管理和计划的能力。此外，这一过程还鼓励学生通过团队合作来讨论和解决问题，从而提高他们的沟通能力和团队协作精神。整体来看，通过明确的规划和细分的任务执行，学生能够更有效地掌握知识并应用于实际生活中，实现学以致用。

（三）自我驱动的学习

在教育过程中，自我驱动的学习是培养学生独立性和责任感的关键。通过组织各种教学活动，学生可以发现现有的知识和技能在面对复杂的实际问题时可能存在局限性。这种认识往往会激发他们从内心深处产生学习的渴望，希望通过进一步的学习来克服这些限制。

为了有效地增强这种内在动力，教师可以在课程单元结束时提供一份精心制作的导学手册或撰写一封"致同学们的一封信"。这样的材料不仅作为学习的路线图，帮助学生理解整个单元的框架和目标，还能详细指导学生如何逐步实现这些目标。具体来说，这份手册或信件应包含以下几个要素。

①子任务分解：清晰地列出每一个学习阶段所包含的子任务，帮助学生理解他们需要完成的具体活动和步骤。这有助于学生将更大的学习目标细化为可管理的小任务，降低学习难度感。

②课时分配：详细介绍每个子任务或学习阶段应该花费的时间。这样的时间管理指导可以帮助学生合理安排学习计划，确保所有的学习内容都能得到充分的覆盖和理解。

③核心素养涵盖：阐明每一部分活动或任务如何帮助学生培养和提高他们的核心素养，例如批判性思维、问题解决能力、团队合作等。这能帮助学生理解学习活动的实际意义和应用价值。

④预期学习成果：设定明确的学习成果，让学生明白在完成这些任务后应达到的知识和技能水平。这种明确的目标设定可以增强学生的学习动机，同时也便于他们评估自己的学习进度和成果。

通过提供这样的导学材料，教师不仅能够激发学生的自我驱动力，还能帮助他们以更有组织、更系统的方式进行学习。这不仅使学生能够更深入地掌握知识，还能够在学习过程中发展必要的生活和职业技能。

（四）提供学习建议

在教学过程的最后阶段，提供具体的学习策略和建议对于帮助学生面对未来的学习挑战至关重要。这些策略和建议不仅能增强学生的自信心，还能提升他们应对新学科知识的能力。以下是一些具体的方面，教师可以在其中提供指导：

1. 研究技巧

教师可以教授学生如何有效地进行研究和信息搜集。这包括使用图书馆资源、网络学术数据库和其他可靠的在线资源。教师应强调批判性思维的重要性，教学生如何评估和选择高质量的信息源，以及如何整合和引用不同的信息来支持他们的论点或研究成果。

2. 时间管理建议

良好的时间管理是成功学习的关键。教师可以提供时间管理工具和技巧，如制定学习计划、设定优先级和使用日程表等。这些工具和策略将帮助学生有效地安排学习时间，确保充分地复习和准备，从而避免临时抱佛脚的紧张和焦虑。

3. 特定学习资源

教师应向学生推荐特定的学习资源，这可能包括在线教育平台、教科书、参考书籍、教学视频或实践练习工具。教师还可以介绍相关的学术社群、论坛和研讨会，鼓励学生参与这些平台以扩展他们的学习视野和网络。

4. 自我监控技巧

教育者应教授学生如何进行自我监控，包括自我测试、复习旧知识点以及定期评估自己的学习进度。这些技巧将帮助学生保持学习的连贯性和深度，同时也能使他们对学习成果保持清晰的认识。

5. 学习小组和协作学习

鼓励学生参与学习小组或协作学习项目。在小组互动中，学生可以向同伴学习新观点，同时也能通过教学他人来巩固自己的知识。这种互助学习方式能有效提升学习的动力和效果。

通过这些综合性的策略和建议，教师不仅能帮助学生提高学习效率，还能培养他们成为终身学习者，这对他们未来的教育和职业生涯都具有深远的影响。

二、学会——三方互动

在单元导学课的基础上，学生们已经明确了学习任务、目标及评价标准，并识别了自己当前的知识水平与学习目标之间的差距，同时制定了实现这些目标的具体方案。这标志着他们从单纯"学习"向"学会"转变的过程开始了。在这一阶段，教师、学生和学习材料三者之间的互动显得尤为关键。

（一）三方的角色定义

在这个学习阶段，分课时的学历案起着至关重要的作用，它就像是一张详尽的导航地图，为学生提供了清晰的学习路径和具体的学习目标。通过这种方式，学习内容被组织成易于遵循的步骤和阶段，帮助学生逐步掌握复杂的概念和技能。

在这个过程中，教师扮演着知识的"导游"角色，不仅负责传授知识，还需要引导和协助学生沿着预设的路径前进。这包括解答学生在学习过程中遇到的各种疑问，提供必要的支持，确保学生能够顺利理解和吸收课程内容。教师还需要不断观察学生的学习进度和理解程度，根据学生的反馈调整教学策略和速度，以最适合学生的方式推进学习计划。

学生在这个过程中则像是在知识领域中的"游客"，他们跟随教师——这位知识的导游——和学历案——这张详细的地图——进行探索。学生的角色是积极参与和探索，通过提问、实践和反思来深化对知识的理解。他们被鼓励去发现新的信息，连接理论与实际，同时也被激励去独立思考和解决问题。

通过这样的学习模式，教育过程变得更加动态和互动。学生不再是被动的接受者，而是变成了积极的参与者，他们的学习经历更加丰富和有意义。教师和学生共同创造了一个充满探索和发现的学习环境，使得整个教育过程不仅限于知识的传递，而是成为一次真正的知识探索之旅。

（二）三次互动的实施

在教学过程中，结构化的互动可以极大地增强学生的学习体验和成果。这种互动通常分为三个主要阶段，每个阶段都对学生的学习过程有着重要的影响。

1. 第一次互动：指引与探索

在这个初步阶段，教师的任务是帮助学生理解学历案中的关键概念和技能。通过使用引导性的问题、讨论和小组活动，教师鼓励学生主动探索和讨论学习内容。这种互动促使学生从表面的了解逐步过渡到对材料的初步理解。例如，教师可能会通过提出开放性问题来激发学生的好奇心，或者通过互动式白板展示复杂的概念，帮助学生以视觉和实践的方式捕捉和理解新信息。

2. 第二次互动：深化与实践

在这一阶段，教师和学生通过更具体的学习活动继续互动，如实验、项目制作或案例分析。这些活动使学生能够在实践中深化理解，并尝试将所学知识应用到实际问题的解决中。例如，在一堂科学课上，学生可能会通过化学实验来观察化学反应，或在历史课上通过角色扮演来分析历史事件。这种深入的实践活动不仅加强了学生对知识的掌握，还培养了他们的批判性思维和创造性解决问题的能力。

3. 第三次互动：反馈与评价

教学互动的最后阶段是反馈和评价。在这一环节中，学生通过教师的结构化反馈和同伴评价来了解自己在学习过程中的表现和进步空间。这不仅包括对学生作业和项目的正式评价，还包括课堂讨论中的即时反馈，帮助学生识别他们的强项和需要改进的领域。通过这种方式，学生可以明确自己的学习成果，调整学习策略，优化未来的学习计划。例如，教师可能会使用电子评价系统来追踪学生的进展，提供个性化的反馈，或者组织学生进行自我评价和同伴评价，增强学生的自我意识和责任感。

通过这三个阶段的互动，学生能够在教师的指导下逐步构建和巩固知识框架，从而在学习旅程中取得更全面和深入的理解。

（三）整合教–学–评价

在教学过程中，整合教–学–评价是关键的一环，目的是实现教学、学习和评价的无缝一体化。这种综合性的教学方法不仅仅涉及知识的传递，更重要的是促使学生在积极的互动中构建和完善自己的知识体系。

1. 起点：定义学习目标和评估标准

教学的起点应当以明确的学习目标和评估标准开始，确保每个参与者都对期望的学习成果有清晰的理解。教师需要设计详细的教学计划，包括学习活动的目标、预期成果以及评估方式，这些都应当直接与课程目标相对应。

2. 过程：持续的学习支持和反馈

在教学过程中，教师应提供连续的学习支持，并通过形式多样的评估来监控学生的进展。这包括但不限于形成性评价，如随堂测试、小组讨论、项目作业以及实践活动。这些活动使学生能够在实际操作中应用所学知识，同时教师可以根据学生的表现调整教学策略，以更好地满足学生的学习需求。

3. 反馈：及时且具体的学习反馈

教师需要提供具体且及时的反馈，帮助学生了解自己在哪些方面做得好，哪些方面需要改进。反馈应当具体到学生的每一项活动，让学生清晰地看到自己的成长路径和未来学习的方向。这种反馈机制不仅提高学生的学习动力，也增强了学习效果的可见性和透明度。

4. 终点：综合评价与自我反思

教学的终点应包括一次综合评价，这不仅测试学生对整个课程知识的掌握程度，更是对其分析和综合能力的检验。此外，鼓励学生进行自我反思，评估自己在整个学习过程中的表现，这有助于学生识别自己的长处和改进点，为未来的学习和个人发展奠定基础。

通过这种"教-学-评"一体化的教学模式，学生能够在教师的引导下，不断优化和完善自己的知识体系，最终实现学习的目标，这种方法提高了学习的效率和效果，使教育过程更加系统化和目标化。

通过这种结构化而互动密集的学习过程，学生能够更有效地从理论学习转向实际应用，真正做到了由"学"到"学会"。这不仅增强了学习的效果，也提升了学生自我导向学习的能力和自信。

三、会学：引导学生学会学习

（一）学生与学历案互动，低结构探索

在单元学习的实践中，学生与学历案的互动起着核心作用，特别是在低结构探索阶段。这个阶段的目标是让学生在一定的框架下自主探索，尊重每个学生在知识提取、联结以及加工方面的个性化路径。为了实现这一点，我们采取以下具体步骤：

1. 阶段设定

在阶段设定中，学生和教师共同参与定义和理解学习任务的具体内容和目标。这个过程从明确要探究的问题开始，学生通过阅读学历案中的学习目标和评价标准，对自己需要达到的具体目标有了清晰的认识。接下来，教师会帮助学生详细理解学历案中的"学习过程"部分，这包括确切地界定问题、明确操作的具体步骤、指出观察的重点以及规定记录的要求。这种精确的任务定义不仅帮助学生有目的性地组织和实施他们的学习活动，还确保了学习过程中的每一步都是为了解决核心问题而设计，从而使学生能够系统地达到学习目标，有效地评估和反思自己的学习成果。

2. 探索实施

在探索实施阶段，学生在教师的问题驱动指导下，通过小组合作的方式深入探究，积极利用学历案中提供的资源和工具进行实际操作和实验。这一阶段，学生不仅被鼓励在实际操作中探索和测试不同的假设，而且需要将观察到的现象、实验数据以及个人的见解和想法详细记录在学历案中。同时，教师会确保学生有充足的时间与学历案进行深度互动，这包括在学历案中留下充分的思考痕迹和反思记录。这种互动不仅增强了学生的学习体验，也促进了他们对知识的深刻理解和个人见解的形成，使学习过程更加丰富和多元。

3. 信息精加工

依据美国教育心理学家加涅的信息加工理论，要使学生的学习效果深入并长期记忆，必须让学生对接收到的信息进行深度加工。解决问题的过程实质上是让学生将新获得的信息与已有经验相结合，并能够应用到实际情境中。例如，在"我的便当我做主"单元中，学历案通过列出六大营养物质和膳食指南等内容，为学生设计食谱提供了具体参考，这些内容作为连接已知和新知的桥梁。学历案中的认知工具，如行动指南、实验记录和信息分析，帮助学生在探究中对信息进行深入分析。行动指南以图文并茂的形式详细介绍活动内容和步骤，实验记录引导学生记录关键信息，信息分析则助力学生深入理解实验现象或数据，洞察事物的本质。

通过这种互动和探索的方法，学生不仅学到知识，更通过实际操作和思考，将知识内化为自己解决问题的能力，从而真正实现从"学"到"学会"的转变。

（二）生生与师生互动，高结构指导

在初步探索阶段，学生已从现有知识中提取信息，但在尝试将新信息与已有知识体系连接时，他们的认知状态可能会出现不同程度的不平衡。一些学生能够将新信息顺利融入自己的认知结构中，达到认知的平衡；而另一些学生则可能无法建立这种连接，导致认知上的不协调。为了解决这一问题，此时便需要采用"高结构指导"的策略，这种指导旨在明确且有针对性地帮助学生解决问题，这种指导可能来自同学之间或教师对学生的直接指导。

1. 创建学习共同体

为了促进学生之间的高效互动并创建一个有益的学习环境，教师可以在初步探索阶段从表现出色的学生中选拔"小专家"，并组建一个由这些小专家构成的"专家团队"。这些"小专家"将被分配到不同的小组中，以促成多个跨能力的学习共同体。在这样的设置下，每个学习共同体不仅能够从"小专家"的深度知识和技能中获益，还能在小组内部促进知识和经验的广泛交流。这种方法不仅加强了学生对学科内容的掌握，还激励所有学生更积极地参与到学习过程中，共同探讨学历案上的记录和实际操作中的发现。通过这种方式，学习共同体内的每位成员都能在相互支持和启发中成长，共同进步，最终形成一个充满活力和互助精神的学习网络。

2. 生生互动

在教学过程中，采用"小专家"系统的生生互动是一种非常有效的学习策略。在这种模式下，那些在前期探索阶段表现出色、积累了丰富经验和有效解决问题策略的学生被选为"小专家"。他们的任务是指导和帮助其他同学理解复杂概念和解决学习中遇到的难题。这种同伴教学不仅能够加深"小专家"自身的理解和掌握，因为教授他人是巩固知识的极好方式，同时也能激发其他学生的学习兴趣，提高他们解决问题的技能。此外，这种互助学习方式还能增强班级内的团队精神和协作能力，创建一个支持性强、积极向上的学习环境，从而提高整个班级在学术和问题解决方面的整体能力。

3. 教师的沉浸式参与

在学生与学历案以及生生互动的过程中，教师的沉浸式参与是至关重要的。教师不仅是课程内容的传递者，更是学生学习过程的积极参与者和引导者。通过深入观察学生在与

学历案互动中的表现、记录和进展，以及他们在同伴教学中的互动情况，教师能够实时捕捉学生的学习动态。这种密切的参与使教师能够收集关键的课堂学习信息，深入了解学生在知识和技能构建过程中的具体情况，评估他们解决问题的策略和效果。此外，这种深入的教师参与还有助于及时发现学生在学习中可能遇到的障碍和挑战，允许教师根据学生的实际需要调整教学策略和内容，确保每个学生都能在学习过程中获得必要的支持和指导，从而最大化学习效果。

4. 深度指导与反馈

在探究实践活动后，教师应与学生进行平等而积极的互动，这种深度的指导和反馈对学生的学习过程至关重要。教师的主要任务是引导学生对学习材料进行深入和详尽的分析，帮助他们不仅理解材料的表面内容，而且洞察其深层次的意义。通过这种指导，教师鼓励学生将新信息与他们已有的认知框架进行整合和连接，这种方法能有效地促进学生的认知发展，加深他们对材料的理解。此外，教师的反馈应具体而富有建设性，不仅指出学生的优点，也明确指导如何改进学习策略和解决方案，从而进一步发展学生的问题解决能力和批判性思维。这种教师与学生之间的互动不仅增强了学生对学科内容的掌握，还激发了他们自主学习和深入探究的动机。

在完成生生互动和师生互动之后，学生需要重新与学历案进行深入的互动。这一阶段的核心是通过各种课堂练习、学后反思和学习评价来加强学生对学习成果的反馈，帮助他们评估自己的学习成果和表现。

（三）学生与学历案再次互动，加深理解

1. 复盘与反馈

在教学过程中，复盘与反馈环节是至关重要的，它允许学生通过多种方式检视和评价自己的学习成果。首先，通过使用分课时学历案中包含的练习和评估工具，学生可以进行自我检测，明确自己是否真正理解了课程内容（"学会了吗"），掌握了哪些新知识（"收获了什么"），以及自己的学习表现如何（"学习表现怎样"）。这种自我评估的过程帮助学生清晰地看到自己的学习进度和成效，也为调整学习策略提供了依据。

此外，学后反思是一个深化学习的重要环节。通过系统地回顾和思考整个学习过程，学生不仅能加深对知识和技能的理解，还能识别和总结在学习中遇到的问题和挑战。这种反思帮助学生理解哪些方法有效，哪些需要改进，从而为未来的学习调整方向和方法。这不仅增强了学生的元认知能力，也促进了更高效和目标导向的学习态度的形成。通过这样的复盘与反馈过程，学生能够更加主动和自觉地参与到学习中，持续提升自我学习的质量和效果。

2. 知识结构化

在教学中实施知识结构化是极其重要的，它帮助学生系统地整合和理解教学内容。通过补全和完善知识结构图的活动，如在"我的便当我做主"这一学习单元中，学生需要填入与食物分类、营养成分、膳食宝塔、消化器官及其保护方法相关的信息，这种方法极大地促进了学生对教学内容的系统化认识。此外，这一过程还强化了知识之间的内在联系，帮助学生理解不同概念之间的逻辑关系。通过这样的结构化学习，学生不仅能够更好地记忆知识点，而且能深入理解这些知识是如何相互关联并应用于实际生活中的。这种知识的结构化处理不仅提高了学生的学习效率，也增强了他们对整个学习单元概念的全面理解，为更高层次的思维和学习提供了坚实的基础。

3. 实践与应用

在教学过程中，实践与应用阶段扮演着至关重要的角色，它标志着学生将新学的知识付诸实践的开始。课程的最后阶段应该设计一系列扩展活动，这些活动旨在挑战学生利用他们新学的知识结构来解决实际问题。例如，教师可以引入基于现实世界的案例研究，或者模拟情境，要求学生运用他们学到的概念和方法来制定解决策略。通过这种方式，学生有机会在新的情境中应用他们的知识，这不仅有助于验证和巩固他们对知识的理解，还能加深他们对如何在现实世界中运用这些知识的认识。此外，这种实践活动也促进了学生的批判性思维和创新能力的发展，使他们在面对未来的各种挑战时更加自信和有能力。通过结合理论与实践，学生能更全面地掌握课程内容，为他们的学术和职业生涯奠定坚实的基础。

根据信息加工学习理论，当学生能够将所学知识通过精细的加工与已有经验相结合，并在新的情境中有效应用时，才能真正称得上"学会了"。因此，通过以上的互动和实践过程，学生不仅提升了对知识的掌握，还增强了自我调节和问题解决能力，为终身学习奠定了坚实的基础。

第三节　教学资源与技术支持

随着技术的进步和教育需求的演变，教学资源和技术支持在实现教育目标中的作用日益凸显。教学资源包括传统的教科书、实验器材，以及现代的数字资源如在线课程、交互式软件等。技术支持则涵盖了从学习管理系统（LMS）、协作工具到增强现实（AR）和虚拟现实（VR）等先进技术的应用。这些资源和工具不仅丰富了教学手段，提高了教学效率，还改善了学习体验，使学生能够在更广泛的环境中探索和应用新知识。通过有效地整合这些教学资源和技术支持，教育机构可以更好地应对多样化的教学需求和挑战，从而提高教育质量和学习成效。

一、教学资源的类型与应用

教学资源是支撑教育活动的基石，它们为教师提供了执行教学计划所需的工具和材料。这些资源可以分为传统资源、现代教学资源以及人力资源，每种资源都在教学过程中扮演着独特而重要的角色。

（一）传统资源

传统教学资源一直是教学过程中不可或缺的基础部分，它们主要包括书籍、教科书和各种参考材料。这些印刷出版物不仅为学生提供了学习特定主题的详细信息，而且通过精心编排的内容与结构，引导学生逐步理解复杂的概念和理论。书籍和教科书以其权威性和系统性，构成了传统教育体系中知识传递的核心。

实验室设备和材料也是传统教学资源的重要组成部分。这些资源使学生有机会通过实际操作来观察实验现象和实验结果，从而验证理论知识。例如，在化学课中，学生可以使用试管、烧杯和化学试剂进行实验，亲自观察化学反应；在物理课中，通过使用电路板和多用电表，学生可以直接实践并理解电学原理。这种实践活动不仅加深了学生对学科知识的理解，也激发了他们探索科学现象背后原理的兴趣。

此外，这些传统资源还通过提供一个实体的、可触摸的学习媒介，帮助学生更好地集中注意力和提高学习效率，特别是在当前数字分心现象日益严重的背景下，传统的学习工具如书籍和实验材料能够提供一种无干扰的学习环境。通过有效地结合这些传统资源，教育者不仅能够提供一个坚实的理论学习基础，还能够通过实践活动强化理论的应用，使学生的学习体验更为全面和深入。

（二）现代教学资源

随着信息技术的快速发展，现代教学资源已经成为教育领域不可或缺的一部分。这些资源利用数字化的优势，极大地提高了教学的效率和质量，使教育更加灵活和多元化。

数字资源，如在线数据库、电子书籍和学术论文，提供了快速且广泛的信息访问，使学生能够几乎即时地获取到最新的研究成果和广泛的参考资料。这种即时访问的特性不仅节省了寻找和检索信息的时间，而且通过链接和搜索功能，学生可以轻松地从一个主题跳转到相关的深入内容，从而极大地拓展了学习的深度和广度。

多媒体资源，包括视频、音频和互动模拟，已经变得越来越受欢迎。视频和音频材料可以通过叙述和视听效果来解释复杂的概念，使抽象的理论更加直观和易于理解。例如，通过动画视频展示的分子运动或历史事件的重现，可以帮助学生更清楚地理解教材内容。互动模拟则允许学生通过模拟实验和场景探索，以实验性和探索性的学习方式，亲自操作和见证科学原理的实际应用，这不仅增强了学生的学习动机，也提高了学习的参与度和效果。

此外，现代教学资源还包括各种教育软件和应用程序，这些工具通常包括自适应学习技术，能够根据学生的学习进度和理解能力调整内容的难度和深度。这种个性化的学习方式有助于满足不同学生的需求，优化学习过程，确保每个学生都能在自己的最佳节奏下进行学习。

综上所述，现代教学资源通过提供丰富、多样和互动的学习材料，极大地丰富了教育形式，提高了教育质量，使教育更加符合当代学生的学习习惯和需求。这些资源的广泛应用不仅推动了教育的现代化进程，也为教育的未来发展打开了新的可能性。

（三）人力资源

人力资源在教学资源体系中占据极其重要的位置，它涵盖了教育过程中所有参与者的专业知识、经验和教学技巧。这些资源的有效利用极大地丰富了教学内容，并提高了学习的实效性。

访问学者和行业专家的参与尤为重要，他们通常是各自领域的佼佼者，拥有丰富的实践经验和前沿的研究成果。通过组织讲座、研讨会或工作坊，这些专家可以将最新的行业动态、技术创新及研究发现直接带入课堂，使学生能够接触到学术界和产业界的最新发展。这种直接的知识传递不仅激发学生的学习兴趣和研究热情，还帮助他们建立起将理论应用于实践的能力，为未来的职业生涯或进一步的学术研究打下坚实的基础。

同行支持和学生助教的作用也不可小觑。在教育环境中，同行支持包括教师之间的协作和资源共享，这种协作促进了教学方法和教学内容的创新。学生助教通常是表现优异的高年级学生，他们在教师的指导下参与教学活动，为低年级学生提供学习支持。学生助教的存在不仅增加了教学资源的可用性，还通过辅导和答疑等形式直接帮助学生解决学习中的问题。此外，学生助教能够从教学中获得宝贵的经验，这对他们自己的专业发展同样有重要意义。

通过有效地整合和利用这些人力资源，教育机构能够提供一个更为全面和多元化的学习环境，不仅增强了教学的互动性和参与感，还显著提升了教学效果和学生满意度。这样的教育模式能够更好地满足当代学生的学习需求，培养他们成为具有创新能力和实际操作能力的未来社会成员。

综上所述，这些多样化的教学资源为实现教育目标提供了全面的支持，通过它们的有效整合与应用，可以极大地丰富教学内容，提高教育质量，使学生能够在多元化的学习环境中更好地成长和发展。

二、技术支持的角色与功能

在现代教育环境中，技术支持扮演着至关重要的角色，极大地提高了教学的效率和质量。从教学管理系统（LMS）到协作工具，再到增强和虚拟现实技术，这些工具不仅简化了教学操作，还提升了学习体验。

（一）教学管理系统（LMS）

教学管理系统（LMS）已成为现代教育技术的核心组成部分，它通过提供广泛的功能支持在线和混合学习环境，极大地提高了教学的灵活性和效率。LMS 的设计使教师能够有效地管理课程内容、跟踪学生成绩并提供及时的反馈，从而优化了教学过程和学习体验。

通过 LMS，教师可以上传详尽的课程资料，包括讲义、阅读材料和教学视频，使学生能够根据自己的学习节奏进行学习。此外，教师还可以通过系统发布和管理作业，这不仅方便了作业的收发，还能通过系统自动记录的成绩，轻松跟踪学生的学习进展。这种成绩管理功能对于课程的整体评估至关重要，帮助教师及时了解每位学生的学习状态，必要时进行个别指导。

LMS 的另一个显著优点是其互动功能。通过集成的论坛、聊天室即时通信工具，LMS 鼓励学生积极参与课程讨论，无论是同伴间的还是与教师的互动。这些互动不仅增加了学生的参与度，也促进了知识的深入理解和批判性思考。学生可以在这些平台上提出问题、分享观点和讨论课程内容，从而在学习社区中建立联系，共同解决学习中的难题。

此外，LMS 的灵活性使其成为支持个性化学习路径的理想工具。教师可以根据学生的学习表现和偏好，调整课程内容和难度，为学生提供定制化的学习体验。这种个性化的教学方法有助于满足不同学生的具体需求，从而提高学习成效和学生满意度。

总的来说，教学管理系统通过其综合的管理功能、互动工具和个性化支持，不仅简化了教学和学习的管理过程，也极大地丰富了教育的内容和形式，使得教育活动更加高效和富有成效。

（二）协作工具

在当今教育环境中，特别是在远程学习和团队项目的背景下，协作工具的作用变得尤为关键。这些工具通过提供高效的互动平台，极大地增强了团队合作的可能性，无论参与者身处何地。

云端共享文件服务和实时编辑工具，如 Google Docs 和 Microsoft Office 365，使得学生和教师能够实时共享、查看和编辑文档。这些工具的实时性确保了所有团队成员都可以即刻看到最新的修改，从而有效地减少了沟通成本和协作误差。通过这种方式，不同地点的团队成员可以同时工作于同一项目，就像他们坐在同一办公室内一样。

虚拟会议工具，如 Zoom 和 Microsoft Teams，提供了视频会议和实时讨论的功能，允许远程位置的学生和教师进行面对面的交流。这些工具的高质量音视频传输能力和共享屏幕功能使得讨论和讲解过程更为直观和有效。此外，许多虚拟会议工具还包括投票、问答以及小组分会场的功能，进一步增强了互动性和参与感。

讨论板功能则支持了更为灵活的异步交流，使学生可以在任何时间发表意见、回复同学的帖子或分享资源。这种方式支持了持续的讨论和思考，非常适合需要深入研究和反思的学习活动。

总而言之，协作工具不仅提高了学习和教学的灵活性和效率，也促进了更广泛地参与和更深层次的协作。通过这些工具，远程学习环境得以模拟传统教室的互动性，帮助建立一个富有成效的学习社区，无论其成员身在何处。这些工具的综合应用，显著提升了教育的质量和可达性，使现代教育更加符合全球化和数字化的趋势。

（三）增强和虚拟现实技术

增强现实（AR）和虚拟现实（VR）技术已经在教育领域引发了革命性的变革，特别是在提供沉浸式学习体验方面，这些技术展现了巨大的潜力和效果。AR 和 VR 技术通过创造可视化和互动的学习环境，极大地增强了学习的吸引力和有效性。

通过使用虚拟实验室和场景模拟，学生可以在一个完全控制且安全的环境中进行各种实验和探索活动。这一点尤其对于那些需要高成本设备或具有潜在危险的科学实验尤为重要。例如，化学学生可以在虚拟环境中安全地混合反应物，观察化学反应而无需担心实验室安全问题；物理学生可以模拟复杂的物理现象，如黑洞或量子效应，这些在现实中很难直接观察到。

在应用方面，医学教育是 VR 技术应用最为活跃的领域之一。医学生可以通过 VR 进行手术模拟，这种模拟不仅可以无限次重复，还可以模拟各种紧急情况，让学生在没有风险的情况下练习应对各种复杂情形。此外，地理学学生可以通过 VR 技术，不受物理限制地访问世界各地的地形和文化地标，极大地丰富了他们的学习体验。

这些技术的应用不仅使得学习更加生动和直观，而且通过模拟真实世界的复杂环境和场景，帮助学生更好地理解理论和复杂的概念。学生可以通过互动元素进行实时反馈和调整，这样的动态学习过程有助于提高学习效率和保留率。

总之，增强现实和虚拟现实技术通过创造独特的、沉浸式的学习环境，不仅改变了传统的教学方法，还拓展了教育的边界，为学生提供了前所未有的学习体验和机会。随着这些技术的不断发展和成熟，预计未来它们将在教育领域扮演更加重要的角色。

三、乡镇初中的资源情况

在乡镇初中的教学环境中，资源的配置和利用情况具有独特的地域和经济特征。了解这些学校的资源情况对于优化和改进乡镇教育具有重要意义。一般而言，乡镇初中在人力资源、教学设施、科技支持以及课外活动资源等方面面临着不少挑战。

（一）人力资源

在乡镇初中，人力资源的挑战尤为突出，特别是在招聘和保留教师方面。由于许多乡镇地区地理位置较为偏远，交通不便，生活设施不完善，这些因素共同作用使得吸引和留住优秀教师成为一大难题。尤其是在数学、物理和英语等学科，资深和专业的教师更是短缺。这种师资不足直接影响了教学质量，限制了学生在这些关键学科上的学习深度和广度。

此外，乡镇初中常常受到财政预算的严重限制，这影响了教师的职业培训和专业发展的机会。缺乏系统的在职培训和进修机会，教师难以获得更新教育理念和教学方法的知识，难以将现代教育技术或新兴教学策略应用于课堂。这不仅制约了教师个人职业成长，也阻碍了教学方法的创新和教育质量的提升。

（二）教学设施

乡镇初中的教学设施通常不如城市学校先进和齐全，这在很大程度上影响了教学质量和学生学习的整体体验。基础设施的不足限制了学生接受多元化和全面教育的机会，尤其是在需要专门设备进行的科学实验和体育活动方面。

在科学教育领域，实验室设施的缺乏意味着学生不能进行必要的实验操作，这直接影响了他们对科学理论的理解和应用能力的培养。科学实验是理解复杂科学原理的关键，实验操作的缺失使得学生可能只能通过书本来学习这些知识，这种学习方式往往难以激发学生的兴趣和探究欲。

此外，体育设施的不足也是乡镇初中的一个普遍问题。体育活动不仅对学生的身体健康至关重要，还有助于培养团队合作能力和社交技能。缺少适当的体育设施，如运动场或体育馆，限制了学生参与各种体育活动的能力，从而影响了他们的身体发展和社交能力的提升。

图书资源的缺乏同样限制了学生的知识接触面和学习深度。图书馆是学习和研究的重要场所，提供了学习辅助材料和延伸阅读的资源，对于培养学生的阅读习惯和自主学习能力极为重要。乡镇初中的图书资源不足，使得学生难以接触到广泛的学术和文化资料，限制了他们的学习潜力和视野的拓展。

（三）科技支持

在现代教育中，信息技术已经成为提升教育质量和扩大教育影响的关键因素。通过科技的整合，教育机构能够提供更多样化的教学方法和更广泛的学习资源。然而，对于许多乡镇初中来说，科技支持方面的不足成为发展的一大阻碍。

乡镇初中普遍面临的一个主要问题是互联网接入的不足。在信息时代，互联网是获取知识、信息和教育资源的重要途径。缺乏稳定和快速的互联网连接限制了教师和学生获取最新教育资料的能力，同时也阻碍了在线教学和远程教育的实施。此外，互联网接入的不足还影响了教师参与在线培训和专业发展的机会，这在一定程度上限制了他们教学方法的更新和教育视野的拓展。

此外，乡镇初中常常使用的信息技术设备陈旧，这进一步加剧了教育资源的不平等。老旧的计算机和有限的技术设施不仅降低了教学效率，也限制了教师和学生利用先进教学软件和应用程序的能力。这种情况下，学生难以利用数字学习工具进行自主学习，也难以通过技术手段进行创新和实践操作，这对于培养他们的信息技能和解决问题的能力是不利的。

（四）课外活动资源

课外活动对于学生的全面发展至关重要，它们不仅有助于培养学生的多样化兴趣和才能，还能提高其社交技能、团队协作能力及自我表达能力。然而，在资源有限的乡镇初中，课外活动资源的缺乏成为制约学生全面发展的一大障碍。

在许多乡镇初中，由于经费和设施的限制，学校往往难以提供多样化的课外活动。例如，在艺术教育方面，学校可能缺少供绘画、音乐或戏剧等艺术活动所需的设备和材料。这种缺乏不仅限制了学生探索个人艺术才能的机会，也影响了他们欣赏和理解艺术文化的能力。

体育活动同样受到限制。很多乡镇学校可能没有足够的运动场地或体育器材，使得学生无法充分参与足球、篮球等团队运动，或是进行规范的体育训练。缺少体育活动不仅影响学生的身体健康，也限制了他们在体育竞技中培养领导力和团队精神的机会。

科技兴趣的培养也面临挑战。在 STEM（科学、技术、工程和数学）教育日益受到重视的今天，乡镇初中学生由于缺乏必要的实验设备和计算资源，往往难以参与到科学实验和技术制作中。这不仅限制了他们在科技领域的探索和实践机会，也可能影响他们在未来教育和职业生涯中与科技相关领域的竞争力。

总的来说，尽管乡镇初中在资源配置上面临诸多挑战，但通过政府支持、社会资助以及科技的合理应用，可以逐步改善这些条件，从而提升教学质量和学生的学习体验。为了实现这一目标，需要持续地关注和投入，以确保所有学生都能享有公平且高质量的教育资源。

四、整合教学资源与技术

在当代教育中，有效地整合教学资源和技术支持是提高教学质量和学习效率的关键。

通过结合传统教学方法和现代技术工具，教育机构可以创建一个更加动态和互动的学习环境，这不仅提升了学习的可接近性，还增强了学习的全面性。

（一）传统和现代资源结合

在教育领域，有效地结合传统和现代教学资源是提升教学效果和学生学习体验的关键。传统教学资源如教科书和实验器材，以及现代教学资源如在线课程和互动模拟，各具特色，综合运用这些资源可以优化教学效果。

传统资源，如实体教科书和实验器材，是教育的基石，为学生提供了系统而详尽的学术内容。这些资源的主要优势在于其权威性和系统性，能够为学生提供扎实的学科基础和理论深度。例如，物理的教科书详细介绍了基本原理和公式，而通过传统的实验器材，学生可以直观地观察这些原理在现实中的应用。

现代教学资源，如在线课程、虚拟实验室和互动模拟，提供了前所未有的互动性和可访问性。这些资源使得学生可以随时随地访问最新的教育内容，通过互动平台和工具，学生能够更加主动地参与学习过程。例如，通过在线模拟实验，学生可以在虚拟环境中重复实验，探索不同变量对实验结果的影响，这种互动性大大提高了学习的动态性和参与度。

将这两种资源结合使用，可以充分发挥各自的优势。在学习复杂的科学原理时，学生可以首先通过阅读实体书籍来获取详细的理论知识，然后通过在线工具进行实验模拟和互动讨论，以加深理解并将理论知识应用于实践中。这种方法不仅增强了学生对知识的掌握，还激发了他们的探索兴趣和创新思维。

此外，这种资源的结合还有助于适应不同学习风格的学生需求，无论是偏好视觉学习、听觉学习还是动手操作，结合使用传统与现代教学资源都能提供更全面、更个性化的学习体验。通过这种综合方法，教育者可以更有效地满足学生多样化的学习需求，提高教学质量和学生的整体学习效果。

（二）提升技术的应用效率

在现代教育中，技术的高效应用对于扩展和增强教学资源的可达性及其效果至关重要。利用先进的教育技术，可以极大地提升教育的灵活性，打破地理和时间的界限，使得优质教育资源可以惠及更广泛的学生群体。

学习管理系统（LMS）是提高教育技术应用效率的一个典型例子。LMS 平台如Moodle、Blackboard 等，为学生提供了一个集中的学习环境，其中包括课程材料、作业提交、成绩管理和反馈机制。通过 LMS，学生可以随时随地访问学习资源，按照自己的学习进度进行课程学习和作业完成，这种灵活性特别适合自主学习和成人教育。

云存储技术也在教育领域发挥了重要作用。通过云技术，教育资源如教学视频、讲义、参考文献等可以被存储在云端，学生和教师无须物理介质即可进行访问和共享。这不仅提高了资源的利用效率，也减少了因资源限制导致的教育不公平现象。学生无论身在何处，都能获得相同的学习机会，这对于提高教育的普及率和公平性具有重要意义。

在线协作工具如金山软件等，为远程教育和团队合作提供了强大支持。这些工具允许多用户同时在线编辑文档、进行讨论和会议，极大地提升了团队项目的协作效率。特别是在跨地域的教育项目中，这种协作工具可以使团队成员克服地理隔阂，实时进行互动和协作，有效促进了知识的交流和创新思维的激发。

总之，通过这些技术工具的高效应用，不仅可以增强教学资源的可达性和教育的灵活性，还可以提高教育质量和效率。教育机构应积极采用和优化这些技术解决方案，以确保技术投资能够转化为教学和学习的实际成效，最终实现教育公平和卓越教育的目标。

总体而言，通过这种全面的资源和技术整合，教育者可以更有效地设计和实施学历案，不仅提升了教学质量，也优化了学习过程，使学生能够在一个更加丰富和支持性的学习环境中达到最佳学习效果。

五、实施策略与最佳实践

在教育领域，确保教师和学生都能从新的教学资源和技术中受益，需要采取一系列有效的实施策略和最佳实践。这包括从教师培训和发展到构建积极的学生参与和反馈机制。

（一）教师培训和发展

教师是教学创新的关键推动者，因此他们的培训和专业发展是至关重要的。要实现这一目标，可以采取以下措施：

1. 技能提升工作坊

为了确保教师能够有效地利用现代教育技术并采用最新的教学方法，组织定期的技能提升工作坊是至关重要的。这些工作坊不仅提供了一个平台让教师学习和更新他们的技能，还促进了教师之间的经验交流和专业互动。

首先，工作坊应该从教师的基本计算机技能开始，确保所有参与者都具备操作现代教育软件和工具的基础能力。这包括熟悉操作系统的基本功能、基础数据处理软件以及互联网的有效利用。这一阶段是建立教师技能的基础，确保他们能够顺利过渡到更复杂的技术应用上。

随后，工作坊应聚焦于更高级的在线教学技术，如学习管理系统（LMS）的高级功能，包括但不限于课程设计、学生跟踪、成绩评估和反馈机制的设置。通过详细的演示和实际操作，教师可以学习如何有效地使用这些系统来管理课程和提高学生的学习成效。

此外，工作坊还应该包含对云端工具的教学，如文档共享、协作编辑和云存储服务的使用。这些工具能极大地提高教学资料的可访问性和协作效率，是现代教育中不可或缺的部分。教师通过掌握这些工具，可以更灵活地设计和实施教学活动，更好地支持学生的学习需要。

最后，为了使教学更具吸引力和效果，工作坊应该涵盖增强现实（AR）和虚拟现实（VR）等前沿技术的应用。这些技术可以创造沉浸式的学习环境，使复杂的概念可视化和易于理解。教师在工作坊中可以学习如何整合这些技术到课程中，增强教学的互动性和实验性，从而提高学生的学习动力和效果。

通过这样全面的技能提升工作坊，教师将能够更加自信和有效地使用各种教育技术工具，不仅提高了自己的教学能力，也为学生创造了一个更加丰富和动态的学习环境。

2. 持续教育和专业发展课程

在教育行业，教师的专业发展和持续教育是保持教学质量和适应教育变革的关键。提供持续教育和专业发展课程是支持教师终身学习和职业成长的有效方式。通过定期更新教育技能和知识，教师能够更好地满足学生的学习需求和适应教育领域的新发展。

这些课程通常可以通过在线平台提供，使得教师可以根据自己的时间安排灵活地进行学习。在线学习平台的优势在于提供可访问性高和时间灵活性强的学习资源，教师可以在任何有网络的地方随时开始学习，这对于忙碌的教育工作者尤其重要。

课程内容应涵盖最新的教育理论，这些理论可以帮助教师理解当前教育研究的主要趋势和结果，以及它们对教学实践的实际意义。此外，现代教学策略的培训可以使教师掌握更有效的教学方法，如翻转课堂、项目式学习或混合学习模式，这些策略已被证明能增加学生的参与度和提高学习效果。

评估方法的培训也是这些课程的重要组成部分，正确的评估策略能够更准确地测量学生的学习成果，帮助教师调整教学计划和策略，以支持所有学生的学习。现代评估方法强调形成性评估的重要性，即通过持续的反馈和调整来促进学生的学习进步，而不仅仅是通过期末考试来评定学生的表现。

最后，处理学生多样性的课程可以帮助教师更好地理解和回应不同背景、能力和需求的学生。这些课程通常包括多元文化教育、特殊教育需求以及如何在教学中实施包容性教育策略。这对于提高所有学生的教育公平性和效果至关重要。

通过这些持续教育和专业发展课程，教师不仅可以提升自己的教学技能和职业素养，还可以激发个人的职业热情，持续推动自己在教育领域的成长和发展。

（二）学生参与和反馈机制

1. 增强学生参与的策略

在教育中，学生的积极参与是提高学习成效的关键因素。教师可以采取多种策略以增强学生在课堂上的参与感，从而提升他们的学习动力和教育成果。这些策略包括互动式学习活动、小组讨论、实际案例研究以及基于项目的学习，每种方法都能以不同的方式激发学生的参与和兴趣。

互动式学习活动设计得让学生通过参与来学习，而不是仅仅被动接收信息。例如，使用响应系统或者点击器进行实时问答，可以即时调动学生的注意力，使他们积极思考课程内容。此外，教师可以设计互动式的电子游戏或模拟活动，让学生在玩乐中学习，这样的方法尤其适合复杂或抽象的主题。

小组讨论是另一种有效的策略，它鼓励学生分享观点，增强批判性思维和沟通能力。通过分组让学生探讨特定话题或解决问题，不仅可以增强学生之间的互动，还能促进知识的深入理解。小组讨论的设置应鼓励每位成员参与到讨论中，确保所有声音都被听到。

实际案例研究提供了将理论知识应用到现实世界情境中的机会。选择与学生生活经验相关的案例，可以更好地吸引他们的兴趣，并让他们看到学习内容在现实生活中的实际应用。案例研究通常需要学生进行分析、讨论并提出解决方案，这个过程能够深化他们的学习和理解。

基于项目的学习（PBL）是一种学生中心的教学方法，它要求学生在教师的指导下，完成一个与真实世界相关的项目。这种方法不仅提高了学习的实践性，还能帮助学生发展项目管理、研究和协作技能。通过项目的规划、执行和展示，学生能够全面地运用和测试他们的知识和技能。

此外，利用现代技术工具，如在线投票系统、讨论论坛和即时反馈应用，可以进一步增强学生的参与感。这些工具使得学生即使不在传统的教室环境中也能参与到课堂活动中来，特别是对于远程教学环境或者大班授课尤为有效。

通过实施这些策略，教师可以有效提升学生的课堂参与度，激发他们的学习兴趣和主动性，从而达到提高教学质量和学生学习成效的目的。

2. 利用学生反馈优化教学

在教育过程中，学生的反馈是无价的资源，它提供了关于教学有效性和学生满意度的直接数据。通过建立一个系统的学生反馈机制，教育者可以获得宝贵的见解，这些见解可以用来调整课程内容、教学方法和教学环境，从而更好地满足学生的需求和期望。

首先，建立匿名调查机制是收集学生反馈的一种有效方法。匿名性保证了学生可以自由地表达他们对课程的真实感受，无须担心可能的负面后果。这种调查可以包括多项选择题、评分题和开放性问题，涵盖教学内容的相关性、教学方法的有效性、课堂互动的频率以及教学环境的支持性等方面。

除了匿名调查，面对面访谈也是一种重要的反馈收集方式。通过直接对话，教师可以更深入地了解学生的具体担忧和建议。这种方法特别适用于解决具体的教学问题或对学生个体的特定需求进行响应。面对面访谈可以在定期的学生咨询时间进行，或者作为课程结束后的评估活动。

数字反馈平台则提供了一个方便快捷的方式，让学生可以随时提交他们的反馈。这些平台通常具备实时数据处理功能，可以迅速集成和分析学生反馈，使教师能够及时调整教学策略。此外，这些平台还可以支持教师与学生之间的即时互动，增强教学的互动性和参与感。

为了确保反馈的有效性，教师和教育管理者应定期审视收集到的数据，并据此制订行动计划。这可能包括调整课程结构，采用新的教学方法，改进教学材料，或者更新教学设施。重要的是，所有的改进措施都应以增加学生学习成效和满意度为目标。

最后，教育者应向学生明确反馈的价值，并鼓励他们积极参与反馈过程。让学生明白他们的意见被重视，并且能够直接影响教学过程，可以增强他们的参与感和责任感，进一步提高教学质量。通过这种方式，利用学生反馈优化教学不仅能够提升教育成果，还能建立一个开放、包容和持续改进的学习环境。

第五章 单元学历案教学的评估与反馈

第一节 成效评估方法

在当前教育管理和政策制定过程中，单元学历案的评估起到了至关重要的作用。通过系统的成效评估，教育机构和政策制定者可以获得关于教育项目、课程或政策实施效果的重要反馈，从而更好地理解其影响和价值。成效评估不仅帮助我们识别和强化教育活动中的有效成分，也指出了需要改进的领域，为持续优化教育质量提供数据支持和决策依据。

一、成效评估方法的理论基础

（一）成效评估的概念

成效评估的理论基础是教育评估领域中的一个核心组成部分，涉及多个关键概念，其中效益分析和成本效益分析尤为重要，因为它们直接关联到教育活动的经济与社会价值。

1. 效益分析

效益分析是一种评估方法，主要关注教育活动产生的正面影响，这些影响包括但不限于知识和技能的提升、学习态度的变化以及行为的调整。该分析重视教育成果的直接效益，如学习成绩的提高，以及间接效益，如增强的自信心和改善的社会交往能力。这种分析对于理解教育活动对个体的全面影响极为重要，尤其在教育成果难以用金钱衡量的情况下，如个人发展、社会责任感的培养等，都是效益分析试图捕捉的重要元素。

2. 成本效益分析

成本效益分析在教育评估中引入了成本因素，不仅关注教育活动的效果，也考虑其经济性。这种分析方法通过量化教育活动的成本与带来的经济和社会效益，并进行比较，帮助决策者衡量和选择性价比最高的教育方案。例如，通过计算教育项目的直接成本（如教材费、师资费等）与间接成本（如学生时间成本），并将这些成本与通过提高就业率、提升工资水平等社会经济效益相对比，决策者可以更全面地评估项目的总体价值。

这两种分析方法都强调了在教育决策过程中考虑多维度的结果，不仅仅是学术成绩或技能掌握，还包括更广泛的社会和经济影响。通过这种全面的评估，教育机构和政策制定者能够做出更为明智的选择，优化资源配置，最大化教育活动的总体效益。

（二）成效评估的类型

在教育评估领域中，成效评估主要分为两大类：形成性评估和总结性评估。这两种评估类型各有其特定的应用场景和目的，适用于不同阶段的教育活动，从而帮助教育者全面了解并提升教学效果。

1. 形成性评估

形成性评估发生在教育项目或课程实施的过程中，目的是提供即时反馈，使教育者能够根据评估结果及时调整和优化教学策略和课程内容。这种评估类型注重于过程的改进，主要目的是提高教学质量和学生的学习体验。形成性评估的方法包括但不限于教师的观察、学生的自评、组内互评以及即时的测试结果，这些都是为了监控学习进度并提供可以操作的改进点。形成性评估强调连续性反馈，支持学习和教学的动态发展，使教育过程更具适应性和响应性。

2. 总结性评估

与形成性评估的过程性和改进性不同，总结性评估通常在教育活动结束后进行，目的在于评价整个项目或课程的最终效果和成就程度。总结性评估用于判断教育活动是否达到了预定的目标和标准，以及评定其整体成效和影响。这种评估类型常常涉及综合性的考试、课程项目的评估、学生满意度调查，以及毕业后的跟踪调查等。通过总结性评估，教育者和管理者可以获得关于课程成效的宏观视角，从而进行长期规划和决策。

这两种评估类型相辅相成，形成性评估关注教学过程中的及时调整，而总结性评估则关注教育结果的长远影响。合理运用这两种评估，可以极大地提升教育质量和效果，确保教育活动能够满足学生的学习需求和社会的发展要求。通过这样的系统性评估，教育机构能够更加精确地掌握教育成效，形成更为科学和全面的教育改进策略。

二、成效评估的原则和标准

在教育成效评估中，遵循一定的原则和标准是确保评估结果公正、准确并具有可操作性的关键。主要的原则包括有效性、效率、公平性和透明性，这些原则共同构成了一个强有力的评估框架，以支持和改进教育决策。

（一）有效性

有效性是成效评估中最基本的原则之一，它要求评估活动能够准确地反映出教育活动的实际影响和结果。这意味着评估工具和方法必须能够有效地测量那些直接关联到教育目标的指标。例如，如果一个教育项目的目标是提高学生的批判性思维能力，则评估工具应专门设计，以测量这一能力的改变。有效性的确保，需要通过科学的方法论和恰当的工具选择来实现，这样评估结果才能真实地反映项目的价值和影响。

（二）效率

效率原则关注的是评估过程的经济性和时间成本，追求在有限的资源和时间内最大化教育效益和评估效果。这涉及评估设计的精简化，选择成本效益比最高的评估方法，以及尽可能通过自动化工具减少人力和物力的消耗。例如，采用在线调查工具而非纸质问卷可以在减少成本的同时提高数据收集的速度和广度。

（三）公平性

公平性原则要求评价过程和结果对所有参与者公正无偏，确保不同群体的需求和条件被平等考虑。这包括考虑性别、种族、经济背景等因素，避免评估设计和实施中的任何形式的偏见或歧视。在教育评估中，公平性特别重要，因为教育机会的均等是大多数教育政策的核心目标之一。确保评估方法能够全面且平等地反映所有学生的学习成果，是实现教育公正的基石。

（四）透明性

透明性是评估过程中的一个关键原则，它要求评估的所有方面——包括标准、方法、过程和结果——对所有利益相关者开放和可访问。透明性的实践有助于增强评估的可信度和公众的接受度，使利益相关者能够理解评估的基础和结论，从而更容易接受和支持评估结果的指导意见。此外，透明性也促进了利益相关者之间的对话和合作，有助于培养对评估过程的共同认可和信任。

三、常用的成效评估模型和工具

（一）实证评估方法

实证评估方法在教育评估领域中非常常见，其核心在于通过直接的数据收集和分析来评价教育活动的成效。这些方法因其客观性和可量化的特点而被广泛应用。以下是三种主要的实证评估工具及其应用说明：

1. 问卷调查

问卷调查是一种高效的数据收集工具，能够以相对低成本覆盖广泛的受众。通过标准化的问题，它可以收集大量的定量数据，从而对大规模样本进行分析，评估学生的满意度、学习成果及教学方法的有效性。设计良好的问卷不仅包括闭合问题，也可以包含开放性问题，以获取更深入的见解。此外，问卷的设计应避免引导性问题，确保数据的客观性和准确性。

2. 观察法

观察法是通过直接观察教学场景或学习过程来收集数据的方法，它使评估者能够实时捕捉教学互动、学生参与度以及教学方法的实施效果。这种方法可以是结构化的，也可以是非结构化的，根据具体的评估需求确定。观察法特别适合评估教学策略的实际应用和学生的行为表现，为教育者提供改进教学方法的具体依据。观察者需要进行培训，以确保观察的客观性和数据记录的一致性。

3. 测试法

测试法通过设计标准化测试或自定义测试来具体测量学生在特定知识点或技能上的掌握程度。这种方法通常用于学术成绩的评估，可以提供直接、客观的学习成效数据。测试可以是笔试、口试或实践操作等形式，应根据评估目标的需要来选择合适的测试类型。标准化测试有助于确保评估结果的一致性和可比性，而自定义测试则可以更精确地针对特定课程内容或技能进行测量。

通过这些实证评估方法的应用，教育评估者可以获得广泛且深入的数据支持，有助于对教育活动进行全面的成效分析。这些方法各有其优势和局限，合理选择和综合使用这些工具可以最大化评估效果，为教育改进提供科学依据。

（二）定性评估方法

定性评估方法是教育评估中一种极为重要的方法论，它侧重于深入理解教育活动的内在质量和影响，而不仅仅是量化结果。通过这些方法，评估者可以获得教育活动中不易量化的复杂动态和人际互动的深刻见解。以下是三种常用的定性评估方法。

1. 案例研究

案例研究是通过深入分析单个或几个具体案例来探索教育项目在特定环境下的实施过程和成效。此方法特别适用于研究复杂的教育现象，因为它允许研究者详细考察并记录情境中的各种因素和它们之间的相互作用。案例研究的强项在于其能够提供关于项目或政策变化背后深层次因素的洞见，如参与者的感受、动机以及实施过程中的挑战和成功经验。

2. 焦点小组讨论

焦点小组讨论是一种集体访谈形式，通常由一个调查者引导一组人围绕特定主题进行讨论。此方法可以揭示参与者对于教育活动的共同看法和个别差异，从而捕捉到群体内的多样性和复杂性。焦点小组讨论非常适合于评估新的或修改后的教学策略和课程，因为它可以生成关于参与者期望和经验的深刻见解，帮助教育者理解和满足学生的具体需求。

3. 深度访谈

深度访谈是一种强有力的定性研究工具，允许评估者与个别参与者进行详细的对话，以探讨他们的经验、观点和感受。与焦点小组讨论相比，深度访谈提供了一个更私密的环境，使个体更愿意分享敏感或复杂的信息。这种方法尤其适用于需要深入理解教育影响的个体差异、心理体验和行为动因的情境。深度访谈可以揭示学生、教师或其他教育利益相关者在教育过程中的真实体验和隐性挑战，从而为教育改进提供基于经验的见解。

通过这些定性评估方法，教育研究者和决策者可以获得对教育活动影响的全面和深入理解，从而更有效地设计和实施教育改革。这些方法不仅增强了评估的多维度视角，还有助于在教育政策和实践中实现更为人性化和响应性的改进。

（三）混合方法研究

混合方法研究是一种综合定性和定量研究方法的途径，特别适用于教育评估中，因为它结合了两种方法的优点，能够提供更为全面的评估视角。在教育研究中，这种方法尤其重要，因为教育现象通常涉及复杂的人类行为和社会交互，仅凭一种方法可能难以全面捕捉。

1. 数据三角验证

在混合方法研究中，数据三角验证是一种常见的策略，用于增加研究的信度和效度。研究者通过使用不同的方法（如观察、问卷和访谈）收集数据，然后通过比较和对照这些不同来源的数据，来验证信息的一致性和可靠性。这种验证方式有助于确认研究发现的真实性，尤其是在处理复杂或争议性的问题时，能够从多个角度验证假设，增强研究结论的稳健性。

2. 结果互补

混合方法研究的另一个核心优势是结果的互补性。定量数据通常提供关于研究现象的广度，可以量化趋势、比率或频率，适合于揭示模式或概括性结论。定性数据则提供了深度，帮助研究者探索个体的感受、动机和背景情境的复杂性。通过将两者结合，研究者不仅可以量化问题的规模，还能深入理解背后的原因和语境，从而得到更全面的理解和解释。

此外，混合方法研究还包括以下几个重要方面。

（1）顺序、并行和转换设计：混合方法研究可以采用不同的设计策略。顺序设计指的是一种方法的结果导向另一种方法的使用，例如先进行定量研究，根据其结果设计定性研究。并行设计是同时进行定性和定量研究，最后将结果整合。转换设计则是以一种方法为主，另一种方法为辅助，强调主要方法的研究结果，而辅助方法用于深化或解释主方法的发现。

（2）方法论的整合：在报告和分析阶段，混合方法研究需要对定性和定量数据进行有效整合，形成一套协调一致的解释框架。这通常需要研究者在理论和方法上都具有较高的灵活性和创新能力，以确保两种方法的结果能够互相补充，共同构建对教育现象的深入理解。

通过混合方法研究，教育评估可以更加准确地反映和应对教育现实的复杂性，为教育政策制定和实践提供坚实的、多维度的证据支持。这种方法论的应用促进了教育研究方法的创新，增强了研究的适用性和影响力。

应用这些评估模型和工具，教育管理者可以更准确地把握教育项目的成效，从而作出更为科学和合理的决策。这些方法的选择和使用，应基于具体的评估目标和上下文条件来决定，以确保评估结果的有效性和适用性。

四、成效评估的实施步骤

（一）明确评估目标

成效评估的第一步是明确评估目标，这一步骤对整个评估过程至关重要。明确的目标为评估提供了方向和焦点，是评估活动能够有效进行的基础。具体而言，评估目标应具体、明确，并与教育项目的总体目标紧密对应。这些目标不仅定义了评估的范围，还决定了评估过程中将采用哪些指标和标准来衡量成功。

例如，如果教育项目的目标是提高学生的批判性思维能力，那么相应的评估目标可能是测量特定课程或活动如何有效地提升了学生的这一能力。具体的评估目标可以包括：

（1）量化学生在批判性思维方面的进步。

（2）分析哪些教学方法最有效地促进了思维能力的提升。

（3）评价教学内容和教学策略的适应性和影响力。

另一方面，如果教育项目旨在引入和测试新的教学方法，评估目标可能集中在：

（1）评估新教学方法的实施效果与传统方法相比的优势与劣势。

（2）识别新方法在实际教学中遇到的挑战及其解决策略。

（3）通过学生和教师的反馈来评估新教学方法的接受度和可持续性。

设定明确的评估目标有助于确保评估过程的系统性和目的性，使得评估活动能够更有针对性和效率。此外，明确的目标也帮助所有项目参与者——包括教育工作者、学生以及政策制定者——对期望的成果有共同的理解和期待，从而在评估过程中形成有效的沟通和协作，确保评估结果可以被广泛接受并用于指导实际的教育实践和政策制定。

通过这种方法，教育评估不仅能够帮助确认教育活动是否达到预定目标，还能揭示哪些实施策略最为有效，哪些需要调整，从而不断提高教育项目的整体质量和效果。

（二）设计评估方案

设计评估方案是一项关键的任务，它涉及将评估目标转化为具体的操作步骤。这一阶段的核心是确保评估设计能够有效地测量和分析教育活动的成效，从而为决策提供有力的支持。

1. 选择评估方法和工具

首先，需要选择合适的评估方法。常见的方法包括问卷调查、访谈、观察等。每种方法都有其优势和适用场景：

（1）问卷调查：适用于收集大量标准化的信息，便于量化分析和比较。

（2）访谈：适用于深入探索参与者的观点和感受，获取更为详细和深层的数据。

（3）观察：适用于直接了解实际教学过程和学生互动，提供实时的行为数据。

选择方法后，需要设计相应的数据收集工具。例如，如果选择问卷调查，需要制定一个包含所有必要问题的问卷调查表；如果选择访谈，则需要准备一份详尽的访谈提纲，确保所有关键问题都被覆盖。

2. 制定实施计划

设计评估方案还需要制定详细的时间表和责任分配。时间表应详细到每个任务的开始和结束日期，而责任分配则需明确每个任务的负责人。这有助于保证评估活动的有序进行，确保各个环节按时完成。

3. 应对策略和挑战

评估过程中可能会遇到各种挑战，如数据收集的难度、参与者的合作程度、数据分析的复杂性等。在设计方案时，就应预见这些潜在问题，并制定相应的应对策略。例如，可以通过提供激励措施来增加问卷的回收率，或者在数据收集前进行试点研究以测试工具的有效性。

此外，为了增加评估结果的可靠性，可以考虑采用混合方法，即结合定量和定性方法，从不同角度验证和补充研究结果，这样可以更全面地评价教育活动的效果。

4. 确保透明和公正

最后，确保评估过程的透明和公正也是设计评估方案中的重要考虑。这包括在评估过程中保持开放的沟通，以及确保所有相关利益方都能了解评估的目的、方法和进展。通过这样做，可以增强评估结果的接受度和利用率，使评估活动更有效地支持教育决策和改进。

通过这些细致的设计和计划，评估方案不仅可以更有效地达成既定目标，也能为教育机构提供深刻的洞见，帮助其持续提升教育质量和效果。

（三）收集和分析数据

数据收集是执行评估方案的实践部分，它是整个评估过程中的关键步骤。正确的数据收集方法和工具选择对于确保评估结果的有效性和准确性至关重要。

1. 数据收集方法

数据收集通常涉及多种类型的数据，包括定量数据和定性数据：

（1）定量数据：这类数据包括但不限于测试成绩、问卷调查结果、出勤率等，通常用于量化分析，能够提供易于比较的数值指标。

（2）定性数据：包括访谈记录、观察笔记、开放式问卷回答等，这类数据通常用于探索更深层次的意见、感受和行为模式。

为了确保数据的可靠性和代表性，数据收集过程需要细致规划，包括确定数据来源、选择合适的收集工具和技术（如在线调查、面对面访谈、视频观察等），以及制定具体的操作步骤。

2. 数据分析策略

数据收集完成后，接下来的任务是数据分析。分析方法应根据数据类型和评估目标来选择：

（1）定量数据分析：可能包括描述性统计分析（如均值、标准差）、推断性统计（如 t 检验、方差分析）、回归分析等。这些方法可以帮助揭示数据中的趋势、关联和模式。定量分析通常使用统计软件进行，如 SPSS、R 或 Excel 等。

（2）定性数据分析：可能涉及内容分析、话语分析、主题分析等。这类分析侧重于从文本数据中提取和分类信息，识别出核心主题和模式。定性分析可以手工进行，也可以借助软件如 NVivo、Atlas. ti 等来辅助。

3. 结果的应用

数据分析的目的是从收集到的原始数据中提取有意义的信息，为决策提供依据。通过数据分析，评估团队可以得出关于教育项目效果的具体见解，识别成功的元素和需要改进的领域。此外，分析结果还可以用于向各方利益相关者报告，如教育管理者、教师、学生或资助者，以支持透明的沟通和后续的行动计划。

在整个数据收集和分析过程中，重视数据的完整性、保密性和伦理标准也是至关重要的。确保参与者的信息安全和隐私保护，以及合理解释和使用收集到的数据，这些都是确保评估质量和效果的关键因素。通过系统的数据收集和精确的分析，教育评估可以为教育改进提供科学、具体的依据。

（四）解释结果和撰写报告

在成效评估的整个过程中，解释分析结果和撰写评估报告是至关重要的最后步骤。这不仅标志着评估工作的完成，也是将评估发现转化为可行行动和决策支持的关键阶段。

1. 解释分析结果

评估者需要将从数据分析中得到的具体发现与评估目标进行比较。这一步骤的核心是解释这些数据如何反映教育项目的效果，并理解这些结果背后的原因和影响。例如，如果评估目标是提高学生的数学成绩，分析结果显示成绩提高与特定的教学方法密切相关，那么评估者需要探讨为何该方法有效，以及它如何被更广泛地应用。

此外，解释结果还包括识别和讨论任何意外的发现或模式，这可能会提供新的见解，或对现有的教育理论和实践提出挑战。评估者应考虑所有相关的变量和外部因素，以确保结果解释的全面性和深入性。

2. 撰写评估报告

撰写评估报告是整合和传达评估结果的过程。报告应清晰、准确地描述评估的目的、方法、过程、分析结果以及得出的结论和建议。主要内容应包括：

（1）背景和目标：简述评估的背景和目的，清楚地定义评估的主要问题和目标。

（2）方法论：详细描述所使用的数据收集和分析方法，包括样本选择、工具和技术的使用等。

（3）主要发现：呈现关键的数据分析结果，使用图表和图形来帮助说明复杂的数据和趋势。

（4）讨论：分析结果的意义，包括它们如何支持或反驳原始假设，以及可能的解释和理论意义。

（5）建议和行动计划：基于分析结果提出具体的建议和改进建议，这些应直接针对发现的问题和机会。

3. 与利益相关者沟通

评估报告还是与所有利益相关者沟通的重要工具。确保报告的透明性和易于理解，可以帮助教师、学校管理者、政策制定者和其他相关人员理解评估的成果，并据此作出信息化的决策。报告应提供足够的细节，以便利益相关者可以根据报告的内容评估其有效性和可靠性。

4. 确保质量和道德标准

最后，保证报告的质量和遵守道德标准也是不可忽视的。这包括确保数据的保密性，尊重参与者的隐私，并公正无偏地呈现结果。撰写报告时应遵循学术诚信和透明的报告标准，确保评估结果和建议的准确性和公正性。

第二节　反馈机制与持续改进

在现代教育体系中，学历案教学法（Case Study Method）以其独特的实践导向和问题解决能力的培养，成为一种重要的教学策略。这种方法通过具体案例的探讨，使学生能够在真实或模拟的情境中应用理论知识，从而加深理解并提高实际操作能力。

学历案教学法的有效性，在很大程度上取决于良好的反馈机制和持续改进的文化。反馈机制是指在教学过程中，教师和学生之间以及学生与学生之间进行互动，实时提供和接收关于学习进展、理解深度和技能掌握情况的信息的系统。这种机制可以是正式的，如通过评估和测验，也可以是非正式的，如通过讨论和观察。在学历案教学中，这种改进不仅涉及教学内容和方法的调整，还包括如何更有效地使用反馈来优化学习结果。

一、教育反馈的类型

（一）正面反馈与负面反馈

正面反馈旨在鼓励学生，强调他们所做正确的事情，从而增强学生的自信心和动力。例如，当学生在解决问题时采用了有效的策略时，教师给予积极的认可。这种反馈不仅表扬了学生的具体行为，还能激励他们在未来的学习中重复使用成功的策略。正面反馈的关键在于及时和具体，它应当立即在学生展示了期望行为后给出，具体到点明哪些行为或思考是正确的。正面反馈可以显著提升学生的内在动机，使他们感到自己的努力被认可，并且他们的成就得到了肯定。这种积极的情感反馈有助于建立学生的自尊心和自信心，从而增强他们继续努力学习的意愿。然而，如果过度依赖正面反馈或者反馈过于泛泛，学生可能形成对赞誉的依赖，从而在没有外界赞赏的情况下缺乏动力。此外，过多的正面反馈可能导致学生对自己的能力有过于乐观的估计，忽略了需要进一步提升的领域。

负面反馈则指出学生的错误或不足之处，旨在指导学生理解和改正这些错误。例如，指出学生学习中面临的知识理解问题。这种反馈不仅需要指明错误，更要提供解决问题的途径或改进建议，以帮助学生在未来避免类似错误。负面反馈应当是建设性的，关注改进而不是批评，这样学生才能接受并利用这些反馈来提升自己的能力。负面反馈是学习过程中不可或缺的一部分，因为它直接指出学生需要改进的地方。通过准确和具体的批评，学生可以了解自己的不足，并针对性地加以改进，这是推动学业和个人成长的重要驱动力。如果负面反馈的给予不恰当（如过于严厉或个人化），可能会伤害学生的自尊，降低他们的学习动机。此外，过于频繁或仅有负面反馈可能导致学生感到挫败，从而抵触学习。正确的方式应该是将负面反馈与正面反馈相结合，创造一个支持而富有挑战的学习环境。

（二）形成性反馈与总结性反馈

这一点已经在本章第一节"成效评估"部分探讨过，不再赘述。

（三）直接反馈与间接反馈

直接反馈是一种明确且具体的反馈方式，直接指出学生表现的具体方面，包括正面的成就和需要改正的错误。例如，在学生解答数学问题时，教师直接指出计算错误或确认解法的正确性。这种反馈方式快速明了，使学生及时了解自己的表现和需要改进的具体点。直接反馈的主要优势在于其明确性和效率，它可以快速地纠正学生的错误，特别是在基础知识和技能的学习阶段，确保学生在正确的轨道上前进。这种反馈方式对于初学者来说尤其有用，因为它减少了学习过程中的不确定性和混淆。然而，直接反馈的缺点在于它可能限制学生的探索空间和自主学习的机会。如果学生习惯于从教师那里获得即时的答案，他们可能会逐渐依赖于外部指导，而不是发展独立解决问题的能力。

间接反馈更为含蓄，不直接给出答案，而是通过设置问题、提示或引导的方式，促使学生自我反思和发现错误。例如，如果学生在解释科学概念时出现误解，教师可能会通过提出引导性问题，让学生重新考虑他们的答案，并引导他们找到正确的理解路径。这种方式鼓励学生通过自主学习来深化理解和修正错误。间接反馈通过激发学生的内在好奇心和探索欲，促进了批判性思维和问题解决能力的发展。这种反馈方式鼓励学生进行深入思考，通过探索和实验来理解概念，从而达到更深层次的学习。间接反馈的主要限制在于它的效果通常更为缓慢，且依赖于学生已有的知识基础和思考能力。对于缺乏必要背景知识或解决问题技能的学生，这种反馈方式可能不够有效，学生在没有足够支持的情况下可能感到沮丧或迷茫。

总体而言，直接反馈和间接反馈各有优势和局限，教师应根据学生的具体需要和学习阶段灵活运用这两种反馈方式，以支持学生的学习和发展。在实际教学中，结合使用直接和间接反馈，可以为学生提供一个均衡且全面的学习环境，促进他们在知识掌握和自主学习能力之间找到最佳平衡。综上所述，教师在实施反馈时应根据学生的具体需求、学习阶段和学习目标灵活选择反馈类型，以实现教学与学习效果的最大化。

二、反馈的来源与方法

在教育环境中，反馈的来源多样，每种来源都有其独特的角色和贡献。理解这些不同来源的反馈及其实施方式可以帮助教育者更有效地利用反馈来提升教学和学习质量。

（一）教师给学生的反馈

教师是学生学习过程中最直接的反馈提供者。这种反馈可以是口头的，如在课堂讨论中及时纠正学生的错误；也可以是书面的，如作业批改中的详细注解。有效的教师反馈应具体、及时，并且关注学生的具体需求，帮助他们理解学习材料并指导他们如何改进。

教师应根据学生的表现提供个性化反馈，明确指出优点和需要改进的地方。这种个性化方法确保了反馈的相关性和有效性，使学生能够感知到教师对他们学习进展的关注。个性化反馈也鼓励学生在特定领域集中努力，从而更快地提高他们的能力。

反馈应当及时，以确保学生能在接下来的学习中立即应用这些反馈。及时反馈可以加强学习过程中的行为修正，防止错误习惯的形成。在学生提交作业或完成测试后尽快提供反馈，可以大大提高反馈的教育效果，帮助学生在当前和未来的学习任务中取得更好的成绩。

教师应采用多种方式提供反馈。口头反馈通常在课堂上进行，能够及时解决学生的疑惑和错误。书面反馈则通常出现在学生作业、测试和项目报告上，提供更深入、思考性的建议和指导。此外，教师还可以利用数字工具，如电子邮件或学习管理系统，来提供额外的反馈和资源。

创建一个积极、支持性的学习环境对于反馈的接受和利用至关重要。教师应鼓励开放的沟通氛围，使学生感到安全地表达自己的不确定性和问题。此外，将正面反馈与改进建议结合使用，可以帮助学生正视自己的不足，同时保持积极的自我感觉。

教师应监测反馈的效果，评估其对学生学习成果的影响。这可以通过观察学生的改进、进行跟踪调查或通过非正式的讨论来实现。了解哪些反馈策略最有效，可以帮助教师调整他们的教学方法，以更好地满足学生的需求。

（二）学生对教学的反馈

学生反馈是教育过程中不可或缺的一部分，它能够帮助教师评估教学方法和材料的有效性，以及学生对课程内容的感受和接受程度。有效的学生反馈通常通过多种方式收集，包括课程评估问卷、小组讨论或一对一会议等。

（1）定期收集反馈：为确保教学方法始终符合学生的学习需求，定期收集学生反馈至关重要。这可以通过结课时的匿名调查问卷进行，其中应包括关于教学内容、教学方法、课程结构和教师表现的问题。匿名调查问卷有助于增加反馈的真实性和准确性，因为学生在匿名的情况下更可能表达真实的想法和意见。

（2）多样化反馈渠道：除了问卷调查，教师还可以组织小组讨论和一对一会议，以收集更深入的反馈。小组讨论可以激发学生之间的互动，帮助教师观察学生对某些教学方法或课程内容的共同反应。一对一会议则提供了一个私密的环境，让学生可以分享他们可能不愿在大组中讨论的问题或建议。

（3）反应和调整教学策略：收集到学生的反馈后，教师需要认真分析并作出相应的反应。这可能包括调整课程内容、改变教学方法或更新教学资源。教师的这种反应不仅显示了对学生声音的重视，还有助于提升教学质量，增强学生的学习体验。

（4）反馈的跟踪和持续改进：对学生反馈的处理不应该是一次性的。教师应该持续跟踪改进措施的效果，并在必要时进行进一步的调整。这种持续的改进过程可以通过定期回顾学生的反馈和学习成果来实现。

（5）透明化反馈结果：为了增强学生对反馈流程的信任和参与度，教师应该透明化处理反馈的过程和结果。这可以通过在课程结束时分享反馈总结和未来的改进计划，或者在下一个学期开始时讨论已实施的改变。

通过这些详细的实施策略，学生反馈可以成为推动教学改进、增强学生参与度和满意度的重要工具。定期和有效地利用学生的反馈，不仅能够帮助教师提高教学效果，还能够建立开放和互相尊重的教学环境。

（三）同行评审：教师之间的反馈

同行评审是一种在教师之间进行的评估活动，涉及教师相互观摩授课并提供反馈。这种方式不仅可以增强教师的教学技能，还能促进知识和经验的共享。通过这种互动，教师可以从同行那里获得宝贵的见解和新的教学策略，同时也能得到关于自己教学方法的直接反馈。

（1）建立尊重和信任的环境：同行评审的成功极大程度上依赖于参与教师之间的相互尊重和信任。教师需要感觉到同行的反馈是为了帮助他们成长和改进，而不是评判或竞争。建立这种环境可能需要时间和适当的培训，以确保所有参与者都了解同行评审的目的和过程，并承诺以建设性和支持性的方式进行沟通。

（2）定期和系统化的实施：为了最大化同行评审的效果，应将其作为常规的专业发展活动定期进行。这可以通过定期安排观摩时间，例如每学期或每学年，让教师有机会观看同事的授课并提供反馈。同时，学校或教育机构应提供一个结构化的框架来指导这一过程，包括如何提供和接受反馈的培训、使用的观察工具和反馈表格。

（3）专业发展工作坊：与同行评审相结合，举办专业发展工作坊可以进一步增强教师的教学技能。这些工作坊可以集中讨论从同行评审中学到的教学策略，或是解决在评审过程中发现的共同问题。工作坊提供了一个平台，让教师可以深入探讨特定的教学方法或挑战，并从同事那里获得实际的建议和支持。

（4）反馈的跟踪与评估：为了确保同行评审的持续效果，重要的是跟踪反馈的实施情况和评估其对教学实践的影响。这可以通过跟进会议来完成，其中教师可以分享他们如何根据收到的反馈调整了教学方法，以及这些调整带来的结果。

通过这些详细的实施策略，同行评审不仅能够提升个别教师的教学技能，还能促进整个教师团队的协作与专业成长。这种持续的专业发展和相互支持的文化最终将有利于提高整体的教学质量和学生学习成果。

（四）第三方评估：外部专家的角色与贡献

外部专家，如教育顾问或学术评估团队，可以提供客观的第三方视角。他们通过审查教学材料、观察课堂和分析学生的学习成果来评估教学质量。这种评估形式不仅增加了"教-学-评"估的透明度，还能提供独立的意见和建议，帮助教育机构维持或提升教学标准。

（1）定期评估的重要性：为了确保教育机构的教学质量不断改进并与行业最佳实践保持一致，第三方评估应该定期进行。这包括每学年或每几年一次的全面评估，以及针对特定项目或课程的间歇性审查。定期进行的第三方评估有助于教育机构及时了解自身的教学状况和挑战，从而快速反应并调整教学策略。

（2）外部反馈的作用：第三方评估所提供的外部反馈对教育机构至关重要，因为它可以揭示教学过程中可能被忽视的问题。外部专家通过审查教学计划、课程内容和教学方法，可以识别出需要改进的领域，提供具体的改进建议。这些反馈不仅基于教学实践的通用标准，还可能包括对最新教育趋势和技术的引入建议。

（3）增强公信力和认证：第三方评估还可以帮助教育机构在外部环境中建立或增强其公信力。例如，通过获取认证机构的认证，学校可以向潜在学生和家长展示其课程和教学质量的高标准。这不仅提高了学校的吸引力，也有助于提升学校在教育界的声誉。

（4）实施的挑战：尽管第三方评估有许多优点，但实施过程中也可能面临挑战。例如，评估的成本可能相对较高，需要充分的财政支持。此外，评估过程可能会引起教师和管理层的压力，尤其是在公开评估结果的情况下。因此，教育机构需要确保所有参与者对评估过程有充分的理解和准备。

三、持续改进的策略与实践

（一）基于反馈进行教学设计的调整

1. 数据驱动的决策

教师可以通过系统地收集和分析学生的成绩、参与度以及对教学方法的反馈来进行数据驱动的决策。这种方法不仅帮助识别哪些教学策略最为有效，还能指出需要改进的地方。例如，如果数据显示学生在某个特定的单元或概念上表现不佳，教师可以深入分析原因，并根据这些发现调整教学计划或提供额外的支持。使用数据分析工具和教育技术可以帮助教师有效地管理这些数据，并从中洞察趋势和模式。

2. 定期评估教学内容和方法

定期评估教学内容和方法是确保教学活动保持最新和最有效的重要做法。通过持续的学生反馈和成绩跟踪，教师可以了解哪些内容和方法最受学生欢迎，哪些可能需要改进或更新。例如，如果学生反馈表明某些教学材料或活动难以理解或不够吸引人，教师可以寻找或创造更符合学生需求和兴趣的替代材料。此外，这也为教师提供了一个机会，根据学生的学习风格和偏好定制教学方法，如更多地采用视觉或动手的学习活动。

3. 实验新的教学策略

基于收集到的反馈，教师可以尝试实施新的教学策略，以提高教学质量和学生的学习体验。新策略如翻转课堂、项目基础学习或基于游戏的学习等，可以使学习过程更加动态和互动。例如，在翻转课堂模式中，学生在家预习新内容，而课堂时间用于进行深入讨论、群体活动或实际应用，这样的安排可以加深学生的理解和参与度。这些新策略的试验可以基于反馈数据进行微调，确保它们能够有效地满足学生的具体需求和教学目标。

（二）制定和实施教学改进计划

为了提高教学效果并满足学生的学习需求，教育工作者必须不断评估和调整教学方法。制定并实施一个有效的教学改进计划是这一过程的核心。

1. 目标设定

首先，需要明确改进计划的具体目标。这些目标应具体、可量化，并且与教学的长期目标相一致。例如，如果学生参与度低，目标可能是通过互动式学习活动提高参与度。如果某一课程的通过率不高，目标则可能是通过增加辅导时数和优化课程内容来提升通过率。明确的目标不仅有助于集中资源和努力，还提供了衡量成功的标准。

2. 行动计划

制定具体的行动步骤是实现教学改进目标的关键。这包括确定实现这些目标所需的具体资源，例如引入新的教学材料、使用新的技术工具或为教师提供额外的培训。行动计划还应详细描述每项活动的时间表和责任分配。例如，如果目标是提高学生的批判性思维能力，行动计划可能包括在课程中增加案例研究和问题解决任务，以及提供相关培训给教师。

3. 执行与监控

计划制定后，紧接着是执行阶段。在执行过程中，持续监控和评估计划的进展至关重要。这通常通过收集定量数据（如考试成绩、作业提交率）和定性数据（如学生和教师的反馈）来进行。监控不仅帮助教师了解改进措施是否有效，还可以在计划执行过程中及时发现问题并进行调整。

4. 评估与调整

教学改进计划应定期评估其成效，这通常在计划执行一段时间后进行。评估应关注是否达到了初设的目标，哪些措施最有效，以及哪些需要改进或放弃。基于这些评估结果，必要时进行调整，以确保教学活动持续优化。这可能包括修改教学策略、增加资源或进一步培训教师。

四、反馈与持续改进的评估

（一）评估反馈机制的有效性

评估反馈机制的有效性对于确保教学策略与学生需求保持一致至关重要。一个有效的反馈机制应及时、相关且具体，同时能够显著地促进学生的学习进步。

1. 反馈实施的及时性与频率

及时的反馈是教学过程中不可或缺的，它使学生能够在犯错之初及时获得指导，避免错误观念的固化。评估反馈的及时性，可以检查反馈是在学生提交作业或测试后多久提供的，以及教师在课堂问题发生时是否能立即进行纠正。此外，反馈的频率也同样重要；频繁且规律的反馈可以更好地帮助学生保持学习动力，并持续改进学习策略。

2. 反馈的相关性和具体性

反馈的有效性极大地依赖于其能否针对学生的具体需求。相关性和具体性是衡量这一点的关键指标。相关性体现在反馈是否针对学生的实际表现和学习目标，具体性则体现在反馈是否提供了明确的改进方向和可操作的建议。评估这一点时，可以检查反馈内容是否足够详细，是否直接关联到学生的任务或表现上，并且是否提供了明确的步骤或技巧以促进学生的进步。

3. 学生和教师的满意度

学生和教师的满意度是评估反馈机制有效性的另一个重要指标。通过问卷调查、访谈或小组讨论，可以收集他们对反馈质量、及时性、相关性和实用性的感受。满意度高说明反馈机制在实际应用中有效，并且被学生和教师所接受。此外，这种反馈还可以揭示改进教学反馈系统的潜在领域。

4. 学习成果的改变

最终，反馈机制的目的是改善学习成果。通过对比反馈前后的考试成绩、作业评分、项目表现以及其他相关的学术指标，可以量化反馈的影响。改善的学习成果表明反馈机制是有效的。此外，也可以通过追踪学生在学习路径上的长期进展来评估反馈的持续影响。

（二）持续改进的量化与质化指标

为了确保教育改进计划的有效性和持续进步，必须设立可量化和质化的指标。这些指标不仅帮助教育者监控实施效果，还促进了基于数据的决策过程。

1. 学习成绩

学习成绩的提升是教学效果最直接的反映。通过使用标准化测试成绩和课程成绩，教育者可以具体量化学生学术表现的改善。例如，可以比较改进措施实施前后的测试分数，以此来评估新教学方法或课程内容的有效性。此外，课程成绩的分析可以帮助识别哪些教学单元最有效，哪些需要进一步改进或调整。

2. 学生参与度

学生的参与度是衡量教学活动吸引力的重要指标。通过课堂参与情况、作业提交率以及在线学习平台的活动记录，可以量化学生的参与程度。例如，通过课堂点名、互动式问答的频率以及学生在在线讨论板的活跃度来衡量参与情况。这些数据有助于教育者了解学生对课程的兴趣和参与程度，从而调整教学策略以增强课堂互动和学习动机。

3. 教学满意度

教师和学生的满意度调查是评估教学质量的一个重要量化指标。这些调查通常包括对课程内容、教学方法、教学环境及教学资源的评价。通过定期进行满意度调查，教育者可以了解教学实践的受欢迎程度以及可能的痛点。满意度调查的结果可以指导教育者在哪些方面进行改进，以提高教学效果和学生满意度。

4. 毕业率和留级率

毕业率和留级率是衡量学生在教育系统中整体表现和进步的长期指标。追踪这些数据可以帮助教育者评估教学改进措施对学生最终教育成就的影响。例如，通过比较实施新教学方法或学业服务前后的毕业率和留级率，教育者可以判断这些措施是否有效地支持了学生的学术成功。

第三节　学历案教学与学生核心素养

中国学生的核心素养旨在培养"全面发展的人"，涵盖文化基础、自主发展和社会参与三大领域。这些领域合起来构成了六大关键素养：人文底蕴、科学精神、学会学习、健康生活、责任担当和实践创新。这六大素养进一步细化为国家认同等十八个具体要点，以方便在教育实践中的应用。这些素养之间相互关联、相辅相成、共同促进，在不同的实际情境中发挥综合效果。为了使这些素养更具操作性，十八个要点被具体化并描述了其主要表现形式。基于这一总体框架，还可根据学生的年龄特征，进一步制定各个学段学生应达到的具体表现标准。这种系统的设定旨在确保学生能够在不同阶段获得必要的成长和发展，以适应未来的挑战。在快速变化的现代社会，这些能力对于学生的个人发展和未来职业成功至关重要。教育的目的不仅是传授知识，更重要的是培养学生的这些核心素养，使他们能够适应未来社会的需求，并在各种挑战中找到解决方案。

一、核心素养的各个组成部分

在当今快速变化的世界中，核心素养成为教育体系重点培养的能力，以帮助学生为未来的职业和生活挑战做好准备。以下从文化基础、自主发展、社会参与三个方面探讨核心素养在中学生全面发展中的重要作用。

（一）文化基础

文化基础强调对学生进行全面的文化教育，使其在成长过程中树立坚实的文化认知和价值观。对于初中生而言，文化基础的培养不仅包括传统学科知识的学习，如语文、历史、地理等，还包括对中国传统文化和世界多元文化的了解和尊重。

在初中阶段，通过文学作品的阅读、历史事件的研究以及多种艺术形式（如音乐、戏剧和美术）的体验，学生可以深入理解和欣赏中华文化的深厚底蕴及其在全球文化中的位置。例如，教师可以组织学生观看中国古典戏剧、学习书法和绘画，参与诗歌创作等活动，这些都是促进学生文化素养提升的有效途径。

此外，为了增强学生的国际视野，学校还应该引入世界各地的文化内容，让学生通过比较和探索不同的文化传统，培养对多元文化的理解和尊重。这可以通过国际交流项目、外语学习以及探讨全球问题等方式实现。

总之，文化基础的培养旨在帮助初中生建立广阔的知识视野和深厚的文化感知，为其日后的学习和生活打下坚实的基础，同时培养他们成为具有全球视野和文化敏感度的现代公民。

（二）自主发展

自主发展鼓励学生在学习和生活中培养自主性和独立性。这个阶段是学生个性和认知能力迅速发展的时期，通过加强自主发展的教育，可以帮助他们建立自我管理能力、提高解决问题的技能，并激发创新思维。

自主发展的核心在于让学生在学习过程中扮演更加积极的角色。学校可以通过提供选择性的课程、兴趣小组和项目，让学生根据自己的兴趣和未来的职业规划选择适合自己的学习路径。例如，学校可以设置科学实验、编程、艺术和体育等多样化的选修课，鼓励学生探索并深化个人兴趣。

此外，通过项目式学习（Project-Based Learning, PBL）等教学方法，学生可以在真实的或模拟的情境中，解决问题、合作和创新。这种学习方式不仅能够提高学生的学术技能，还能增强他们的社会交往能力和团队合作精神。

学校还应该鼓励学生参与学校管理和社区服务，如学生会、社区志愿服务等，这些活动能够让学生在实际行动中学习如何承担责任、管理项目和领导团队。通过这些实践活动，学生能够更好地了解社会运作，增强自己的社会责任感和公民意识。

最后，教育者和家长应共同为学生创造一个支持性的环境，鼓励他们表达自己的想法和意见，培养他们的批判性思维和自我反思能力。这样，学生不仅能在学术上取得进步，更能在个人成长和自我实现的道路上迈出坚实的步伐。

（三）社会参与

社会参与旨在培养学生的社会责任感和公民意识。通过各种社会参与活动，学生不仅能够增强自身的社会技能，还可以在实际环境中应用他们所学的知识，从而促进其个人成长和社会整体的进步。

社会参与可以通过多种形式实现，例如学生可以参与社区服务项目，如环境清洁、老年人关怀或支持地方非营利组织等。这些活动使学生直接参与到社区的发展和改善中，学习如何对社会做出积极贡献。此外，学生可以通过这些活动了解社区的需求和挑战，提升他们对公共问题的敏感性和解决问题的能力。

学校也可以组织辩论俱乐部、模拟联合国或青年议会等活动，让学生在讨论和辩论中学习公共政策和民主过程。通过这些活动，学生不仅可以提高其批判性思维和公共演讲技能，还可以增强对全球和本国政治、经济问题的理解。

　　此外，参与学校的新闻报刊或媒体项目也是社会参与的一种形式。学生可以参与编辑学校报纸、管理社交媒体账号或制作视频项目，这些都是他们表达意见、报道学校和社区新闻的平台。通过这样的媒介实践，学生可以学习信息的收集和传播，培养媒介素养和沟通技能。

　　最终，通过这些多样化的社会参与活动，学生可以在实际行动中学习领导力和团队合作，同时也能够更好地理解和关心他们所在的社区和更广阔的世界，为将来成为负责任的公民奠定基础。

　　这些核心素养不仅在学术领域中重要，在职业发展和个人成长中也同样关键。教育系统和培训程序通过加强这些能力的培养，为学生提供了成功的工具，帮助他们在不断变化的全球环境中取得成功。

二、核心素养在当前教育环境中的重要性

（一）应对复杂问题

　　当今世界充满了复杂和多变的挑战，如环境变化、社会多样性和技术创新。具备批判性思维和创造力的学生能更好地理解这些复杂性，并提出有效的解决策略。例如，面对气候变化带来的环境问题，学生可以利用批判性思维来分析数据和政策，使用创造力来设计可持续的技术或策略。这种能力使他们能够在科学、政策制定或企业管理等多个领域中，为复杂的全球问题提供创新解决方案。

（二）适应性和灵活性

　　随着职业生涯和技术的变化，学生需要适应新的工作环境和持续学习。沟通能力和合作精神让他们能够在不断变化的团队结构中发挥作用。这些技能尤其在项目管理、跨文化交流和远程工作环境中至关重要。例如，在国际团队工作时，有效的沟通和团队合作不仅帮助解决文化和语言差异带来的挑战，还促进了项目的顺利进行和成功。

（三）终身学习

　　核心素养促进终身学习的态度和能力，使学生能够在整个职业生涯中持续更新知识和技能，以应对新的挑战。这一点在今天的快速变化的职业市场中尤为重要。例如，随着新技术如人工智能和机器学习的兴起，具备终身学习的能力的个体可以通过持续教育和自我提升保持其竞争力，适应新的职业角色和技术要求。

（四）教育系统的角色

　　因此，教育系统必须重视和培养这些核心素养，通过创新的教学方法和课程设计，确保学生不仅掌握必要的知识，还能发展这些关键的生活和职业技能。教育者应引入问题基础学习（PBL）、项目导向学习和协作学习等策略，这些方法已被证明可以有效地提升学生的批判性思维、创造力、沟通和合作能力。通过这些实践，学生可以在真实世界的情境中应用他们的知识，发展解决问题的技能，并准备好面对未来的挑战。

通过强调这些核心素养的培养，教育系统不仅为学生的个人成功打下基础，还为社会培养出能够应对未来挑战的责任感强和具备创新能力的公民。

三、学历案教学与核心素养的关联

学历案教学作为一种以实际案例为基础的教学方法，提供了一个极佳的平台，用以培养和强化学生的核心素养。通过具体案例的分析和讨论，学生能够在实际和复杂的情境中练习和应用关键技能，如批判性思维、创造力、沟通能力和合作精神。

（一）学历案对核心素养的解读

在制作学历案之前，教师首先应对核心素养进行解读。通常课程标准对年级段的核心素养有明确的规定。在初中阶段，课程标准对学生核心素养的要求是，学生应具备基本的批判性思维能力，能够分析和解释信息，并应用于解决问题。此外，学生应该能够有效地通过书面和口头方式进行沟通，能够在小组合作中展示团队协作的能力，并能在多样化的社会环境中表现出适应性和灵活性。

为了达到这些目标，教师在设计学历案时需要确保案例的内容不仅与学科知识相关联，而且能够激发学生运用并发展这些核心素养。例如，在历史课程中，教师可以设计关于重大历史事件的案例，要求学生批判性地分析事件的原因和影响，从而锻炼其分析和评估信息的能力。在科学课程中，案例研究可能涉及实验数据的解释和实验结果的预测，这不仅增强学生的科学素养，还促进他们应用和实践科学方法。

同时，教师应该通过多样化的教学活动促进学生的沟通和协作技能。这可以通过团队项目、辩论和角色扮演等活动实现，这些活动鼓励学生表达自己的想法，听取并理解他人的观点，以及在团队中承担责任。例如，通过组织模拟联合国会议，学生可以在讨论全球问题的同时，练习公共演讲和团队协商技能。此外，角色扮演活动允许学生从不同的视角看待问题，如在一个商业案例研究中扮演不同的公司职员，探讨公司决策的影响。

通过这样的实践，学生不仅能够在课堂上学习理论知识，更能在实际操作中锻炼和展示自己的核心素养。这种教学方法的一个重要优势是，它使学生能够将课堂学习与现实世界情境直接联系起来，从而更好地理解理论的实际应用。例如，通过解决真实的商业挑战或社会问题，学生能够理解经济原理的实际影响，或是社会科学理论在现实中的作用。

总之，通过将理论与实际案例结合，以及通过组织富有挑战性和互动性的活动，教师不仅能够提高学生的学术表现，更重要的是能够培养他们成为具有批判性思维、创造力、出色沟通能力和强大合作精神的个体。这些核心素养是学生在未来学术和职业生涯中取得成功的关键。

（二）学历案评价始终围绕学生核心素养

无论是师生反馈、学生反馈还是专家反馈，学历案评估工作始终围绕学生核心素养的养成。这种评估不仅关注学生在知识掌握方面的进展，更重视他们在批判性思维、创造力、沟通能力和合作精神等方面的发展。通过这些多维度的反馈，教育者能够得到全面的信息，帮助他们更好地理解学生的学习需求和成长路径，从而作出相应的教学调整。

师生间的互动提供了即时和持续的学习支持，使教师能够根据学生在学习过程中表现出的挑战和成功调整教学策略。教师可以通过观察学生在解决问题、讨论和项目实施中的表现，评估他们的批判性思维和问题解决能力。此外，教师还能通过日常的交流了解学生在团队合作和沟通方面的进步，这些都是课堂学习难以直接观察到的。

学生反馈是评估学历案教学有效性的重要途径。学生可以通过问卷调查、小组讨论或反思日志等方式表达他们对教学内容、教学方法以及学习环境的看法。这种从学生视角出发的反馈对于教师理解学生的个人感受和学习体验至关重要。例如，学生的反馈可能指出某些教学方法特别有效，或者某些课程内容需要用更具互动性的方式呈现。

从外部专家那里获得的反馈可以提供关于教学实践和课程设计的客观见解。专家评估通常包括课程内容的广度和深度，教学方法的创新性，以及课程如何促进学生核心素养的发展。专家的意见可以帮助学校和教师了解他们的教学实践与教育行业标准之间的差距，以及如何改进以达到或超越这些标准。

通过这些多元化的反馈机制，教育者可以获得宝贵的见解，这些见解支持他们持续改进教学方法，确保教学活动不仅传授知识，更重要的是培养学生适应未来挑战所需的核心素养。这种以学生为中心的评估方法强调了教育的终极目标：培养全面发展的个体，使其能够在不断变化的世界中找到自己的位置并取得成功。

四、围绕核心素养的学历案教学策略

（一）批判性思维

在批判性思维的培养中，采用问题基础学习（PBL）策略非常有效。这种方法通过教师设定开放性的问题或实际挑战，激发学生的探究和解决问题的兴趣。实施过程中，学生需要在小组内合作，共同研究和探讨潜在的解决方案，而教师则扮演关键的引导者角色，不直接提供答案，而是提供访问专业资源的途径，引导学生如何批判性地分析和评估信息。这样的实践不仅促进了学生独立思考的能力，也加深了他们对材料的理解和应用，使他们能够在真实世界的复杂情境中有效应用批判性思维技能。

（二）创造力

在培养学生的创造力方面，采用设计思维方法是一种高效的策略。设计思维是一个以解决问题为中心的方法，它鼓励学生积极思考，并通过实验和原型设计来迭代创新的想法。具体实施时，学生参与到设计实际项目的全过程，从识别问题、探索解决方案到创建实用的产品或服务。在这一过程中，教师不仅提供必要的学术和技术资源，还提供实时反馈，帮助学生优化他们的设计并推动其创造性思维向更高水平发展。这种方法不仅提高了学生解决复杂问题的能力，也大大激发了他们的创造潜力，使他们能够在未来的学术和职业生涯中以创新者的身份突破传统束缚。

（三）沟通能力

为了提升学生的沟通能力，教师可以采取讨论和演讲练习的策略，通过模拟会议和公共演讲的形式练习学生的口头和非口头沟通技巧。在这种实施方式中，学生被鼓励在班级前进行各种演示和辩论，这不仅包括准备演讲稿和展示材料，还涉及如何有效地使用身体语言、语调和眼神交流来加强信息的传递。教师在此过程中扮演关键角色，不仅提供必要的指导来帮助学生构思内容，还通过具体的反馈帮助学生改善表达方式和沟通策略。这样的实践不仅增强了学生的自信心，也极大地提升了他们在实际情况下的表达和说服能力，为未来的学术和职业生涯奠定了坚实的基础。

（四）合作精神

为了培养学生的合作精神，实施小组项目和协作活动是一种有效的策略。通过团队工作，学生不仅可以学习如何在多样化的团队中有效合作，还能够发展领导能力、冲突解决技能以及责任感。具体实施方式中，学生被分配到不同的小组，每个小组需要共同面对挑战，协作寻找解决方案，并共同承担完成项目的责任。在这个过程中，教师扮演着观察者和引导者的角色，不仅需要监控团队的动态，确保每位成员都能参与到项目中，还需在必要时介入，帮助解决团队合作中可能出现的冲突和障碍。这种教学活动不仅加强了学生之间的沟通与协调，还教会了他们如何在实际工作环境中与不同背景的人共事，为他们未来的职业生涯和个人发展打下坚实的基础。

（五）教学策略的应用与调整

在教学实践中，灵活地应用和调整教学策略是至关重要的。这不仅有助于适应学生多样化的学习风格和能力，还可以提高教学效果并增加学生的参与度。

首先，教师需要细致地识别并理解每位学生的学习风格和需求。例如，对于那些需要更多结构和指导的学生，教师可以提供更加详尽的步骤和持续的支持，如使用清晰的视觉辅助材料和分步教学指南。这样做有助于学生更好地理解教学内容并减少学习上的困惑。

其次，技术的利用是现代教学的一个重要方面。教师可以通过各种在线工具如在线教室和Zoom来增强学生的学习体验。这些平台不仅便于教师分发课程材料和作业，还支持视频会议功能，使得远程教学和协作变得更加高效。此外，教师可以利用在线论坛或社交媒体群组来促进学生之间的讨论和信息交流，提高课堂的互动性。

此外，持续的反馈和评估是教学成功的关键。通过定期收集学生的反馈，教师可以及时了解学生在课堂上的表现和理解情况。这使得教师可以根据具体情况调整教学策略，如重新分配小组成员或提供针对性的辅导，以帮助那些表现不佳的学生提高成绩。

最后，鼓励学生自主学习是现代教育的一个重要目标。教师可以通过设计研究项目和让学生选择自己感兴趣的主题来实现这一点。这种方法不仅增强了学生的学习动机，还培养了他们的研究能力和批判性思维能力，为未来的学术或职业生涯奠定了基础。

第六章 挑战与未来展望

第一节 教学经验的总结与分享

分享教学经验的目的和意义在于通过交流实践中的成功与挑战，教师能够相互学习，提升教学质量。这种分享不仅有助于教师发现并采纳更有效的教学策略，而且促进了教师之间的合作与专业成长。在快速变化的教育领域，持续地学习和改进是教师专业发展的重要部分，分享教学经验可以提供新的视角，帮助教师应对教学中遇到的各种挑战，从而更好地满足学生的学习需求。通过这种方式，教育社区能够共同进步，提高教育质量，最终惠及整个学习环境。

一、学历案教学法的实施背景

学历案教学法的实施背景通常涉及教育环境的多个方面，包括所涉及的课程、学科和学生群体。这种方法广泛应用于从商业管理到法律，从医学到工程学等多种学科，因其能够提供深入理解复杂问题和理论应用的机会。例如，在商学院，学历案教学法可以帮助学生理解复杂的商业运作和战略决策过程；在法学院，通过分析具体的法律案例，学生可以学习如何应用法律原则解决实际问题。

选择实施学历案教学法的原因通常基于对学生深度学习需求的认识。这种教学方法强调学生的主动学习和参与，通过实际案例的分析，学生不仅能学习到理论知识，还能发展关键的思考和问题解决技能。此外，案例教学法有助于学生建立理论与实际之间的联系，使他们能够更好地准备进入职业领域。

预期目标通常包括提高学生的批判性思维能力、沟通能力和团队合作能力。此外，通过实践中遇到的具体情境，学生能够更全面地理解所学知识的应用，从而更好地准备他们对未来职业或学术研究的追求。学历案教学法还旨在培养学生的自学能力和终身学习的习惯，这对于在不断变化的现代职场中保持竞争力至关重要。

总之，学历案教学法的选择和实施是为了提供一个更具互动性、更能激发学生潜能的学习环境，使学生能够在真实世界的复杂情境中有效应用其知识和技能。通过这种教学方法，教育机构希望培养出更具创新性、适应性强和能够独立解决问题的毕业生。

二、教学案例的选择和准备

教学案例的选择和准备是实施学历案教学法的关键步骤，直接影响到教学的效果和学生的学习体验。

（一）教学案例的选择

1. 案例的来源

选择教学案例首先需要确定案例的来源。这些案例可以来源于现实生活中的实际问题、历史事件或者教师构造的情景。例如，商学课程可能会选择真实的公司或市场策略失败作为案例，而法学课程可能会选取具有里程碑意义的法律案件。科学教育中，则可能使用实验数据或科学发现的历史情境。构造情景则多用于需要模拟特定问题解决场景的课程中，如危机管理或伦理决策训练。

2. 案例的相关性和教育价值

案例的选择还需考虑其与课程目标的相关性以及其教育价值。一个好的教学案例应该能够突出课程中的关键概念和技能，同时提供足够的信息量让学生能够进行深入分析和讨论。案例应该挑战学生的思维，促使他们应用和扩展已有的知识。

（二）案例准备的过程

1. 收集和整理背景资料

一旦选择了案例，接下来需要收集与之相关的背景资料。这包括相关的历史信息、关键数据、影响因素、先前的研究结果等。这些资料不仅为学生提供了必要的信息背景，也为教师在指导学生讨论和解决案例问题时提供了支持。在这一过程中，教师可能需要访问多个资源，包括图书馆、在线数据库、专业期刊和其他教育资源。

2. 设计教学活动和讨论问题

与背景资料的收集同时进行的是教学活动的设计。这包括制定具体的学习目标、设计与案例相关的教学活动，以及准备引导学生思考和讨论的问题。教学活动可能包括小组讨论、角色扮演、辩论或写作任务。设计讨论问题时，教师应确保问题能够引导学生深入分析案例，理解复杂概念，并应用批判性思维。问题应具有开放性，允许多种可能的答案和解释，鼓励学生从不同的角度思考问题。

通过这样的选择和准备过程，教师可以确保教学案例不仅丰富和有趣，而且具有教育意义，能够有效地提高学生的学习兴趣和参与度。这种精心设计的教学案例可以极大地增强学历案教学法的实施效果，帮助学生在解决实际问题中发展关键技能。

（三）教学实施过程

教学实施过程是学历案教学法中最关键的部分，需要教师详细规划每一个步骤，确保学生能够有效地从案例学习中受益。以下是教学实施的具体步骤和策略：

1. 教学实施的步骤

（1）引入案例的方式。

教学实施首先从引入案例开始。这一步骤应确保学生对案例的背景和关键问题有清晰的理解。教师可以通过讲述、视频展示或提供书面材料的方式来引入案例，确保覆盖所有必要的背景信息，使学生能够全面地投入即将开始的讨论中。

（2）引导学生讨论的策略。

在案例讨论阶段，教师的角色转变为引导者。有效的策略包括提出开放式问题，激发学生之间的讨论和思想交流。教师应鼓励学生扮演不同的角色或提出相反的观点，以促进更深层次的思考和辩论。此外，教师应及时给予反馈，引导讨论保持在正确的轨道上。

（3）使用的辅助教学工具和技术。

教学中可以利用多媒体演示、在线讨论板、互动投票系统等技术工具来增强学生的参与感和学习效果。这些工具不仅可以使案例内容更加生动，还可以帮助教师收集实时反馈，调整教学策略。

2. 教学中遇到的挑战和应对策略

（1）学生参与度。

提高学生参与度是教学中常见的挑战。为了解决这个问题，教师可以通过分组讨论的形式来增加每位学生的发言机会，或者设计相关的互动活动，如角色扮演、辩论等，来激发学生的兴趣和参与热情。

（2）时间管理。

在案例教学中有效管理时间是一个重要挑战，尤其是在讨论可能偏离主题或过度延长时。教师需要制定清晰的时间计划，并在讨论过程中注意时间的分配，确保所有教学活动都能在有限的时间内完成。

（3）确保深度学习。

确保学生能从案例学习中进行深度学习，教师需要设计具有挑战性的问题和活动，这些问题和活动能够促使学生进行深入分析和批判性思考。此外，教师可以通过定期的评估和反馈，来监控学生的学习进展和理解深度，及时调整教学策略。

通过这些详细的实施步骤和策略，教师可以有效地进行学历案教学，克服教学过程中的各种挑战，最终达到提高学生学习效果的目标。

（四）教学成果和反馈

学历案教学法通过实践和参与式学习，极大地丰富了教学效果，对学生的知识掌握和技能提升产生了显著影响。以下是通过这种教学方法获得的主要学习成果以及从学生和同行那里收到的反馈。

1. 学习成果

（1）知识掌握。

学生通过学历案教学法能够在真实的情境中应用理论知识，这不仅帮助他们更好地理解复杂的概念，还加深了对课程材料的记忆。通过具体案例的分析和讨论，学生可以看到理论在实际中的应用，从而更全面地掌握学科知识。

（2）技能提升。

学历案教学法特别强调批判性思维和问题解决能力的培养。在解决案例中的问题过程中，学生需要评估信息、分析情境并制定策略，这些活动都极大地锻炼了他们的思维和分析能力。此外，通过团队合作解决案例问题还能提升学生的沟通能力和团队协作技能。

2. 反馈

（1）正面反馈。

许多学生和教师同行对学历案教学法表示肯定，认为这种方法提高了课堂的互动性和学习的实用性。学生通常反映，通过案例学习，他们能够更加深刻地理解学科内容，并感到学习更加具有挑战性和吸引力。

（2）建设性的批评。

尽管收到了许多正面反馈，也有一些建设性的批评指出学历案教学法在某些方面还有改进的空间。例如，一些学生提到，部分案例的选择和课程目标的对齐不够，或者讨论的时间有限制，未能充分深入探讨案例中的复杂问题。

（3）改进的建议。

针对这些批评，一些建议包括：提前进行更细致的案例筛选，确保其与课程目标的紧密结合；增加课堂讨论时间，允许学生更深入地分析和讨论案例；并提供更多支持材料，帮助学生在解决案例时能够访问到所有必要的信息。

（五）教学经验的反思与总结

1. 成功经验和不足

（1）成功经验。

通过学历案教学法实施的反思显示，当案例精心挑选并与课程目标紧密相关时，学生的参与度和学习成效显著提高。成功的教学经验往往包括对学生批判性思维和解决问题能力的显著提升，以及学生能够将理论知识有效应用于解决实际问题。此外，通过团队合作解决案例中的问题，学生的沟通能力和团队协作能力也得到了加强。

（2）不足之处。

反思也揭示了一些教学不足，如某些情况下案例的选择可能与学生的先验知识不匹配，导致部分学生在理解和分析案例时遇到困难。此外，时间管理在案例教学中也常常是一个挑战，有时候无法充分涵盖所有讨论点或未能让所有学生平等参与。

2. 教师自身的成长和变化

（1）教师的成长。

教学过程中，教师在设计和引导案例讨论方面的技能有显著提升。通过持续的教学实践，教师更加熟练于如何选择和构建与课程目标相关联的案例，如何有效地激发学生的思考，以及如何调动学生的参与度。同时，教师在处理学生反馈和调整教学策略方面也变得更加敏感和高效。

（2）教师的变化。

个人教学风格的变化也是教师成长的一部分。许多教师发现自己从一开始的教学者角色，逐渐转变为学习的促进者和指导者。这种转变不仅改善了教学效果，也增强了与学生的互动和连接。教师在反思过程中学会了更多关于如何根据学生的需求调整教学方法，以及如何更好地支持学生的个性化学习。

（3）教学改进与未来计划。

教学改进是一个持续的过程，需要基于过往经验和收集的反馈来制定。未来的教学计划应聚焦于如何更有效地促进学生的核心素养发展，这包括调整教学方法和策略，以及开发和引入新的教学案例。以下是具体的改进方向和未来计划。

（二）教学方法和策略的调整

1. 调整教学方法

基于学生和同行的反馈，教师可以调整教学方法以提高课堂互动和学生参与。例如，如果反馈显示学生在长时间的讲授后注意力分散，教师可以采用更多的互动教学技术，如举行研讨会、小组讨论或实时问题解决活动。这些活动能够更好地吸引学生的注意力，提高他们的参与度和学习效果。

2. 优化教学策略

教师还应考虑采用差异化教学策略，以适应不同学习风格的学生。例如，为视觉学习者提供更多图形和图表，为动手操作的学习者设计更多实际操作的活动。通过这种方式，教师可以确保所有学生都能在最适合他们的方式中学习和成长。

（三）新的案例的开发和引入

1. 开发新案例

持续更新和开发新的教学案例是保持教学内容现代性和相关性的关键。教师可以根据最新的行业发展、科技进步或社会变化来设计新的案例。例如，在科学与社会的课程中，可以引入关于人工智能影响的最新案例，或者在环境科学中讨论最新的气候变化数据。

2. 引入多样化案例

为了加强学生对全球视野的理解，可以引入来自不同文化和地理背景的案例。这种多样化的案例可以帮助学生发展更全面的视角，理解不同背景下的问题和解决方案。

（四）未来继续促进学生核心素养的发展

为了继续促进学生核心素养的发展，我们可以进一步整合和利用各种技术工具和教学方法。首先，通过运用在线协作平台和虚拟现实（VR）技术，我们不仅可以增强学生的批判性思维和创造力，还能有效提升他们的沟通和合作能力。在线协作工具如 Google Docs 或 Trello 可以促进学生之间的即时交流和团队协作，而 VR 技术则提供了沉浸式的学习环境，使学生能够通过模拟经验深入探索复杂的概念。此外，强化跨学科的教学方法，将不同学科的知识和技能相结合，如将科学教育与艺术教育结合，不仅丰富了学习内容，也激发了学生解决问题的新思路。这种教学方式鼓励学生跳出传统学科界限，综合运用各种知识和技能，从而更好地应对未来职业生涯中可能遇到的多样化和复杂性挑战。通过这些策略，我们可以确保学生在迅速变化的世界中保持竞争力，同时具备持续学习和自我发展的能力。

第二节　实施过程中的常见问题

探讨在实施学历案教学过程中遇到的常见问题具有重要意义。虽然这种教学方法具有诸多优势，但在实际操作中也可能面临一系列挑战，如案例的选择、学生参与度以及教学资源的整合等问题。深入了解这些挑战并探索相应的解决策略，对于提高教学质量、增强学生学习体验以及最终实现教学目标至关重要。

一、案例选择的问题

在学历案教学法中，案例的选择对教学的成效至关重要。选择不当的案例可能导致一系列教学问题，影响学生的学习动机和教学目标的实现。

（一）案例选择不当可能带来的问题

在选择学历案教学法中使用的案例时，确保案例与课程的学习目标一致至关重要，因为不恰当的案例选择可能直接影响学生的学习成效。例如，如果案例过分强调技能训练而忽略了课程要求的理论深度，学生可能无法达到理解和应用这些理论知识的课程标准，从而影响他们的整体学术表现和理解能力。同时，案例的难度选择也需要精心调整以适应学生的实际水平。过于复杂的案例可能会让学生感到挫败和不自信，导致他们在学习过程中感到疏远和不参与。反之，过于简单的案例则可能会让学生很快失去挑战感和兴趣，无法有效激发他们深入探究和发展批判性思维的潜力。因此，选择与课程目标和学生能力相匹配的案例，是确保教学效果和学生学习动力的关键。

（二）选择合适案例的标准和建议

为了确保学历案教学的成功，选择适当的案例至关重要。正确的案例不仅能够支持课程目标，还能激发学生的学习兴趣和参与度，促进他们的综合思维能力。

（1）符合课程学习目标：在挑选案例时，确保所选案例能够直接支持课程的学习目标至关重要。这意味着案例中应涵盖课程要求的核心概念、理论和技能。教师应选择那些能够清晰演示这些理论应用并挑战学生将这些概念应用于解决具体问题的案例。

（2）适合学生的学术水平：案例的选择应考虑学生的当前知识水平和技能。通过进行初步的学生能力评估，教师可以选择恰当难度的案例，这些案例应足够具有挑战性，以推动学生的学习和成长，同时又不至于让学生感到力不从心。

（3）鼓励参与和讨论：选择那些能够引起学生兴趣并激发他们深入探讨的案例。理想的案例应该设计有开放性的问题和多种潜在的解决方案，这将促使学生积极参与讨论，提供多样化的视角和创新的解决策略，从而在课堂上创造一个充满活力和互动的学习环境。

（4）具有现实世界的相关性：选择那些与现实世界紧密相关的案例对于增强学习的现实意义和应用价值尤为重要。这种联系不仅使学习内容更具吸引力，而且帮助学生看到学术理论在现实世界中的直接应用，增强他们解决实际问题的能力。

遵循这些标准和建议，教师能够更精确地挑选符合教学目标和学生需求的案例，最大化学历案教学的效果。这样不仅能提升学生的学习成效，还能增强他们应用所学知识解决问题的能力，为他们未来的学术或职业生涯打下坚实的基础。

二、学生参与度不足

学生的积极参与是学历案教学成功的关键。然而，教师常面临学生参与度不足的挑战。理解并解决这一问题是提高教学效果的重要步骤。

（一）学生参与度不足的原因

缺乏兴趣和感到不自信是学生参与案例讨论时常见的障碍，这些问题若不解决，可能严重影响教学的效果和学生的学习体验。

1. 缺乏兴趣

学生对案例内容感兴趣程度的不足往往是因为他们无法看到案例与自己的个人经验、未来职业或实际生活之间的联系。如果案例内容过于理论化或与学生的现实世界脱节，学生可能觉得这些内容不相关，因而不愿意投入时间和精力去深入讨论。此外，如果案例本身呈现方式单一，缺乏引人入胜的元素，也可能导致学生对讨论感到无聊和不感兴趣。

2. 对案例讨论感到不自信

学生在案例讨论中感到不自信通常源于对案例内容的不熟悉或担心自己的理解程度不足。这种感觉可能被放大，尤其是在竞争激烈或期望值较高的学习环境中。学生可能会担心，表达自己的观点时会遭到批评或者同伴的负面评价，特别是当讨论涉及复杂或有争议的主题时。这种对负面评价的恐惧可能抑制他们表达自己的想法，从而降低了他们的参与度和讨论的质量。

（二）提高学生参与度的策略

1. 更具吸引力的案例介绍

为了提高学生的兴趣和参与度，教师应该寻找与学生的兴趣和未来职业密切相关的案例，并采用引人入胜的方式介绍这些案例。例如，可以通过视频、故事讲述或引人思考的问题来引入案例，激发学生的好奇心和探索欲。此外，展示案例与现实世界链接的具体例子，可以帮助学生看到学习内容的实际应用价值。

2. 创造支持性的讨论环境

建立一个支持性的讨论环境对于鼓励所有学生发言至关重要。教师可以通过设定明确的讨论规则，如尊重每个人的意见、鼓励多样性观点的表达等，来营造一个安全和包容的学习氛围。此外，教师应该积极地鼓励和表扬那些愿意参与讨论的学生，甚至可以提供小的激励措施，如奖励积分或额外的认可，以增强学生的自信心和参与积极性。

通过实施这些策略，教师可以有效地提升学生的参与度，使学历案教学法更加有效，同时确保学生能够从中获得最大的学习收益。这不仅有助于学生的知识和技能发展，还能够增强他们的自信心和沟通能力，为未来的学术和职业生涯打下坚实的基础。

三、讨论质量和深度不足

在学历案教学中，讨论的质量和深度对学生的学习成果具有重要影响。然而，讨论往往可能因为多种因素而变得表面化，未能充分挖掘案例的教学潜力。

（一）导致表面化讨论的因素

在教学中，确保学生能够积极并深入地参与讨论是提高学习效果的关键。然而，学生的准备不足和教师引导的不充分常常是阻碍深入讨论的主要因素。

1. 学生准备不充分

学生如果没有在课堂讨论之前充分地准备或理解案例的内容，他们往往难以在讨论中提供深刻的见解。缺乏对案例的详细背景、关键问题以及潜在解决策略的充分理解，会使他们在讨论时无法深入问题的核心，而只是停留在表面的描述上。这不仅降低了讨论的质量，也限制了学习过程中的认知发展。例如，如果一个案例涉及复杂的商业决策问题，未经充分准备的学生可能无法识别其中的关键经济指标或市场动态，从而无法有效地分析或评估不同的策略选择。

2. 教师引导不足

教师在案例讨论中的引导角色是不可或缺的，他们的引导对于确保讨论的深度和广度至关重要。如果教师未能有效地引导讨论，比如未能提出挑战性的问题或者引发深层次思考的议题，讨论可能会流于表面，缺乏实质性的分析和批判。有效的教师引导应包括提出开放性问题，鼓励学生从多个角度探讨问题，并指导他们如何连接理论与实践，挖掘案例背后更深层次的意义。例如，在处理一个关于企业社会责任的案例时，教师应该引导学生考虑道德、法律、经济和社会的多重影响，而不仅仅是讨论企业的利润最大化。

（二）改进讨论质量的方法

1. 强化课前准备要求

为了确保学生能够充分准备好参与讨论，教师应该设定明确的课前准备要求。这可以包括阅读特定的案例材料、研究相关的理论背景或完成一定的分析任务。教师可以通过检查预习作业、设置小测验或提前收集学生的问题和观点来确保学生做了充分的准备。

2. 教师培训和讨论技巧的提升

提高教师的引导技巧是提升讨论质量的关键。教师可以通过专业发展课程来学习更多关于如何有效地引导案例讨论的技巧。这包括如何提问以促进批判性思维、如何管理课堂动态以及如何利用多种视角来丰富讨论内容。此外，教师也可以通过观摩同事的教学或参与工作坊来提升自己的引导能力。

通过实施这些策略，可以显著提升讨论的质量和深度，使学生能够从学历案教学中获得更丰富、更具挑战性的学习经验。这不仅有助于学生的知识吸收和技能提升，还能够激发他们的学习兴趣和自主探索的动力。

四、时间管理问题

（一）常见的时间管理挑战

在案例教学中，有效的时间管理是至关重要的，以确保所有教学目标得到实现，同时保持课程进度和质量。然而，教师在实施过程中常面临一些时间管理挑战，这些挑战如果不加以适当控制，可能会对整个教学计划和学生的学习体验产生负面影响。

1. 讨论时间过长，影响课程进度

案例教学的一个主要特点是鼓励学生参与深入的讨论，这有助于他们批判性地分析和解决问题。然而，过于热烈的讨论有时会导致时间管理上的挑战，特别是当讨论偏离主题或过度延伸时。这可能导致教师无法在预定时间内覆盖所有必要的教学内容，从而影响课程的结构和连贯性。例如，如果在讨论一个关于企业伦理的案例时，时间过于集中在探讨单一的伦理问题上，可能会挤压后续课程内容的讲解和其他重要案例的讨论。

2. 案例分析未能在规定时间内完成

案例的选择需要精心考虑其复杂性，确保学生能够在有限的时间内完成分析。如果案例过于复杂，超出了学生的预期解析能力，不仅可能导致学生无法在规定的课堂时间内完成对案例的理解和分析，还可能增加学生的学习压力，导致情绪和学习效果受损。学生在面对看似无法克服的分析任务时，可能会感到沮丧和不满，这种情绪可能会影响他们对后续课程内容的关注和参与。

（二）有效的时间管理策略

1. 明确时间界限和目标

教师在课程开始前应明确每部分内容的时间分配和讨论的具体目标。为每一个讨论环节设定时间限制，确保所有重要的教学点都能得到足够的覆盖。此外，可以在讨论开始前告知学生各阶段的时间安排，帮助他们调整讨论的节奏和深度，确保讨论能够高效且有目的地进行。

2. 使用时间管理工具和技术

采用各种时间管理工具，如倒计时器、闹钟等，可以帮助教师和学生保持对时间的严格控制。在讨论关键点或转换话题时，教师可以设定时间提醒，确保每个环节不会过度延长。此外，教师还可以利用技术工具，如在线协作平台的内置计时功能，来管理在线或混合教学中的时间分配。

通过实施这些策略，教师可以更有效地管理课堂时间，优化教学流程，确保每个学习目标都能在适当的时间内达成。这样不仅提高了教学效率，还有助于提升学生的学习体验和满意度，使学历案教学法的实施更加成功。

五、评估和反馈的困难

评估和反馈是教学过程中的重要环节，尤其在学历案教学中，这两个环节对于学生的学习和成长至关重要。然而，评估学生在案例教学中的表现常面临多种挑战，这些挑战可能影响教学的有效性和学生的学习体验。

（一）教学中评估学生表现的挑战

在案例教学中评估学生表现时，确保客观性和一致性以及提供及时且具体的反馈都是教师面临的显著挑战。这些挑战如果未能妥善解决，可能会对学生的学习动力和整体教学效果产生负面影响。

1. 客观性和一致性的缺乏

教学中的评估通常涉及对学生参与度、讨论贡献和创新思维的主观判断，这使得评估过程容易受到个人偏好或解释差异的影响。例如，不同教师可能对学生在讨论中的表现有不同的理解和期望，一个教师可能更重视创新思维，而另一个教师可能更注重论证的逻辑性。这种在评价标准和期望上的不一致可能导致学生对评估标准感到困惑，甚至可能觉得评估过程不公平，从而影响他们的学习态度和表现。

2. 反馈的及时性和具体性不足

在动态且快节奏的教学环境中，教师面临着提供即时和详尽反馈的压力。及时的反馈对于学生来说至关重要，它可以帮助他们及时了解自己的表现，并快速调整学习策略。例如，如果一个学生在案例分析中未能准确把握关键问题，缺乏及时的反馈就可能导致其在未来相似的任务中重复相同的错误。同时，反馈的具体性也同样重要，它提供了明确的改进方向和具体的行动步骤，帮助学生明白如何改进自己的学习方法和思维模式。

（二）改进评估和反馈机制的方法

1. 开发标准化的评估工具

为提高评估的客观性和一致性，可以开发标准化的评估工具，如评分标准、评估表或检查清单等。这些工具应详细描述评估标准，并为每个标准设定具体的评分指标。这样不仅可以帮助教师按照统一标准进行评估，也使学生清楚地了解他们的表现将如何被评价。

2. 提供定期和具体的反馈

为了提高反馈的有效性，教师应努力提供定期且具体的反馈。这包括在案例讨论结束后立即进行口头反馈，以及在课后提供书面反馈，详细指出学生在哪些方面做得好，在哪些方面需要改进。此外，定期的反馈会议或一对一讨论也是提供个性化反馈的有效方式。

通过改进评估和反馈机制，教师可以更准确地了解学生的学习进度和挑战，同时也可以为学生提供他们需要的支持和指导。这些改进措施有助于提升学历案教学的整体质量，确保学生能够从中获得最大的学习成果。

六、技术和资源限制

在实施学历案教学中，技术和资源的限制是教师常面对的挑战之一。这些限制可能阻碍教学方法的执行，影响学生的学习体验和教学成果。

（一）技术支持不足可能带来的问题

在教育领域中，有效地利用多媒体和网络资源已成为提升教学质量和学生参与度的关键。然而，技术支持不足和频繁出现的技术问题仍然是许多教育机构面临的主要挑战。

1. 无法有效利用多媒体和网络资源

多媒体和网络资源，如视频内容、在线交互式工具和虚拟实验室，能极大地增强学习体验，使抽象概念得以具象化，并提供实时互动的机会。然而，若教育机构缺乏必要的技术支持，如高速互联网连接和现代化的教学工具，教师可能无法有效地将这些技术集成到教学中。这种限制不仅减少了教学活动的吸引力，还可能使得教学内容无法充分覆盖，从而影响学生的学习成效和动力。

2. 技术问题影响学生参与

技术故障，如不稳定的网络连接、软件崩溃或过时的硬件设备，可以在不期望的时刻中断教学活动，特别是在依赖技术的在线学习环境中。这种中断可能导致学生错过关键的教学内容，使得整个学习过程受到干扰。例如，在线讨论和远程协作项目依赖稳定的技术平台来支持学生的交流和合作，一旦出现技术问题，不仅影响学生的学习体验，也可能导致教学目标无法实现。

（二）克服技术和资源限制的策略

1. 利用现有技术进行创新

即使在资源有限的情况下，教师也可以通过创新方式利用现有的技术。例如，可以使用普通的社交媒体平台进行小组讨论，或利用免费的在线工具来组织和管理学生的项目。此外，简单的技术工具，如智能手机和平板电脑，也可以被用来支持学生的学习，例如通过拍摄视频或参与在线调查。

2. 寻找外部资源和合作

为了弥补学校资源的不足，教师可以寻求外部的支持和合作。与本地企业、非营利组织或高等教育机构的合作可以为学生提供额外的学习资源和技术支持。例如，通过与企业合作，可以获得访问先进技术的机会，或通过与大学合作，可以访问到更广泛的学术资源。

第三节　未来发展趋势与研究方向

随着教育技术的迅猛发展和全球教育环境的不断变化，探讨学历案教学未来的发展趋势和方向变得尤为重要。理解这些趋势不仅有助于教育者优化教学方法，更能确保教育活动能够适应未来的教育需求和挑战。对未来的预测和研究可以帮助教育者及时调整教学策略，采用新兴的教育技术，并更有效地准备学生应对日益复杂的全球问题。因此，定期审视并更新学历案教学法的应用，对于维持教育活动的相关性和效果至关重要。

一、教育技术的整合

随着教育技术的迅速发展，将新兴技术融入学历案教学已成为提升教育质量和学习体验的重要途径。特别是虚拟现实（VR）、增强现实（AR）以及人工智能（AI）等技术，它们为传统的教学方法带来了革命性的变革，使学习过程更为直观、互动和个性化。

（一）融入新兴技术的方法

1. 虚拟现实（VR）和增强现实（AR）的应用

VR技术通过创建三维虚拟环境，为学生提供了一个全面沉浸的学习空间，使他们能够在虚拟世界中直观地体验和操作。这种技术特别适合需要复杂操作或环境模拟的学科。例如，在医学教育中，通过 VR 技术，学生不仅可以在没有风险的环境中模拟手术过程，还能体验到紧急医疗情况下的决策过程，这种实践经验对于未来的职业生涯是极其宝贵的。此外，VR 也被应用于历史教育，学生可以通过时间旅行来亲历历史事件，从而更深刻地理解历史脉络和文化背景。

AR 技术通过在用户的视野中添加图象、文字和交互式数据，增强现实世界环境，使抽象概念具象化，从而提高学习效率和参与感。在工程教育中，学生可以使用 AR 技术来观察机械设备的内部构造或复杂的工程图纸，从而在实际操作前深入理解设备的功能和维修流程。此外，AR 也广泛应用于地理学习，学生可以通过 AR 地图来探索不同地理位置的特点和相关环境问题，这些互动元素极大地丰富了学习内容，提高了学习的趣味性和实用性。

通过结合 VR 和 AR 技术，教育者可以设计出更多创新的教学方案，这不仅加深了学生对专业知识的理解，还激发了他们的探索兴趣和创新思维，为他们将来在各种专业领域中的成功奠定了坚实的基础。这些技术的融入不仅让学习过程更加生动有趣，还帮助学生在理论学习与实践应用之间建立了更加紧密的联系。

2. 人工智能（AI）辅助的案例分析

人工智能（AI）技术在教育领域的应用正变得越来越广泛，特别是在案例教学中，AI 的介入能够极大地提升教学的个性化水平和效率。AI 的数据分析能力使其成为优化教学过程和增强学生学习体验的强大工具。

AI 技术通过利用机器学习和数据挖掘能力，可以分析学生的学习习惯、偏好及表现，从而提供量身定制的学习资源和建议。在学历案教学中，这意味着 AI 可以根据每个学生的具体需求和能力，自动推荐适合其学习水平的案例。例如，对于在特定领域表现出高度理解能力的学生，AI 可以推荐更加复杂和挑战性强的案例，以进一步深化他们的知识和技能。

此外，AI 还可以提供高度定制的分析工具，这些工具能帮助学生在学习过程中识别关键问题、分析数据和构建逻辑论证。这些工具通常包括模拟软件、预测模型和自动化反馈系统，它们能够实时分析学生的输入，提供及时的指导和改进建议。这种交互性和反馈的及时性极大地提升了学生解决问题的能力和学习效率。

AI 辅助的案例分析不仅加速了学生对案例核心概念的理解，还激发了他们的探索精神和创新能力。通过智能化的学习路径推荐和实时反馈，学生能够更自主地控制自己的学习进程，同时教师也能更有效地监控学生的学习状态和进度，及时调整教学策略和内容。总之，AI 在学历案教学中的应用不仅提高了教学的个性化和精准性，还为学生提供了一个更加动态和互动的学习环境，这无疑将对教育的未来产生深远的影响。

（二）技术整合对学习体验的潜在影响

技术的整合在现代教育中起着至关重要的作用，尤其是通过使用虚拟现实（VR）、增强现实（AR）和人工智能（AI）这类先进技术，极大地改善了学习体验的多个方面。

1. 增强学生的学习动力

利用 VR 和 AR 等沉浸式技术可以创建一个互动且引人入胜的学习环境，使学生仿佛置身于真实的应用场景中。例如，通过 VR，学生可以进行虚拟的化学实验或参与历史事件的重现，这种体验远超传统的教科书学习，能显著提高学生的兴趣和学习动机。同时，AR 技术可以将抽象的学科内容如数学图形或物理现象"带入"现实世界，通过手机或平板电脑的屏幕展示，增加学习的互动性和趣味性，从而提升学生的参与度。

2. 提高学习效率和质量

AI 技术通过分析学生的学习习惯和表现，可以提供个性化的学习建议和资源，适配每位学生的具体需求。这种个性化的学习途径允许学生按照自己的节奏进行学习，强化了学习的针对性和效率。例如，AI 可以根据学生在数学题目中的错误类型，推荐相应的练习题和教学视频，确保学生能够针对性地解决问题，加深理解。

3. 促进批判性思维和问题解决能力的发展

VR 和 AR 技术通过模拟复杂的实际情景，为学生提供了一个安全的实验和探索环境。学生可以在这些虚拟环境中应用他们的知识来解决问题，尝试不同的策略，而不必担心现实世界中可能的负面后果。这种模拟不仅帮助学生练习和发展批判性思维能力，也鼓励他们在解决问题时更加创新和大胆。通过不断地实践和反思，学生能够提升其综合分析问题的能力，并在未来面对类似挑战时表现更加自信和熟练。

总之，通过这些技术的整合，学习体验不仅变得更为丰富和多样，还极大地提升了学生的学习动机、效率和问题解决能力。这些技术的应用是教育创新的前沿，为传统教育模式带来了颠覆性的改变，为学生打开了新的学习天地。

综上所述，将新兴技术整合到学历案教学中不仅可以极大地丰富教学内容和方法，还可以提升学生的整体学习体验，使其更符合现代教育的需求。通过这种方式，学历案教学法的应用将更加广泛，效果也将更加显著。

二、跨学科教学的拓展

跨学科教学方法通过整合多个学科的知识和技能，为学历案教学提供了一个更为丰富和全面的教学框架。这种方法不仅扩展了学生的视野，而且增强了他们解决复杂问题的能力，使他们能够在更广泛的背景下理解和分析问题。

（一）跨学科方法对案例教学的促进作用

1. 结合 STEM（科学、技术、工程和数学）教育

在学历案教学中结合 STEM 教育，可以使学生在分析技术和工程问题时能够运用科学原理和数学工具。例如，在探讨环境科学的案例时，可以引入工程学的方法来设计可持续的解决方案，同时利用数学模型来预测解决方案的效果。这种跨学科的方法不仅加深学生对科学和技术的理解，也培养了他们运用这些知识解决实际问题的能力。

2. 社会科学与人文科学的融合

将社会科学和人文科学融入学历案教学，可以帮助学生从社会、文化和伦理的角度分析案例。例如，在商业伦理的案例研究中，结合心理学和社会学的视角可以帮助学生理解决策背后的人类行为和社会影响。这种跨学科的融合使学生能够更全面地评估案例中的问题，并从多维度考虑其解决方案。

（二）跨学科教学在解决复杂问题中的角色

跨学科教学对于培养学生的综合思考能力和解决复杂问题的能力至关重要。在现代社会，许多实际问题都不再是单一学科可以独立解决的，它们需要从多个学科的角度进行综合分析和考虑。通过跨学科教学，学生可以学习如何将不同学科的方法和理论应用到实际问题的解决中，提高他们的适应性和创新能力。

例如，在面对气候变化这样的全球性挑战时，跨学科的教学方法可以使学生学习如何结合环境科学、政治学、经济学和伦理学来设计和评估可能的干预措施。这种教学方式不仅培养了学生的批判性思维和创新思维，也使他们能够更有效地在未来的职业生涯中应对跨领域的挑战。

综上所述，跨学科教学在学历案教学中的应用提供了一种有效的途径来丰富教学内容和方法，提高学生解决复杂问题的能力。这种教学策略的推广和实施，将为学生的全面发展和未来挑战的应对提供坚实的基础。

三、全球视角与多元文化的整合

在当前全球化迅速发展的背景下，将全球视角和多元文化的元素整合进案例教学中，不仅是必要的，也是提升教育质量的关键步骤。这一做法能够拓宽学生的视野，加深他们对不同文化和国际问题的理解，从而为他们未来在全球舞台上活跃做好准备。

（一）在案例教学中加入全球视角的重要性

1. 国际案例的选择与使用

通过引入来自不同国家和地区的案例，教师可以帮助学生了解和比较各国在相似问题上的不同处理方式和策略。例如，在商业课程中，分析不同国家公司的市场策略可以帮助学生理解全球市场的复杂性和多样性。在公共卫生课程中，研究各国应对大流行病的策略能够增强学生的国际健康政策意识。

2. 多元文化视角下的问题解析

教师应鼓励学生从多元文化的角度审视问题，这不仅可以增进学生对不同文化价值和信仰的理解，还能促进他们在解决问题时考虑更为广泛和深入的因素。例如，探讨环境保护的案例时，可以引入当地文化对自然资源的传统观点，或者分析不同宗教背景下对环境伦理的看法。

（二）对培养全球公民意识的贡献

1. 促进全球认识

通过全球视角的案例教学，学生不仅能学到特定学科的知识，还能建立起对全球事务的深入理解和兴趣。这种教育方式帮助学生认识到，当今世界的许多挑战都是跨国界的，需要国际合作和多方参与解决。

2. 培养跨文化交流和协作能力

在多元文化视角的案例讨论中，学生需要与来自不同背景的同学交流和合作，这有助于他们培养尊重和理解多样性的能力。这种能力对于未来的职业发展极为重要，特别是在多国公司或国际组织工作的环境中。

3. 增强适应全球化工作环境的能力

教育不仅是知识传授，更是为学生未来的职业生涯做准备。通过引入全球视角和多元文化的案例教学，学生能够更好地适应全球化日益增长的工作需求，如灵活适应跨文化工作环境、有效处理国际事务等。

综上所述，将全球视角和多元文化整合到案例教学中，不仅丰富了教学内容，也是培养学生作为全球公民所需技能的有效方式。这种教学策略的推广将对学生的全面发展和未来在全球化世界中的成功发挥重要作用。

四、持续性与可持续发展教育

在全球面临环境危机和社会经济挑战的当下，可持续发展教育显得尤为重要。案例教学作为一种有效的教学方法，可以深入探讨与环境保护、社会正义和经济可持续性相关的复杂问题，从而在学生中培养深刻的责任感和伦理观。

（一）案例教学在可持续发展教育中的应用

1. 环境、社会和经济可持续性案例

案例教学可以通过具体的环境案例，如气候变化、资源管理和生物多样性保护等，来教授学生关于生态系统的复杂性和人类活动的影响。例如，可以使用某个地区水资源管理的案例，让学生分析和讨论水资源的合理分配和其社会、经济影响。社会可持续性的案例可能包括探讨全球贫困、性别平等和教育公平等议题。经济可持续性则涉及企业的社会责任、公平贸易和经济政策的长期效应等。

2. 教育中的伦理和责任问题

案例教学也是探讨伦理和责任问题的有效途径。通过分析具体情境中的道德困境，如企业在追求利润与保护环境之间的抉择，教育者可以引导学生思考和讨论在现实生活中可能面临的伦理挑战。这种类型的案例不仅提高学生的问题解决能力，也强化了他们的道德判断和伦理决策能力。

（二）通过案例教学培养学生的责任感和伦理观

1. 培养批判性思维和全局视角

通过案例教学，学生学会从多个角度分析问题，并考虑决策的长远影响。这种教学方法鼓励学生批判性地思考现有的社会和环境问题，培养他们对复杂全球挑战的深入理解。

2. 提供现实世界的问题解决经验

真实世界的案例提供了一个平台，让学生可以模拟实际操作，并思考如何在现实中应用他们的知识和技能。通过这种方式，学生不仅学习到知识，更重要的是学会了如何负责任地使用这些知识，实现可持续发展。

3. 强化伦理教育和道德责任

教师可以利用案例教学来强调每个人在促进可持续发展中的角色和责任。通过讨论案例中的道德问题和可能的解决方案，学生能够形成一套坚实的伦理和道德原则，这些原则将指导他们未来的职业生涯和个人生活。

通过将可持续发展的核心议题整合进案例教学中，教育者不仅能够提升学生的学术能力，更能在他们心中种下对社会和环境责任的认识，为培养具有全球视角和高度责任感的未来公民打下坚实基础。

五、学生主导的学习与案例开发

在现代教育中，鼓励学生参与到案例的开发和讨论过程中，是提高他们主动学习和批判性思维能力的重要策略。学生主导的学习模式不仅能够提高他们的参与度和兴趣，还能加深对学科内容的理解和应用。

（一）学生在案例开发中的作用

1. 学生作为案例研究者和作者

让学生参与到案例的创建和研究中，可以极大地提升他们的研究技能和创造力。学生可以从选择主题、搜集数据、到撰写案例的整个过程中扮演关键角色。这种实践不仅使他们能够深入了解特定的学科领域，还能学习如何系统地整合和呈现复杂信息。此外，学生作为案例的作者，能够从一个更高的视角审视问题，这有助于培养他们的批判性思维和分析能力。

2. 学生主导讨论和分析的动态

在案例教学中，让学生主导讨论可以促进更为平等和活跃的学习环境。学生在讨论中担任领导角色，不仅可以自由地探索不同的观点，还可以通过引导同伴讨论来加深对材料的理解。这种互动促进了更深层次的思考和学习，学生需要不仅消化信息，还要批判性地评价和挑战现有的观点。

（二）对学生主动学习和批判性思维能力的促进作用

1. 增强学生的自我驱动力

学生在案例开发和讨论中的主导角色可以显著增强他们的自我驱动力。当学生意识到他们的学习过程和结果直接受到自己行动的影响时，他们更有可能投入学习中。这种自主性和责任感是促进终身学习的关键要素。

2. 提升批判性思维和解决问题的技能

学生在主导案例开发和讨论的过程中，需要运用和发展批判性思维能力来分析问题、提出解决方案并预测可能的结果。这种学习模式鼓励学生不仅要接受已有的知识，还要主动探索未知领域，挑战传统思维，提出创新的观点和方法。

3. 提升合作和沟通能力

通过与同伴共同开发案例和讨论，学生可以在实践中学习如何更有效地与他人沟通和协作。这种社会交往能力对于他们未来的职业生涯和个人发展极为重要。

综上所述，通过将学生置于案例开发和讨论的中心位置，教育者可以有效地提升学生的主动学习意愿、批判性思维和社交技能。这种教学策略不仅增强了学生的学习效果，还为他们将来的学术和职业生涯奠定了坚实的基础。

参 考 文 献

[1]鄢亮,曾宏,王毓舜主编;崔允漷主审．基于课程标准的学历案[M]．上海:华东师范大
学出版社,2020.

[2]尤小平著．学历案与深度学习[M]．上海:华东师范大学出版社,2017.10.

[3]卢明主编．教案的革命2.0普通高中大单元学历案设计[M]．上海:华东师范大学出版
社,2021.07.

[4]康潇津主编．教法创优"学历案"的探索与实践[M]．上海:上海科学普及出版社,2019.

[5]郑明华编著．核心素养导向的教师专业发展 基于课程标准的初中学历案校本实践
[M]．郑州:郑州大学出版社,2022.03.

[6]赵勇,杨向东主编．素养本位的项目式学习 初中文科[M]．济南:山东教育出版
社,2023.04.

[7]刘运辉著．农村地区基础教育研究[M]．长春:吉林文史出版社,2021.11.

[8]陆蓓主编．初中学校课程领导力提升策略的行动研究[M]．上海:同济大学出版
社,2019.02.

[9]李锦韬,李金初主编．聚焦初中教育[M]．北京:科学普及出版社,2006.10.

[10]包卫达,曹明主编．基于积极心理学原理的有效教育实证研究[M]．上海:同济大学出
版社,2021.03.

[11]何云峰著．现代基础教育研究 第27卷[M]．上海:上海教育出版社,2017.11.

[12]长宁区教育学院干训部编．教育的探索[M]．上海:上海社会科学院出版社,2018.12.

[13]山西省教育科学研究院编．山西省初中教育现状分析与发展对策研究[M]．天津:天
津人民出版社,2006.05.

[14]中小学研究性学习实验课题组编写．研究性学习 初中上[M]．北京:中国言实出版
社,2003.09.

[15]全迅,章卫华,兰斌编著．促进初中学生学业发展的"三化"式教育方法的研究[M]．上
海:同济大学出版社,2015.03.

[16]潘泽生主编．新课程金牌案例　初中校本教育行动研究[M]．武汉：华中师范大学出版社，2006.09．

[17]全迅著．让孩子的人生更"有戏"　以"生涯适应力"学习为引领的"有戏"教育实践研究[M]．上海：上海三联书店，2021.07．

[18]戴红顺著．基础教育热点问题研究与思考[M]．长春：东北师范大学出版社，2017.09．

[19]王世忠，王一涛著．转型时期的农村教育发展研究[M]．武汉：华中科技大学出版社，2017.12．

[20]敢峰主编．农村初中学生参与教学的应用研究[M]．哈尔滨：黑龙江科学技术出版社，2009.04．

[21]李伟，古永胡著．学科教学与创新素养教育[M]．长春：吉林教育出版社，2022.04．

[22]吴淑美著．融合教育理论与实践[M]．北京：华夏出版社，2018.06．

[23]薛志芳著．新教育让美好发生[M]．福州：福州教育出版社，2019.02．

附录　研究用调查报告

乡镇初中单元学历案使用情况调查(学生版)

亲爱的同学,感谢你参加本次的调查问卷。为了解乡镇初中单元学历案使用情况,为今后学校工作提供有效的参考,特进行此次问卷调查。本次问卷不记名,请你根据单元学历案学习使用经验如实作答。感谢你的参与!

1. 在过去的学习中,你是否有自己各学科的学习目标?

A. 有目标,通过努力能够实现　　　　　　　B. 有目标,不知能否实现

C. 没有目标,觉得没必要设定

2. 单元学历案使用前,每节课前,你是否清楚了解本单元的学习目标?

A. 十分了解　　　　　B. 大概了解　　　　　C. 了解一部分

3. 单元学历案使用前,上课时,教师对你们的学习掌握好坏情况是否及时评价?

A. 经常有,通过教师的评价清楚自己哪里会,哪里不会

B. 偶尔有　　　　　　　　　　　　　　　　C. 几乎没有

4. 单元学历案使用前,上课时,老师是否及时关注你们的学习掌握情况,并根据情况及时调整讲授方式和知识内容?

A. 及时关注　　　　　B. 偶尔关注　　　　　C. 几乎没有关注

5. 单元学历案前面的"你愿意接受挑战吗?""你需要学习什么?""期望你学会什么?""给你支招"模块是否有助于帮助你了解本单元的内容建构,从而更好地学习?

A. 有很大帮助　　　　B. 有一些帮助　　　　C. 没有帮助

6. 单元学历案使用过程中,教师对于你学习状态的评价和关注,是否有助于促进你的学习?

A. 有很大帮助　　　　B. 有一些帮助　　　　C. 帮助不大

7. 课堂学习中,教师使用单元学历案等学习资料的情况大致是?

A. 经常使用　　　　　B. 大部分时间使用　　　C. 偶尔使用

8. 与传统导学案相比,你是否觉得使用单元学历案学习,老师讲得更少了,练的时间更多了?

A. 是,老师讲得少练得多了　　　　　　　　B. 否,与之前没有变化

9. 上课完成单元学历案的每一部分时你认为时间是否充足?

A. 充足　　　　　　　B. 偶尔充足　　　　　C. 不充足

10. 使用单元学历案是否有利于将注意力集中到课堂学习中来?

A. 是　　　　　　　　B. 一般　　　　　　　C. 否

11. 通过使用单元学历案,你是否对本单元(主题)及所学内容有更清楚的认识？

A. 是　　　　　　　B. 一般　　　　　　　C. 否

12. 你是否觉得单元学历案丰富了课堂环节,使你觉得课堂参与感更强了？

A. 是,课堂参与更多　　　　　　　B. 否,与之前无变化

13. 你会使用单元学历案帮助自己预习吗？

A. 会　　　　　　　B. 一般　　　　　　　C. 不会

14. 在使用单元学历案学习的过程中,你是否能够清晰自己处于学习的哪一环节？

A. 是　　　　　　　B. 一般　　　　　　　C. 否

15. 你是否觉得正在使用的单元学历案设计结构清晰,方便使用和操作？

A. 是　　　　　　　B. 一般　　　　　　　C. 否

16. 你认为单元学历案中设计的问题是否由浅入深,帮助你思考解决问题？

A. 有很大帮助　　　　　　　B. 有一些帮助　　　　　　　C. 没有帮助

18. 你写完单元学历案之后如何利用？你会通过单元学历案来整理课堂思路吗？

A. 经常复习　　　　　　　B. 偶尔复习　　　　　　　C. 从不看

19. 单元学历案会增加完成作业的时长吗？

A. 会　　　　　　　B. 偶尔会　　　　　　　C. 不会

20. 分层作业是否更符合你的学习习惯？你是否会主动接受挑战？

A. 完全符合,会主动去做,有助于提升能力

B. 一般符合,老师要求就做,不要求就不做

C. 不符合,直接忽视

21. 你是否接受检测与作业中设置选做题来进行分层教学？

A. 接受,拓宽了视野,丰富了知识面　　　　　　　B. 无所谓,对学习作用不大

C. 不接受,难度太大,浪费了时间

22. 你比较关注单元学历案中的哪部分内容？

A. 你愿意接受挑战吗？　　　　　　　B. 你需要学习什么？

C. 期望你学会什么？　　　　　　　D. 各课时学历案

E. 作业与检测

23. 在使用单元学历案的过程中,你的学习能力有什么变化？

A. 对新知识的学习,越来越主动

B. 对每节课需要达成的学习目标更加清晰

C. 增加了课堂活动(讨论、思考、练习)的参与度

D. 上课注意力更集中

E. 提高了当堂检测的准确率

F. 学习思路更明确

24. 你希望单元学历案还有哪方面的改进？

A. 希望有些知识点可以自主完成,不过度依赖教师讲解

B. 在学习后添加课内外小知识

C. 题目可以适当增减难度

D. 增加典型题目及解答过程,让同学们有所参照

E. 在预习部分增加思维导图

F. 学历案上的字体大小和空格需要调整

25. 您对单元学历案的使用还有哪些意见和建议？[填空题]

乡镇初中单元学历案使用情况调查（教师版）

您好！我们正在进行一项关于教师单元学历案使用情况的调查,以了解教师们在日常教学中对单元学历案的应用现状及需求。本问卷旨在收集真实、客观的数据,以便为教师提供更有针对性的支持和帮助。请您在百忙之中抽出宝贵时间,完成以下问卷。我们承诺,所收集的数据仅用于本次研究,并将严格保密。感谢您的支持与配合！

1. 您的教龄：

A. 1—5 年   B. 6—10 年   C. 10—15 年

D. 15—20 年   E. 20 年以上

2. 您任教的科目是什么？

A. 语文   B. 数学   C. 英语   D. 物理

E. 化学   F. 生物   G. 历史   H. 地理

I. 道法   J. 其他

3. 您认为单元学历案是否与实际需求相符,符合我校学生学情？

A. 完全符合   B. 大部分符合   C. 一般符合

D. 不太符合   E. 不符合

4. 您认为单元学历案对提高教学质量的作用如何？

A. 非常有作用,效果非常明显   B. 有一定的作用,提高了教学质量

C. 有作用,但并不明显   D. 没有作用,也没有影响

E. 反而降低教学质量

5. 在单元学历案使用过程中,您是否向学生说明单元学历案的意义及每一环节的目的？

A. 已详细说明,学生都可以理解

B. 已详细说明,学生需要在实践中进一步理解

C. 已详细说明,但学生并不理解

D. 大概讲解,未详细说明

E. 并未说明

6. 您认为在教学过程中,学生是否能理解并准确应用单元学历案的每一个环节？

A. 可以完全理解,并正确运用   B. 可以完全理解,但不会运用

C. 部分环节可以理解,并正确应用   D. 不理解也不能运用

E. 学生不去理解,只当作业完成

7. 您认为单元学历案与导学案相比,课堂有了哪些变化？

A. 及时地评价任务,方便教师掌握学情

B. 学习过程让学生有了课下复习的依据

C. 学习目标、课程资源等明确本节课学习重点

D. 学后反思有利于学生总结本节课得失

E. 其他

8. 运用单元学历案后,您是否感觉到课堂讲述时间有了以下某种变化?

A. 教师讲述时间减少,但上课效率提升　　　　B. 教师讲述时间减少,但上课进度减慢

C. 没有感觉明显变化　　　　D. 教师讲述时间增加,但上课效率提升

E. 教师讲述时间增加,但上课进度减慢

9. 课堂运用单元学历案后,您感觉学生参与课堂的积极性是否有所变化?

A. 学生积极性显著增加　　　　B. 学生积极性有所增加

C. 学生积极性有所下降　　　　D. 学生积极性明显下降

E. 未感觉明显变化

10. 通过单元学历案精品课的演示,您是否对单元学历案的应用有了更深入的了解?

A. 之前就已经非常了解　　　　B. 有了更深入的理解

C. 有进一步了解,但还不够　　　　D. 还不是很了解

E. 感觉没什么帮助

11. 对于单元学历案的运用,您是否存在以下困惑?

A. 在课堂上不知如何应用单元学历案

B. 他人编辑的单元学历案与自己上课思路不符

C. 学生完成单元学历案时间较长,影响上课进度

D. 重要内容课本、单元学历案同时记录,重复且影响时间

E. 其他

12. 在单元学历案编写过程中,您觉得哪一环节编写上存在困难或者不懂之处?

A. 学习目标　　　B. 资源与建议　　　C. 学习过程

D. 检测与作业　　　E. 学后反思　　　F. 无

13. 单元学历案编写过程中,你是否存在以下问题?

A. 借鉴范文少,无从下手　　　　B. 对单元学历案理解还不够深入

C. 评价任务等环节编写不合规范和要求　　　　D. 单元学历案与导学案区分不明显

E. 其他

14. 对于单元学历案编写或运用工作,是否还需要学校再次提供帮助?

A. 举办精品课的展示活动

B. 增加优秀单元学历案的展示

C. 专业教师对编制单元学历案进行指导

D. 专业教师对课堂应用单元学历案进行指导

E. 其他

15. 对于目前单元学历案采用的编制模式,你觉得有哪一环节需要改进或者完善?

A. 学习过程　　　B. 资源与建议　　　C. 学习目标

D. 检测与作业　　　E. 学后反思　　　F. 无

16. 您对单元学历案有什么其他建议或意见?

17. 您对单元学历案的使用是否满意?

A. 非常满意　　　B. 比较满意　　　C. 一般

D. 不太满意　　　E. 非常不满意